中国式现代化纵谈

ZHONGGUOSHI XIANDAIHUA ZONGTAN

——一位全国人大代表的思考

余淼杰 著

辽宁大学出版社 · 沈阳

图书在版编目（CIP）数据

中国式现代化纵谈：一位全国人大代表的思考/余森杰著. --沈阳：辽宁大学出版社，2023.4
ISBN 978-7-5698-1150-6

Ⅰ.①中… Ⅱ.①余… Ⅲ.①现代化建设—研究—中国 Ⅳ.①D61

中国国家版本馆 CIP 数据核字（2023）第 061107 号

中国式现代化纵谈
ZHONGGUOSHI XIANDAIHUA ZONGTAN

出 版 者：辽宁大学出版社有限责任公司
（地址：沈阳市皇姑区崇山中路 66 号　　邮政编码：110036）
印 刷 者：大连金华光彩色印刷有限公司
发 行 者：辽宁大学出版社有限责任公司
幅面尺寸：170mm×240mm
印　　张：21.75
字　　数：260 千字
出版时间：2023 年 4 月第 1 版
印刷时间：2023 年 4 月第 1 次印刷
责任编辑：徐振利　金　华
封面设计：韩　实
责任校对：张　蕊

书　　号：ISBN 978-7-5698-1150-6
定　　价：88.00 元

联系电话：024-86864613
邮购热线：024-86830665
网　　址：http://press.lnu.edu.cn

目　录

导读

党的二十大报告指出，中国式现代化，是中国共产党领导的社会主义现代化，既有各国现代化的共同特征，更有基于自己国情的中国特色。

中国式现代化的经济学内涵

2022年10月16日，习近平总书记在党的二十大报告中明确指出，从现在起，中国共产党的中心任务就是团结带领全国各族人民全面建成社会主义现代化强国、实现第二个百年奋斗目标，以中国式现代化全面推进中华民族伟大复兴。同日下午，习近平总书记在参与党的二十大广西代表团讨论时指出，要“牢牢把握以中国式现代化推进中华民族伟大复兴的使命任务”。“中国式现代化”作为全面推进中华民族伟大复兴的手段，内涵丰富、思想深刻，具有重大理论价值和实践意义，值得我们深入学习。

党的二十大报告指出，中国式现代化是中国共产党领导的社会主义现代化，既有各国现代化的共同特征，更有基于自己国情的中国特色。因此，我们要从以下两个方面理解中国式现代化：其一，中国式现代化拥有所有国家现代化发展的共性特征，包括经济、社会民生等方面的众多指标。这些指标是放之四海皆准的，也是衡量我国是否进入现代化的标志。其二，中国式现代化在具有现代化共性的同时，更独具中国特色。遵循党的二十大报告，我们从以下五个方面阐述中国式现代化的经济学内涵。

一、人口规模巨大的现代化

如何理解中国式现代化是“人口规模巨大的现代化”？主要可以从以下两个方面来理解。

一方面，这一论断集中概括了我国人口规模巨大的特殊国情。习近平总书记指出：“我国现代化是人口规模巨大的现代化。我国14亿人口要整体迈入现代化社会，其规模超过现有发达国家的总和，将彻底改写现代化的世界版图，在人类历史上是一件有深远影响的大事”。迄今为止，世界上实现现代化的国家和地区不超过30个，总人口不超过10亿，而中国一国就有14亿多人口，且地区、行业、城乡差异巨大，因而人口规模巨大成了中国式现代化的一大特征。

巨大的人口规模固然为中国的现代化提出了一系列挑战，但更构成了未来中国经济的核心竞争优势，即中国能否依托人口规模巨大的优势，充分挖掘巨大的国内市场潜力。2021年，我国国内生产总值比上年增长8.1%，经济增速在全球主要经济体中名列前茅；经济总量达114.4万亿元，稳居世界第二，占全球经济的比重预计超过18%。在过去几十年中，新加坡、韩国等小型经济体通过快速融入全球经贸一体化，促进了本国经济发展，迅速地实现了现代化。但中国作为大型经济体，无法照搬已有小型经济体的现代化经验，融入全球经贸一体化只是中国实现现代化的前提条件，但非充分条件。因此，想要实现中国式现代化，必须充分考虑中国人口规模巨大的特殊国情，在坚持对外开放的同时，挖掘好、发挥好我国超大规模市场的优势。

具体来说，我们要以双循环为抓手，推进中国的新发展格局。而构建全国统一大市场就成为其中的核心议题。《中共中央国务院关于加快建设全国统一大市场的意见》明确提出，加快建立全国统一的市场制度规则，打破地方保护和市场分割，打通制约经济循环的关键堵点，促进商品要素资源在更大范围内畅通流动，加快建设高效规范、公平竞争、充分开放的全国统一大市场。具体来说，要抓好“五统一”：一是强化市场基础制度规则统一；二是推进市场设施高标准联通；三是打造统一的要素和资源市场；四是推进商品和服务市场高水平统一；五是推进市场监管公平统一。同时，要进一步规范不当市场竞争和市场干预行为。

其中，统一这个概念值得额外强调，可以从如下两个方面理解。其一，统一无须一味强调价值和价格的统一，而要打破地区的壁垒，实现资本、土地、劳动、能源、数据等生产要素的自由流动，最大限度地发挥出各种要素对生产的积极作用。其二，统一不是单一维度的统一，要推进商品和服务市场高水平统一。在商品市场上，我们要做到内外贸产品的“三同”，即同等质量、同条生产线、同一个标准；在服务市场上，我们要保证提供给国内、国外的服务在质量上相近。

在理解全国统一大市场概念的基础上，如何立足内需，畅通循环，完成建设超大规模国内市场的目标成为了当下的重要议题，我们提出了如下建议。

第一，降低贸易成本，废除冗余的贸易壁垒，顺畅国内物流体系。构建公平竞争制度，促进生产要素自由流动，逐步构建起公平统一的要素市场和资源市场；同时逐步废除贸易壁垒、降低贸易成本，最终实现商品市场和服务市场的同等质量、同条生产线、同一个标准。

第二，发挥政府的作用，做到有效的市场和有为政府的相结合。特别要发挥市场监管机构的作用，确保有法可依，有法必依，执法必严，违法必究。

第三，遵循公开、公平、公正的原则构建社会主义市场经济体制，构建全国统一大市场。近年来，民营经济贡献了中国经济50%以上的税收、60%以上的GDP、70%以上的技术创新成果、80%以上的城镇劳动就业及90%以上的企业数量。2021年，民营企业数量增长到4457.5万户，占比提高到92.1%，在稳定增长、促进创业、增加就业、改善民生等方面发挥了重要作用。因此，要构建全国统一大市场，既要发挥国有经济的主导作用，也要发挥民营经济的积极作用，坚持“两个毫不动摇”：“毫不动摇地巩固和发展公有制经济”，增强国有经济的竞争力、创造力、影响力、控制力；同时，“毫不动摇地鼓励、支持、引导非公有制经济发展”，确保民营经济在要素资源的获得方面具有与国有经济平等的市场地位。

另一方面，除了人口规模巨大的特征，这里还强调中国人口结构的变化，即中国式现代化是老龄化问题日益严重下的现代化。截至2020年11月1日零时，我国总人口达到14.43亿，同时人口的结构发生了深刻的变化。与2010年第六次全国人口普查相比，我国人口的年均增长率下滑，15~59岁人口的比重下降了6.79个百分点，60岁以上人口的比重上升了5.44个百分点，老龄化问题越发突出。

面对我国人口增速下滑和老龄化问题加剧的现实情况，中国式现代化要从以下两个方面加以调整。一是调整计划生育政策，完善社会福利制度，鼓励生育，增加劳动人口供给。二是采取其他方式调整人口结构，特别是就业结构，如延长退休年龄以增加就业人口比重、加强在职培训以提升我国在岗人群的生产效率。借此，最终实现人口规模巨大的中国式现代化。

二、全体人民共同富裕的现代化

习近平总书记在党史学习教育动员大会上指出：“江山就是人民，人民就是江山，人心向背关系党的生死存亡。”我们党始终坚持以人民为中心的发展思想，始终把实现共同富裕作为我们党矢志不渝的奋斗目标。因此，中国式现代化必然是全体人民共同富裕的现代化。

所谓共同富裕，既不是吃大锅饭，也不是劫富济贫，而是公平和效率的有机结合，是高度发展的共同富裕，是提升低收入群体收入、扩大中等收入群体规模的共同富裕。我们允许一部分人先富起来，但最终目标是实现所有人的共同富裕。在这一进程中，我们需要做到以下几点。

第一，强调高水平的共同富裕，反对不劳而获。共同富裕不是低水平的大锅饭，需要先把蛋糕做大，才能让每个人分到更多。同时，吸取英国等发达国家现代化的教训，强调勤劳致富，反对不劳而获。19世纪末期，英国是全球最大的工业国，经济快速增长。但在这一时期，英国出现了大批不求提高全要素生产率，而靠资本利息坐吃山空的资本家阶级，导致其竞争力逐渐减弱，最后失去世界霸主地位。我国的共同富裕应吸取历史教训，强调多劳多得、少劳少得，反对不劳而获。

第二，强调机会公平，而非结果公平。共同富裕不代表所有人都在同一时点、实现同一程度的富裕，而是要给社会上所有勤劳致富的人创造一个公平竞争、共同富裕的机会，强调机会公平。

第三，加大个人收入分配调节力度，合理调整收入分配格局。“提低、扩中、调高”是共同富裕“路线图”的关键，重在“扩中”和“提低”。第一点原则是“提低”，即强化支农惠农政策，建立企业职工工资正常增长和支付机制，逐步提高扶贫标准、最低工资标准和最低生活保障标准，着力提高低收入者收入水平。第二点原则是“扩中”，即采取积极的财政政策和稳健的货币政策，扩大我国内需，同时保护群众财产性收入，扩大中等收入群体，形成两头小中间大的“橄榄型分配结构”。特别是在受到疫情冲击的当下，企业等市场主体相对困难，需要财政政策和货币政策的支持与保障。因此，我们要采取积极的财政政策和稳健的货币政策，毫不动摇地发展、提振实体经济，发挥其保障就业、带动现代服务业的作用，进而提升居民收入，扩大中等收入群体规模。第三点原则是“调高”，即正确运用税收、捐赠等方式，在必要的时候对高收入进行有效调节，从而实现一次分配靠市场、二次分配靠政府、三次分配靠道德的收入分配格局，进而促进共同富裕。

三、物质文明和精神文明相协调的现代化

我国现阶段的主要矛盾是人民日益增长的美好生活需要和不平衡不充分的发展之间的矛盾。因此，如何解决不平衡不充分的发展的问题就成为当前中国经济社会面临的主要问题。

十八届五中全会提出了“创新、协调、绿色、开放、共享”的五大发展理念，从不同角度解释不平衡不充分的问题。其中，创新是第一动力，协调是普遍特征，绿色是内生特征，共享是最终目标，开放是必由之路。因此，我们要围绕贯彻落实新发展理

念和积极推进马克思主义中国化时代化两个方面，积极作为，实现物质文明和精神文明相协调的现代化。

第一，全面准确地理解和贯彻新发展理念，促进物质文明的中国式现代化实现。创新、绿色回答了如何实现人的充分发展的问题，协调、开放和共享则回答了如何实现协调发展的问题，由此，五大发展理念系统完整地回应了不平衡不充分的发展这一问题。“十三五”时期以来，正是因为我们坚持贯彻了新发展理念，中国经济才得以进入一个新的发展阶段。而在新时代新征程，我们更要深入贯彻新发展理念，遵循充分和协调的要求，构建以国内大循环为主体，国内国际双循环相互促进的格局，实现经济高质量发展。

第二，推进马克思主义的中国化和时代化，促进精神文明的中国式现代化。马克思主义的中国化和时代化不仅仅是指将马克思主义的普遍真理和中国的具体实际相结合，还包括马克思主义与中华民族的优秀文明相结合。什么是中华民族的优秀文明？即我们党长期强调的四个自信，特别是文化自信。以经济学为例，就是不再照搬既有西方经济学框架，构建有中国特色、中国气派、中国风格的经济学理论。我们要坚定文化自信，推进马克思主义的中国化和时代化，在精神文明领域发出中国声音、打造中国学派，实现物质文明和精神文明相协调的现代化。

四、人与自然和谐共生的现代化

中国共产党是唯一把“绿水青山就是金山银山”作为执政理念写进党章的政党，也是把保护生态环境作为根本目标写入宪法的政党。在我国，保护生态环境已经被提到了前所未有的高度，成为中国式现代化的一大重要特征。

2020年，我国提出了“双碳”目标，即力争于2030年前实现二氧化碳排放达峰，单位国内生产总值二氧化碳排放将比2005年下降65%以上，非化石能源占一次能源消费比重将达到25%左右，风电、太阳能发电总装机容量将达到12亿千瓦以上，2060年前实现碳中和。根据《中国应对气候变化的政策与行动2022年度报告》统计，2021年，我国单位国内生产总值二氧化碳排放比2005年累计下降50.8%，非化石能源占一次能源消费比重达到16.6%，风电、太阳能发电总装机容量达到6.35亿千瓦。尽管我们取得了一定成就，但“双碳”目标的实现仍然任重而道远，需要我们遵循以下步骤逐步推进。

第一，遵循党的二十大报告精神，坚持先立后破原则。所谓先立后破，即先把核电、水电、风能等可再生资源发展起来，再逐步降低煤炭、石油等传统化石能源的比重。在这一原则的指导下，逐步实现传统化石能源到新兴可再生资源的平稳过渡，实现人与自然和谐共生的中国式现代化。

第二，积极参与国际公约谈判，强调累计计算和人均计算的分担原则。新中国成立以来，中国一直是各类生态环境保护公约的坚定支持者和具体践行者，完整参与了1997年的《联合国气候变化框架公约》、2012年的《京都议定书》和2016年的《巴黎协定》。在新时代新征程，中国必将继续参与全球环境和气候治理，承担我国应当承担的责任。同时，我国也要积极提出中国方案，重申共同分担和分别分担的重要性，维护本国合理利益。环境问题和气候问题都是经典的经济学公共品供给问题，需要全球各国通力合作、分别分担，也需要采用适当原则确定各国具体应负担的比例。一方面，我们要坚持可累计的计算原则，从工业革命前后按照累计碳排放情况计算各国相应的承担比例。在这一计算方式下，中国大致需承担9%的碳排放比例，而美国的碳排放比例大致在29%左右。另一方面，我们还要坚持人均的计算原则，反对简单的总量均分思维。在国际谈判中据理力争，按照人均累计碳排放数量的原则来计算每个国家的分摊水平。

五、走和平发展道路的现代化

和平与发展是时代的主题，是时代的主旋律，这是在2021年中央政治局会议上被再次强调。党的二十大对我们现在所处的全球化做了进一步部署，尽管当下一些国家不断推行贸易保护主义和采取贸易霸凌行径，但我们依然处在经济全球化的时代，生产的地区化和贸易的多边化这两个经济全球化的核心指标依然存在并发挥着重要的作用。生产的地区化表明了不同经济体专业化生产不同中间品的特征，而贸易的多边化表明了复杂工业品的生产需要多国的共同协作，最终在一个工业体系完备、门类齐全、劳工成本相对比较低廉的经济体完成包装、加工、装配并最终卖到全球各国。经济全球化的格局和这两个核心特征的存在决定了我们仍要坚持对外开放的理念，把构建新发展格局作为未来发展的一个重点。

但是，关于经济全球化的上述判断并不意味着国际经贸形势毫无变化。近年来，国际经贸合作从以往主要依赖WTO等多边经贸组织的全球经贸合作，变成了以地区贸易协议为主的地区经贸合作，《区域全面经济伙伴关系协定》(RCEP)《美墨加协议》(USMCA)、《全面进步跨太平洋伙伴关系协定》(CPTPP)等地区协议如火如荼。事实上，当下已经建立起以美国为中心节点的北美经贸区，以中国为中心节点的亚太经贸区和以德国为中心节点的欧盟经贸区，形成了三足鼎立又相互联系的格局。三足鼎立是指各个区域均有相应的地区贸易协定和对应的中心节点；同时，三者之间又是相互联系的，如中国东盟和北美经贸区正在谈判的《全面与进步跨太平洋伙伴关系协定》（CPTPP）、欧盟和美国谈判中的《跨大西洋贸易与投资伙伴协定》（TTIP），欧盟与中国谈判中的《中欧全面投资协定》（BIT）。

在上述背景下，我们要基于以下三个方面实现经济层面上的走和平发展道路的中国式现代化。

第一，推行“一带一路”倡议，实行差异化发展战略。在三大经贸体系中，亚非发展中国家处于边缘状态，因此我国的“一带一路”倡议大有可为。具体来说，我们要发展海上丝绸之路，鼓励中国企业与海上丝绸之路沿线国家进行进出口贸易，鼓励中国企业走出去；同时，维护好陆上丝绸之路，在充分考虑地缘政治和地区冲突风险的基础上，促进中国与沿线国家的经贸合作。此外，对于海上丝绸之路和陆上丝绸之路的发展方向，也应差异化考虑。陆上丝绸之路向东发展，海上丝绸之路向北发展，以打通东北海陆大通道为重点发展方向，使东北海陆大通道成为连接陆上丝绸之路和海上丝绸之路的枢纽。

第二，加强地区经贸合作，优先发展中日韩自贸区。《全面与进步跨太平洋伙伴关系协定》（CPTPP）目前有11个伙伴国，中国想要加入CPTPP需要这11个国家的共同批准，谈判难度大，且从CPTPP五大核心内容来看，尽管中国在知识产权保护、数字经济、环境标准及国企改革等方面与其标准越来越接近，但由于各国国情差异，中国在劳工标准方面难以完全达到CPTPP的标准。因此，我国短期内想加入CPTPP难度较大，对此，我们可以考虑弯道超车，绕过CPTPP，优先发展中日韩自贸区谈判。具体来说，推进沈阳城市建设，以沈阳为中心城市，加强中国与日本、韩国的经贸往来，将其作为推动中日韩自贸协定的主要抓手和桥头堡，推动中国经济发展。

第三，构建新开放格局，鼓励中国企业走出去。一方面，要实现出口规模的多元化、进口规模的扩大化和服务贸易的数字经济化；另一方面，要鼓励中国企业对外直接投资，不只是走出去，还要走进去，更加要走上去。坚持贸易全球化才是和平发展的大势所趋。

总而言之，正如党的二十大报告中所阐明的，中国式现代化是共性和特性相统一的现代化，有丰富的内涵，包括人口规模巨大的现代化、全体人民共同富裕的现代化、物质文明和精神文明相协调的现代化、人与自然和谐共生的现代化、走和平发展道路的现代化五个方面。我们坚信，在中国共产党的领导下，以新发展格局为抓手，逐步推进上述措施的实施，我们最终一定能完成中国式现代化，实现中华民族的伟大复兴。

参考文献

[1] 习近平. 高举中国特色社会主义伟大旗帜　为全面建设社会主义现代化国家而团结奋斗：在中国共产党第二十次全国代表大会上的报告 [M]. 北京：人民出版社，2022.

[2] 习近平总书记参加党的二十大广西代表团讨论时的重要讲话引发热烈反响 心往一处想 劲往一处使 [N]. 人民日报，2022-10-18（02）.

[3] 习近平. 高举中国特色社会主义伟大旗帜　为全面建设社会主义现代化国家而团结奋斗：在中国共产党第二十次全国代

表大会上的报告［M］. 北京：人民出版社，2022.

［4］习近平. 新发展阶段贯彻新发展理念必然要求构建新发展格局［N］. 求是，2022（17）.

［5］陆娅楠. “十四五”中国经济开局良好［N］. 人民日报，2022-01-18（03）.

［6］民营企业数量10年翻两番［N］. 人民日报，2022-03-23（01）.

［7］国家统计局，国务院第七次全国人口普查领导小组办公室. 第七次全国人口普查公报（第一号）：第七次全国人口普查工作基本情况［EB/OL］（2021-06-28）［2022-07-17］. http：//www.stats.gov.cn/tjsj/tjgb/rkpcgb/qgrkpcgb/202106/t20210628_1818820.html.

［8］习近平. 在党史学习教育动员大会上的讲话［J］. 求是，2021（7）.

［9］中央释放共同富裕重磅信息 深度解读划重点：限高、扩中、提低［DB/OL］.（2021-08-19）［2022-08-20］. http：//finance.cnr.cn/txcj/20210819/t20210819_525570954.shtml.

［10］中华人民共和国生态环境部. 中国应对气候变化的政策与行动2022年度报告［DB/OL］.（2022-10-27）［2022-11-25］. https：//www. mee. gov. cn/ywgz/ydqhbh/syqhbh/202210/t20221027_998100.shtml.

本文系国家社会科学基金项目（20ZDA050）、国家社会科学基金项目（21VMG006）、国家自科基金项目（72073005）的研究成果。作者感谢北京大学国家发展研究院博士生陈卓宇出色的助研工作。

来源：《经济学动态》 2022年第12期 作者 余淼杰

原标题：深入学习贯彻党的二十大精神笔谈

中国经济高质量发展的新理念与新格局

中国经济现在面临着“三期叠加”的态势。所谓“三期叠加”，第一是经济增长速度换档期，这是由经济发展的客观规律所决定的；第二是经济结构调整阵痛期，这是加快经济发展方式转变的主动选择；第三是前期刺激政策消化期，这是化解多年来积累的深层次矛盾的必经阶段。同时，我们又面临着百年未有之世界大变局。

尽管如此，我仍认为中国经济进入了一个新的发展阶段，其主要特征是高质量的发展。以下内容主要围绕这个主题展开，包括三方面内容：第一，为什么说中国经济已经进入一个新的发展阶段，中国经济在哪些地方体现出了高质量的发展？第二，从党的十九届六中全会的精神中可以学习到，我们要全面贯彻“创新、协调、绿色、开放、共享”五大新发展理念，即做到以创新为第一动力、协调为内生特点、绿色为普遍形态、开放为必由之路、共享为根本目的的新发展理念，具体该如何贯彻？第三，新发展格局最核心的内容是“双循环”，那么如何才能构建起以国内大循环为主体、国内国际双循环相互发展的新格局？

新发展阶段“新”在何处?

为什么说中国经济已经处在一个高质量发展的阶段?我认为可以从以下六点去理解:

第一,产品附加值的提升。现在基本上每个国家都已融入全球经贸一体化之中,如果一个国家的产品附加值有提升,就体现了这个国家微观主体上经济的高质量发展。

对于附加值,我们可以从两个维度来衡量,一个是时间序列的比较,一个是跨部门的比较。

先看时间序列的比较。中国的出口产品可以分成两类,一类是一般贸易,一类是加工贸易。相对于加工贸易,一般贸易的附加值比较高,所以可以从一般贸易所占比重的变化来理解产品附加值的变化。从1995年到2007年,加工贸易占据了中国外贸的半壁江山;从2008年金融危机到现在,来料加工贸易的比重不断下降,一般贸易比重不断提升,这意味着中国出口产品的附加值在不断提升。

再对比不同的产业部门。最初的加工贸易无非就是“三来一补”和服装鞋帽等劳动密集型产品,现在的加工贸易主要以机电设备、运输设备、光学设备等产品为主,即资本密集型产品,附加值是比较高的。

第二,中国出口产品质量的变化。出口产品质量的提升从另一个角度反映了中国经济的高质量发展。2022年是中国加入WTO 20周年,从2001年到2012年,即党的十八大召开之前,中国出口产品的质量大概提升了30%;党的十八大至今,中国出口产品的质量又提升了25%~30%。整体而言,过去20多年里,中国出口产品的质量有显著提升。

第三，企业全要素生产率增加。企业全要素生产率是一个非常重要的指标。2008年诺贝尔经济学奖得主保罗·克鲁格曼教授说过，全要素生产率不是一切，但又近乎一切。因此，如果想理解一个经济体的变迁与发展，企业全要素生产率可以作为最重要的指标。这个指标其实就是企业的绩效，比如做一双鞋需要多少小时。

对比中国和美国的全要素生产率可以发现，在加入WTO之前的2000年或2001年，中国的全要素生产率大概是美国的三成，到2015年，中国的全要素生产率已达到美国的45%，从30%提高到45%，意味着提高了50%。

中国全要素生产率相当于美国的45%意味着，假如美国做一双鞋需要一个小时，中国大概需要两个小时稍多一点。但是我们要更全面地理解这一点，尽管中国的技术和效率不如美国，但劳动成本比较低，中国的劳动成本是美国的1/5~1/6，从这个角度看，中国的产品仍具有比较优势。当然，更关键的还是中国的企业全要素生产率在不断提升，逐步接近美国。

第四，中国经济具有全产业链特征。中国是全球唯一一个具有联合国产业分类中全部工业门类的国家。按照国家统计局的分类，中国拥有41个工业大类、666个产业小类，中国的工业体系非常完整。

中国是全球第一大出口国，从出口产品种类丰富这一点也可以看出产业的完整度。如果根据国际统一编码8位码来分类，中国出口的产品在2020年达到了10850种左右；如果按HS 10位码这一更细的分类，则达到14000种左右。

第五，中国经济具有产业集聚特征。中国的工业城市并不是每一个都面面俱到地发展所有产业，而是每个城市有自己的特色产业，形成特色产业集群。

发展产业集群既可以把资源聚集在一起，降低成本，实现规模经济，又对上下游产业有正向溢出作用，提升企业利润率。

第六，从整个产业的角度来看，经济不断转型升级。中国目前三大产业的比例构成大致为第一产业7%，第二产业38%，第三产业55%。这表明中国依然是全球制造的主要国家和世界工厂，而第三产业比重的逐步提升，则是高质量发展的一种体现。

中国第一产业所占比重跟世界上绝大部分国家（包括发达国家）相似，不同之处在于第二产业和第三产业的状况。2013年中国的第三产业所占比重超过第二产业，2022年第三产业的比重是55%，第二产业是38%。我个人认为，第二产业保持相对比较大的比重是很重要的。中国现在所处的发展阶段，必须要有一定的实体经济，这样才能够支撑起世界工厂的发展。只有实体经济得到更好的发展，国民经济才能健康地发展，而虚体经济主要是配合与帮助实体经济发展的。“皮之不存，毛将焉附”，我们必须记住这一点。

从以上六个方面可以看出，在党的十九大之后，中国经济的确进入了高质量发展的新阶段。

如何贯彻五大新发展理念?

虽然取得了很多进步，但中国经济现在仍面临诸多挑战，如何应对和解决？一个重要前提是要保持国民经济的高质量发展，这就要做到深刻理解和全面贯彻五大新发展理念，即“创新、协调、绿色、开放、共享”。

第一个理念：创新

创新有狭义和广义之分。狭义的创新是科技的自主自强，包括技术进步和科技创新，两者并不相同。说到技术进步，不论企业大小，都可以通过改善自身的管理效率或者技术水平来进行提升。但是说到科技创新，通常而言还需要靠大型科研机构集体攻坚来实现。

如何实现创新？主要看两个指标，一个是投入，一个是产出。投入方面主要看研发支出。为了更好地推动经济实现高质量发展，中国需要加强投入。研发分产品研发和过程研发，产品研发着重于产品的创新，而过程研发则重点在工序的逐步改进。针对这两个方面，《2021年国务院政府工作报告》明确提出了量化要求，以提高研发强度。研发强度是研发支出占GDP的比重。经济合作与发展组织（OECD）国家的平均数为2.6%，2020年中国是2.2%~2.3%，我们的目标则是要达到3%。

对于研发投入，不同省份的投入力度不一样，所以不同城市的创新强度也不同。比如北京的研发强度达到了6%，而2020年深圳的研发强度为4.1%，还有望进一步上升。这些都说明，只要经过努力，中国的研发强度平均水平达到3%的计划是完全可能实现的。

研发可以分成基础性研发和应用性研发。基础性研发要求经费投入所占比重要达到整个研发费用的8%以上。这就要真正做到科技的自立自强，核心是立足于“中国制造2025”的十大产业，解决35项“卡脖子”问题，比如半导体产业的光刻机等。目前还有一个更加重要的项目——“科技创新2030”，目标是拓展“产学研用”的融合通道，使得研发在投入中占据更加重要的位置。

当然，创新不只有狭义的创新，广义的创新更重要。广义的创新是在规则、规制、标准管理方面的创新。我用三个例子来说明：

第一个例子，自由贸易试验区的创立。从2013年到现在，中国先后建立了21个自由贸易试验区。自由贸易试验区主要在做四项工作：第一项工作是健全外资企业准入前国民待遇加负面清单管理制度，就是对外资企业与内资企业一视同仁，而负面清单则意味着“法无禁止即可为”，并且改革的方向是努力缩减负面清单的数量；第二项工作是做好“一线放开、二线管住”的贸易工作；第三项工作是推进“放管服”改革，改善营商环境，做好投资便利化工作；第四项工作是推进资本市场资本项目方面的改革，主要是金融方面的改革。目前来看，这四个方面都取得了比较显著的进展。对于自由贸易试验区的发展，我们希望在“十四五”规划结束的2025年，实现胡焕庸线以东的省份全覆盖。目前，这块区域只有四个省份没有设立自由贸易试验区，分别是北边的吉林、山西，南边的贵州、江西，但都有望在近年内设立。

第二个例子，海南自由贸易港（以下简称海南自贸港）是比自由贸易试验区更为先进、要求更高的一种开放模式。2020年6月，国家出台了《海南自由贸易港建设总体方案》，基本设计是分两步走，在2025年实现早期收获，到2035年实现全面开放。所谓早期收获，主要是指促进商品和要素的自由流动，而“要素”不只是平时所讲的土地、资金、人员，更强调运输和数据这两种新的要素形态，要在这方面做好贸易的自由化和投资的便利化。而海南自贸港的精彩之处应该是在全面开放阶段的一些举措，包括规则、规制方面的创新，比如强调“零关税、低税率、减税制”。此外，还特别强调要做好贸易的防走私、金融的防诈骗以及公共卫生防范三个方面。从这些措施可以看出，海南自贸港在规则方面有很大的创新。

第三个例子，当我们说到自贸港的时候，不一定仅从狭义角度去把自贸港理解成海港或者河港。从某种意义上来说，自贸港也可以是内陆的空港，比如在内陆省会城市中的机场。它们既不靠边境也不靠海，怎样做好开放工作呢？一个可能性是在一些有条件的城市考虑设立自由贸易空港。所谓“有条件”是指，如果这个城市规模较大并且有双机场，可以进行高质量的服务贸易，那么就可以通过落地高质量的服务贸易项目，来做好建立自由贸易空港的工作，以促进经济的高质量发展。

第二个理念：协调

协调包括城乡协调、区域协调和行业协调，目前的重点在于区域协调。

我们现在的主要工作是要做到“新四化”的融合。所谓“新四化”，就是要在实现农业现代化的基础上，实现新型工业化、新型信息化、新型城镇化。其中，工业化和城镇化一定要相辅相成、协同发展，信息化给城镇化、工业化赋能。

为了实现这个目标，我们现在应走“大城大国”的道路。也就是说，对城市化的理解并不是要求每个小城市都变成大城市，而是要建造大城市群，重点打造出九大城市群，或者是其中的五大城市群。

从城市夜晚的灯光亮度图可以看出，粤港澳大湾区、一体化的长三角、协同发展的京津冀，这是三个比较亮的区域。第四个区域是成渝经济带，第五个区域是长江中游经济带。成渝经济带目前只有成都、重庆两个城市，要连成城市群还有待时日，而长江中游的武汉、长沙、南昌更是相对比较孤立的三个点，因而需要协同发展。除了上述这五大城市群以外，还有另外一些城市群。长江以北有山东半岛城市群、辽中南城市群以及中原城市群；长江以南有海峡两岸城市群。在做好这五大城市群或者九大城市群工作的基础上，我们也要把振兴东北、发展西北作为重中之重继续推进。

第三个理念：绿色

2020年，在联合国大会上习近平主席作出庄严承诺，中国要实现“双碳”目标，即力争在2030年前实现碳达峰，努力争取在2060年前实现碳中和。需要强调的是，中国作出的承诺真正体现了一个负责任的发展中大国的担当。按照目前的规划，从碳达峰到碳中和，中国准备用30年的时间来实现；而对一般发达国家来说，从碳达峰到碳中和需要花50～70年的时间。也就是说，中国所用的时间比它们更短，任务也更重。

中国是三个有关气候的国际公约的重要支持国家。第一个是《联合国气候变化框架公约》（UNFCCC），中国是10个缔约国之一，同时中国也积极支持《京都议定书》及《巴黎协定》的落地。中国提出的核心理念是，各国要共同承担、分别分担气候变化和二氧化碳减排的责任，并坚持两点：一是强调人均概念，二是强调可累积概念。比如，发达国家从工业革命到现在，占全球1/4的人口排放了3/4的二氧化碳，因而必须用累积的概念来理解；而且它们人口比较少，所以还要用人均的概念来理解，它们理应承担更多的责任。即便是基于这个原则，中国也率先作出了很多表率，为了实现“双碳”目标，我们定下了几个指标：一个是到2030年单位GDP二氧化碳的排放要比2005年下降65%以上，这是很高的要求；另外一个是单位GDP的能源消耗和二氧化碳的排放也要分别下降13.5%和18%。比如非化石能源占一次能源的消费，中国目前的比重是15%，目标则是到2030年达到25%。现在这个15%的构成，核电占2%左右，水电占8%，光伏、风电等可再生能源占4.7%。再过10年我们要达成25%的目标，应该说我们任重而道远。

第四个理念：共享

共享包含三个方面。

第一，中国刚刚打赢脱贫攻坚战，实现了占全球1/5的人口完全脱贫，这是一个了不起的成绩。国际社会把中国的经济发展和中国的脱贫攻坚成果当作中国经济和社会创造的两大奇迹。

第二，做好乡村振兴工作。“授人以鱼”不如“授人以渔”，我们要以产业发展，带动相对贫困地区的经济发展，这样才能更好地实现乡村振兴。如何实现这一目标？我建议应做好加工贸易的梯度转移。劳动力成本的上升、沿海地区加工贸易成本的上升的客观条件决定了目前很不适合继续发展。“腾笼换鸟”之后，东部沿海地区的加工贸易要根据不同行业分类对待，劳动密集型产业向外转，资本密集型产业向内转，这符合经济发展的内在特征。

第三，实现共同富裕。2021年8月17日召开的中央财经委员会第十次会议反复强调，要扎实促进共同富裕。共同富裕并不是简单地均贫富。我对共同富裕的最核心理解是创新致富、勤劳致富，目标是要形成一个正态的橄榄型，也就是“两头小、中间大”的分配层次，做大中等收入群体的比重。共同富裕不能简单地通过代际转移来实现财富的积累，而应该通过创新、勤劳实现致富。

第五个理念：开放

开放是经济发展的必由之路。

要理解“开放”，首先就要理解全球化的基本趋势有没有发生根本性的转变。我认为，全球化趋势并没有发生根本性改变，只是表现形式变了。

判断全球化是否还具备其基本特征，我们要从两个方面来理解：一是产品的生产有没有保持多地化，二是贸易有没有保持多边化。如果有，就是经济的全球化；如果没有，则相反。我们可以看到，尽管现在一些国家推行贸易保护主义，但是结果只是增加了这些国家的进口成本，或者说增加了中国的出口成本，但在根本上并没有改变生产的地区化和贸易的多边化。

我们现在依然处于全球化的时代，只是表现形式大变。原来的经贸目标是由WTO助推的全球多边经贸合作格局，而目前在事实上形成了三足鼎立的态势。在2000年左右中国入世之前，全球经贸格局是两翼并行，一翼是以德国为中心节点的欧盟区，一翼是以美国为中心节点的亚太经济圈或环太平洋经济圈。现在已是明显的三足鼎立，以德国为中心节点的欧盟区依然存在，美国也还是北美自贸区的核心节点，但其影响主要收缩集中在加拿大与墨西哥，而中国则逐步发展成为亚太经贸地区的中心节点。三足鼎立不等于三者孤立，彼此之间还在不断相互联系着。

之所以会出现三足鼎立的态势，是背后有不同的经贸/自贸协定在支撑着。比如欧盟区是欧盟经贸一体化的安排，北美是北美自由贸易区，即《美墨加协定》（USMCA），亚太地区是由《区域全面经济伙伴关系协定》（RCEP）等支撑着。当然三者彼此之间仍有联系。比如亚太区和北美区现在谈的《全面与进步跨太平洋伙伴关系协定》（CPTPP）；再比如中国和欧盟谈的“中欧全面投资协定”，都是意在加强两者的联系；美国和欧盟之间则有《跨大西洋贸易投资与伙伴关系协定》（TTIP）。

通过实现经济“双循环”构建新发展格局

怎样构建新发展格局？一个关键和重点就是“双循环”。2020年5月，中共中央政治局常委会会议上首次提出充分发挥我国超大规模市场优势和内需潜力，构建国内国际双循环相互促进的新发展格局。中国的竞争优势核心不再是劳动力成本的比较优势，而在于国内统一的大市场。能否成功构建国内统一大市场、更好地释放内需潜力，是中国能不能落地实现“双循环”、能不能成功构建新发展格局的根本保障。“双循环”新发展格局预示着两者相互联动，不能有所偏废。

要做好“内循环”，我认为可以从以下几个方面展开。

第一，以“公开、公正、公平”的竞争原则来推进要素的市场化配置。构建社会主义市场经济体制，一方面要做大做强国有企业和国有经济。2021年11月举行的党的十九届六中全会明确指出要加强国有企业和国有资本在竞争力、创新力、影响力、控制力和抗风险能力上的提升。另一方面，要更好地鼓励、引导和发展民营经济，民营经济由原来所说的“有益补充”变成“重要组成部分”。事实上，民营经济已经成为我国重要的经济组成部分，我们通常所说的“56789”指的是民营经济贡献了我国GDP的50%、税收的60%、创新的70%、就业的80%、企业数目的90%，从不同维度表达了民营经济对国民经济的重要性。接下来我们要以“公开、公正、公平”的原则来推进市场化改革，特别是要素市场方面的改革。

第二，要以构建全面开放新格局来推进贸易自由化，要通过改善营商环境来推进投资便利化。我们的目标是要实现“六稳”

（稳就业、稳金融、稳外贸、稳外资、稳投资、稳预期），这是非常重要的。“六稳”的起点是稳预期，国内的预期是我们现在面临“三期叠加”态势，而同时也面临百年未有之大变局，国际形势正发生着深刻的变化，这是国际的预期。在政策方面的预期上，要加强政策的连续性和可预见性。我们的最终目标是稳就业，要通过“稳外贸、稳外资、稳投资、稳金融”这四稳，来实现稳就业的目标。2020年8月印发的《国务院办公厅关于进一步做好稳外贸稳外资工作的意见》指出，要从外贸、外资、金融、投资等几个方面来推进“六稳”。

第三，要通过拉动内需提升消费，最重要的是要通过积极的财政政策以及稳健的货币政策来拉动内需、提升消费。

扩内需、促消费，首先要保证老百姓持久收入的上升，确保收入持续稳定。收入持久稳定需要保障充分就业，充分就业需要经营主体稳定，稳定经营主体就要帮助疫情冲击下的困难产业存活下来，取得良性发展。这就需要稳健的货币政策来扶持实体经济，特别是让中小微企业能更好地发展。

要做好“外循环”，我认为有六个方面需要注意：

第一，要做到出口目的国的多元化。企业在出口时，不应一味瞄准欧美成熟市场。的确，这些市场的规则比较完整，所以中国企业的经验也相对比较丰富，但目前中美关系日趋复杂，企业更应该未雨绸缪，多与新兴工业国家做贸易。尽管一开始要打入这些国家的市场，或者保住一定的市场份额有困难，但是不能因为困难而不去做，应该像敲牛皮糖一样，一块一块地敲，持之以恒。

第二，要扩大进口。进口已经成为中国贸易增长的重要部分。扩大进口有三个方面的内容：一是扩大进口高质量的消费品，提升老百姓的幸福感；二是进口第二类中间品，降低企业进口成本，推动企业可持续发展；三是进口最终品，可以使企业变压力为动力，提升整个行业的竞争水平。

第三，服务贸易多样化、数字化。中国的服务贸易跟商品贸易相比，表现出总量不足、逆差的态势。我建议服务贸易应："扩总量、调结构、树特色"。首先，要扩大服务贸易的总量。其次，调结构要在运输、旅游、教育、医疗四大产业发力，通过重点领域发力，实现服务贸易质量的提升。最后，树特色，要打造优势产业。

服务贸易数字化也是非常重要的。数字经济作为一种新型的经济表现形式，对经济发展的作用会越来越重要。服务贸易数字化要做好三个方面的工作：一是数字贸易，即数字的商品贸易，比如电子商务化；二是数字的服务贸易，比如软件外包业务；三是数据贸易，比如直接的数据贸易。服务贸易数字化应该是一个发展大方向。

第四，对外投资的多样化。中国在2020年已经成为全球最大的对外投资国家，对外直接投资规模达到了1350亿美元。对外投资不只是要"走出去"，关键是要"走进去"，要到不同的国家去投资，要根据不同国家的经济社会特征，更多融入当地社会。企业通过承担更多的社会责任提升当地对中国企业的认同感，这样更加有利于长期发展。

第五，"一带一路"的差异化。我们要两条腿走路，既发展陆上丝绸之路，也发展海上丝绸之路，但是应该有所差异。陆上丝绸之路涉及的国家，地缘政策普遍复杂，中国企业跟它们的贸易合作还是以简单的经贸合作形式来实现比较好，比如进口或出口。而海上丝绸之路涉及的国家不一样，中国与这些国家的经贸合作水平远高于陆上丝绸之路。因此，中国企业跟海上丝绸之路的国家进行经贸合作，不只限于简单的进出口，还可以鼓励企业走出去到这些国家投资。

第六，地区经贸合作递进化。中国已同15个国家已经签署了《区域全面经济伙伴关系协定》（RCEP），中国跟东盟国家的经贸联系将更为紧密。我们要两条腿走路，一是要和欧盟签署中欧全面投资协定，二是加入《全国与进步跨太平洋伙伴关系协定》（CPTPP）。中国已经积极表态要加入CPTPP，陆续和另外11个国家进行了谈判。相对RCEP来说，CPTPP更加强调规则的一体化，灵活性较少。中国对加入CPTPP的态度是积极的，但相关谈判还需要时间。我认为目前更重要的是优先推进“中欧全面投资协定”的落实。尽管这个协定目前处于暂时搁浅的状态，但是我觉得中欧投资协定的前途还是很光明的。

以上，我们从六个方面分析了为什么说中国经济已经进入一个高质量发展的阶段。在高质量发展的阶段，我们依然要贯彻五大新发展理念，用“双循环”作为推手来构建新发展格局。我们相信只要坚持下去，中国经济的发展会越来越好，中华民族的伟大复兴指日可待。

本文收录于蔡昉等著《中国式现代化：发展战略与路径》

作者　余淼杰

加快构建新发展格局

党的二十大是在全党全国各族人民迈上全面建设社会主义现代化国家新征程、向第二个百年奋斗目标进军的关键时刻召开的重要会议，是一次具有里程碑意义的大会。习近平总书记在党的二十大报告中指出："从现在起，中国共产党的中心任务就是团结带领全国各族人民全面建成社会主义现代化强国、实现第二个百年奋斗目标，以中国式现代化全面推进中华民族伟大复兴。"习近平总书记在党的二十大报告中阐明新时代新征程党的使命任务，发出了全面建设社会主义现代化国家、全面推进中华民族伟大复兴的动员令。学习贯彻党的二十大精神，全面建设社会主义现代化国家，必须深刻认识到我们已进入新发展阶段，需要全面贯彻新发展理念，加快构建新发展格局，坚持推动高质量发展。

中国式现代化的内涵

党的二十大报告指出，在新中国成立特别是改革开放以来长期探索和实践基础上，经过党的十八大以来在理论和实践上的创新突破，我们党成功推进和拓展了中国式现代化。中国式现代化，是中国共产党领导的社会主义现代化，既有各国现代化的共同特征，更有基于自己国情的中国特色。

理解中国式现代化的内涵要从"中国式"和"现代化"两个方面入手。从"现代化"方面理解，中国式现代化遵循现代化的一般规律。从"中国式"方面理解，党的二十大报告指明了五个方面深刻内涵。

第一，中国式现代化是人口规模巨大的现代化。我国现在拥有14亿多人口，2021年国内生产总值（GDP）达到114万亿元人民币，稳居世界第二大经济体，外汇储备位居全球第一，外贸、对外直接投资等规模均为全球第一，上述诸多指标都体现出中国是一个超大规模的经济体。因此，作为一个超大规模经济体，中国实现现代化道路和小型经济体必然存在差异。我国14亿多人口整体迈进现代化社会，规模超过现有发达国家人口的总和，艰巨性和复杂性前所未有，发展途径和推进方式也必然具有自己的特点。我们可以借鉴其他发达国家和地区实现现代化的经验，但必然不能照搬其途径。例如，新加坡可以借助其小型开放经济体的特点，通过融入全球经济来实现现代化。但对于中国而言，融入全球经济体系是实现现代化的必要不充分条件，开放是实现现代化的前提，在推进高水平对外开放的同时，中国仍需加快构建以国内大循环为主体、国内国际双循环相互促进的新发展格局，必须集中力量办好自己的事。

第二，中国式现代化是全体人民共同富裕的现代化。大部分已经实现现代化、经济社会发展水平较高的国家，在发展过程中更多强调的是"做大蛋糕"，而非"分好蛋糕"。而中国式现代化，强调在"做大蛋糕"的同时也要"分好蛋糕"，实现全体人民共同富裕的现代化。实现共同富裕的现代化，以鼓励一部分人先富起来为起点，以实现共同富裕为根本目的，循序渐进。并且，我们不能简单将共同富裕和"大锅饭"画等号，共同富裕强调的公平是机会的公平，而非单纯结果的公平，我们要保障的是，每一个个体都有机会且能够积极发挥主体性，实现勤劳致富。

第三，中国式现代化是物质文明和精神文明相协调的现代化。当前，我国社会主要矛盾已经转化为人民日益增长的美好生活需要和不平衡不充分的发展之间的矛盾。贯彻以人民为中心的发展思想，就必须充分满足人民日益增长的美好生活需要，让人民群众获得感、幸福感、安全感显著增强，更好地实现人的全面发展、社会全面进步。而要实现物质文明和精神文明相协调的现代化，就必须要解决发展的不平衡和不充分的问题。创新、协调、绿色、开放、共享的新发展理念，归根到底，就是为了解决不平衡和不充分的发展的问题，实现高质量发展。例如，创新成为第一动力，是为了解决经济发展不充分的问题；绿色成为普遍形态，在于实现人与自然的和谐，从广义哲学的角度而言，也是为了解决发展的不充分问题；开放成为必由之路，也是实现充分发展的重要方式和手段；协调成为内生特点，共享成为根本目的，在于强调要实现平衡的发展。另外，党的二十大报告也着重强调了精神文明建设的重要性，要求推进文化自信自强，铸就社会主义文化新辉煌。

第四，中国式现代化是人与自然和谐共生的现代化。中国式现代化强调贯彻绿色发展的理念。中国将生态文明写入宪法，把生态文明建设纳入中国特色社会主义事业总体布局，足以看出我国对人与自然和谐相处的重视程度。同时，作为全球第一大政党，中国共产党也明确把“绿水青山就是金山银山”写入党章，彰显了党和国家对环境保护的高度重视。

第五，中国式现代化是走和平发展道路的现代化。中国式现代化强调和平发展。尽管现在世界范围内出现了单边主义、贸易保护主义、逆全球化思潮，但全球化的趋势不可阻挡，我们仍处在全球化的进程中。而要坚持和发展全球化，就必须要明确和平与发展仍然是我们这个时代的主题。近年来，我国领导人多次在重要场合强调和平发展的重要性，在变乱交织的国际形势中保持了高度的战略定力。

新发展格局助推中国式现代化

要全面实现中国式现代化，就需要立足新发展阶段、贯彻新发展理念、构建新发展格局，推动高质量发展。因此，全面系统理解“三新一高”的科学内涵具有重要意义。

新发展阶段的内涵。为什么说中国经济进入了一个新的发展阶段？新的发展阶段体现在哪些方面？具体而言，可以从六个方面来理解。

第一，我国迈入新发展阶段的事实可以从产品附加值的角度来理解。中国外贸的变化很好地从微观层面体现了产品附加值不断提升的过程。中国外贸分为一般贸易和加工贸易，其中加工贸易的附加值相对较低。从纵向时间维度来看，相关数据显示，我国一般贸易和加工贸易的比重在1995年到2007年各自占比为50%左右，而现在一般贸易占比达到2/3，加工贸易占比为1/3，体现了我国产品附加值不断提升的过程。从横向维度来看，即使是在附加值相对较低的加工贸易中，产品也从原来附加值较低的劳动密集型行业，例如衣服、鞋帽等，逐渐转移到附加值相对较高的资本密集型行业，例如机器设备、交通运输设备等。

第二，我国迈入新发展阶段的事实可以从产品质量的角度来理解。党的二十大报告明确指出，我们要加快建设质量强国。据余淼杰、张睿（2017）核算，如果将2000年中国产品质量标准化为1，则我国产品质量从2001年到2012年由1提升到了1.3，增加了30%。而从2012年至今，在这十年的伟大变革中，产品质量又提升了25%。由此可见我国产品质量稳步提升的过程。

第三，我国迈入新发展阶段的事实可以从企业绩效的角度来理解。全要素生产率是用来衡量企业绩效的常规指标。克鲁格曼曾言，生产率不是一切，但在长期中近乎一切。根据劳斯特拉（Robert C. Feenstra）等（2015）核算，2001年，我国制造业生产率大约是美国的0.3倍，2015年达到美国的0.5倍，提升了50%以上。另外，除了绩效之外也要考虑成本。美国的劳工成本约为每月4000美元，而中国即使在劳工成本不断上升的情况下也仅为每月750美元，是美国的1/6。因此，虽然我国企业全要素生产率低于美国，但考虑成本后，我国产品对比美国仍然具有比较优势。

第四，新发展阶段体现在中国的全产业链优势中。中国是全球唯一一个具有全产业链的国家，目前，我国工业拥有41个大类、666个小类的分类。如果按照海关八位码进行计算，我国出口的产品约为8000种，按照十位码来计算有14000多种产品，工业体系完整程度在全球都十分少见（余淼杰，2021）。

第五，新发展阶段体现在我国的产业集聚现象中。中国的许多工业城市，尤其是一线和二线城市，拥有自己的“产业名片”，拥有自己主打的产业，例如义乌的小商品市场、廊坊家具市场、深圳电子产业、汕头玩具产业、邢台羊绒产业等。并且，基于“产业名片”，通过中心外溢作用，相近的产业得以在同一个地区进行集聚，起到降低固定成本、实现规模经济递增的作用。

第六，新发展阶段体现在我国较为合理的三大产业结构中。我国第一产业所占比重与全球其他国家尤其是发达国家基本一致，约为7%~8%，但第二产业和第三产业比重与其他国家存在差异。我国第二产业比重在37%左右，第三产业比重约为55%。而发达国家第二产业比重较低，一般在15%以下，第三产业则达到70%~80%。中国之所以需要保持制造业比重处于一定的水平，原因在于中国目前的发展阶段决定了中国经济不能脱实向虚，否则就无法实现质量强国、制造强国的目标，无法稳定保障中国的就业。因此，中国目前的三次产业结构仍是较为科学合理的。

新发展理念的内涵。一是创新成为发展的动力。党的二十大报告中明确指出，必须坚持科技是第一生产力、人才是第一资源、创新是第一动力，深入实施科教兴国战略、人才强国战略、创新驱动发展战略，开辟发展新领域新赛道，不断塑造发展新动能新优势。创新包括狭义的创新和广义的创新。狭义的创新又分为两部分，一是技术进步，二是产品创新。两者存在明显差异，产品的创新远远难于技术的改进，从无到有的突破远远难于边际上的改进。技术进步和发展，更多强调工序的发展、应用的发展，所有企业都可以是技术进步的创新主体，这也是“大众创业、万众创新”的意义所在。而产品创新需要大量大型科研机构来集中攻克。未来，我国在创新发展上应更加着力于原创型创新，在政策扶持上应加大基础性研发的投入。“十四五”规划中要求全社会研发经费投入年均增长7%以上，2021年，我国基础研究投入快速增长，年均增幅达到16.9%，2021年基础研究投入占全社会研发投入比重首次超过了6%，当然这一比重仍低于发达国家15%~20%的普遍水平。

广义的创新，在于对规则机制和标准的创新。通过创新规则、创新机制、创新标准，积极融入全球一体化，积极参与全球经贸治理。对此，我国已经进行了大量尝试，以两个典型例子进行说明。第一个是自由贸易试验区的设立。2013年9月，中国（上海）自由贸易试验区正式挂牌成立，到现在为止，我国已经有21个自由贸易试验区。自由贸易试验区主要做了四项工作。第一项工作是强调外资企业享受准入前国民待遇和负面清单待遇，即给予外资企业和内资企业相同的待遇，并且不断缩短负面清单。第二项工作是做好“一线放开、二线管住”。第三项工作是推进“放管服”改革，改善营商环境，提升投资便利化。第四项工作是推进资本市场资本项目方面的改革。总体来看，可以体现我国在自贸区方面持续作出的规则创新。

第二个例子是在海南建设中国特色自由贸易港。我国基于自由贸易试验区的成功经验，于2020年建立了海南自由贸易港。2020年6月出台的《海南自由贸易港建设总体方案》要求在2025年前围绕贸易投资自由化便利化形成早期收获，推动各类要素便捷高效流动。方案还要求进一步优化完善开放政策和相关制度安排，全面实现贸易自由便利、投资自由便利、跨境资金流动自由便利、人员进出自由便利、运输来往自由便利和数据安全有序流动，推进建设高水平自由贸易港。这足以体现我国在规则制度方面的创新态度。此外，我国现在强调出口企业内外销产品达到“三同”标准，即“同一条生产线、相同的标准、相同的质量水准”，也体现了标准的创新。

二是协调成为发展的内生特点。协调发展的含义在于区域协调、城乡协调、行业协调等。其中，促进城乡协调离不开推进中国特色新型工业化、信息化、城镇化、农业现代化。中国特色新型工业化的关键在于工业化与城市化的融合发展，强调工业化和城镇化的协调统一推进。世界各国的发展经验已经佐证，工业化和城市化的进度不协调，将会给经济发展带来不利影响：如果有的地区工业化超前、城市化滞后，则工业化地区将缺少劳动力，劳动力供给难以满足劳动力需求，进而用工成本将提升，导致企业利润下降，影响经济的可持续发展；而如果有的地区工业化滞后、城市化超前，就会有大量人口去往城市打工，却难以找到合适的工作，劳动力需求不足，给社会稳定带来不利影响。因此，工业化和城镇化的协调发展具有重大意义。我国目前处于工业化适度领先的阶段，相对健康，但仍需大力推进城镇化，保持工业化与城镇化步调一致。

而要推进城镇化，一个关键就是分类推动城市群发展。深入实施京津冀协同发展、长三角一体化发展、粤港澳大湾区建设等区域重大战略，积极推进成渝地区双城经济圈建设等，同时推进二线城市的发展，包括实施长江中游、北部湾等城市群发展“十四五”实施方案，推动山东半岛、粤闽浙沿海、中原、关中平原等城市群发展。引导哈长、辽中南、山西中部、黔中、滇中、呼包鄂榆、兰州—西宁、宁夏沿黄、天山北坡等城市群稳步发展。总体而言，就是要提升城市群一体化发展和都市圈同城化发展水平，促进大中小城市和小城镇协调发展，形成疏密有致、分工协作、功能完善的城镇化空间格局。协同发展九大城市群，发挥中心城市的外溢作用，利用中心城市带动周边城市，客观认识到中国经济主体是县域经济，通过县域经济发展带动全国经济发展，最终真正实现工业化和城镇化的协调和统一。

三是绿色成为发展的普遍形态。绿色发展理念的首要内涵在于理解碳达峰、碳中和目标。当前，我国能源消费结构仍以化石能源为主，2021年，我国煤炭消费占一次能源消费总量的比重为

56.0%，石油占18.5%，天然气占8.9%，水电、核电、风电等非化石能源占16.6%。我国现在面临深入落实碳达峰、碳中和目标任务。《“十四五”可再生能源发展规划》提出2025年非化石能源消费占比20%左右和2030年占比25%左右的目标，任重而道远；党的二十大报告再次强调，积极稳妥推进碳达峰碳中和。立足我国能源资源禀赋，应坚持先立后破，有计划分步骤实施碳达峰行动。要避免破而后立，如削减煤炭能源占比需要在风光水电充分发展的前提下进行。

四是开放成为发展的必由之路。我们需清晰地认识到，我们仍处于全球化的格局中，这是由全球化的基本特征所决定的，即生产的地区化和贸易的多边化。目前，全球范围内构造相对较为复杂的工业产品，仍然是由全球各个地区进行分工生产，一部分地区生产零部件，一部分地区进行包装、装配、加工，再销售到全球各个地区。虽然一些国家推行贸易保护主义、贸易单边主义、贸易欺凌行径，但并没有从根本上改变全球分工生产和贸易的模式，不可否认，我们仍然处于全球化的格局中。但是，当前阶段的全球化已经开始呈现新的表现形式。以往的全球化表现为以WTO为代表的多边经贸合作，而在部分国家推行贸易单边主义的背景下，当前WTO的争端解决委员会陷入瘫痪状态，多边合作举步维艰。因此，当前阶段的全球化开始呈现以区域经贸合作为主要表现形式的特征，如《区域全面经济伙伴关系协定》（RCEP）、《全面与进步跨太平洋伙伴关系协定》（CPTPP）、《中欧全面投资协定》（CAI）等。未来，全球化将越来越多地以区域化的形式呈现，比如在亚太经贸区的区域经贸合作中，虽然部分零部件来自其他区域，但基本可以在本区域内部形成一体化的供销格局。尽管如此，WTO的基本原则仍将存在：第一是贸易的非歧视性原则，表现为最惠国待遇和国民待遇；第二是公开、公平、公正的贸易。但具体而言，可能会在部分条款上有所调整，例如，如何界定发展中国家和发达国家、重新调整发展中国家和发达国家的权利和义务等。

五是共享成为发展的根本目的。共享理念分为三步来实施，第一步是脱贫攻坚。我国脱贫攻坚战取得了全面胜利，全面建成了小康社会，在国际上赢得了广泛的认可，很大程度得益于中国结合了有效市场和有为政府的力量。我国脱贫攻坚取得的伟大成就离不开党的强有力领导，政令纵向到底、横向到边，通过五级书记挂帅、第一书记驻村的方式建档立卡，实施精准扶贫，采取产业脱贫等有效途径，实现了经济社会的长足发展。

脱贫攻坚只是万里长征的第一步，贯彻共享理念的第二步是乡村振兴。乡村振兴，必然要通过产业扶贫来实现。目前，我国东部沿海地区用工成本高，劳动密集型企业转移到海外是大势所趋。而资本密集型产业受益于中国的全产业链优势，不鼓励也不应该转移到海外去。对资本密集型产业而言，资本投入大于劳动投入，而资本投入对于产业链配套上下游的距离有严格要求。中国拥有全产业链的优势，且资本密集型产业多分布在我国二三线城市。因此，资本密集型产业从东部沿海地区向中西部内陆地区转移，符合我国的产业布局和竞争优势，也有利于促进乡村振兴。

贯彻共享理念的第三步在于实现共同富裕。党的二十大报告明确指出，坚持按劳分配为主体、多种分配方式并存，构建初次分配、再分配、第三次分配协调配套的制度体系。努力提高居民收入在国民收入分配中的比重，提高劳动报酬在初次分配中的比重。坚持多劳多得，鼓励勤劳致富，促进机会公平，增加低收入者收入，扩大中等收入群体。按劳分配的原则再次强调，共同富裕目标下的公平，并非结果的公平，而是机会的公平，每个人都需靠自己的劳动和努力来获得相应的财富。应发扬勤劳致富的理念，反对不劳而获、反对坐吃山空，警惕财富代际传承的不可持续性。以英国衰退的经验为鉴，19世纪，英国曾经号称“日不落帝国”，经济发展初始强劲，而后逐步衰落，原因繁多，其中之一便是19世纪末20世纪初出现的大量食利阶层，仅依靠父辈留下的财富，通过放贷维持生存，最终使得经济整体失去活力、创新力和持久力。除此之外，通过税制改革，完善再次分配机制，也势在必行。

总体而言，贯彻落实共享发展理念，第一步是提高低收入群体收入，第二步是扩大中等收入群体，第三步是适当调节高收入，从而形成正态的橄榄型体系，最终实现共同富裕。

构建新发展格局。构建新发展格局的重要内容在于国内国际双循环相互促进，并且要以国内大循环为主体。而促进国内大循环的关键内容，在于构建全国统一大市场。2022年4月发布的《中共中央 国务院关于加快建设全国统一大市场的意见》明确要抓好“五统一”：强化市场基础制度规则统一、推进市场设施高标准联通、打造统一的要素和资源市场、推进商品和服务市场高水平统一、推进市场监管公平统一。

我国当前的核心竞争优势已经不再是相对廉价的劳动力成本，而是拥有超大规模的市场。因此，发展的关键在于挖掘和发挥出超大规模市场的潜在需求。借鉴美欧日等长期发展较为稳定的经济体的经验，其区域内统一大市场的作用不言而喻。我国构建全国统一的大市场，要从三个方面入手。

第一，以公开、公正、公平的原则来推进国内统一大市场的实现。首先，要处理好“两个毫不动摇”：毫不动摇地巩固和发展公有制经济，毫不动摇地鼓励、支持、引导非公有制经济发展。相关数据显示，当前中国市场经济包含1.6亿个市场主体，相当于在14亿多中国人中，每十个人就有一个人在做生意，由此可见民营经济的地位与规模。其次，要辩证统一对待“五统一”的关系。从全产业链的角度来看，生产需要有要素投入，因而首先要从源头上做到市场的统一，即推进要素市场的改革，保证市场主体可以公正公平地获得各种市场资源，允许人才、资金、土地、数据等要素的自由流动。尤其是数据作为新型生产要素，其中蕴含的价值潜力亟待释放。2019年，党的十九届四中全会首次将数据与土地、劳动力、资本、技术并列作为重要的生产要素。2022年1月发布的《“十四五”数字经济发展规划》进一步提出，到2025年，数字经济核心产业增加值占国内生产总值比重达到10%，初步建立数据要素市场体系。要素投入后，最终目标是实现产品和服务市场的统一，落实内贸市场和外贸市场的“三同”标准，降低贸易成本、废除贸易壁垒、推进地区贸易合作，禁止形成地区的小循环闭循环，努力形成国内的大循环。

第二，积极改善营商环境，有效推进投资的便利化。以稳预期为起点，稳外贸、稳外资、稳投资、稳金融为方式和手段，实现稳就业的最终目标。稳预期方面，国内预期在于客观认识现在面临的“三期叠加”的态势，国际预期在于认识到现在面临的世界百年未有之大变局，因而在政策预期上需要加强政策的连续性和可预见性。

第三，通过宏观政策发力，施行积极的财政政策和稳健的货币政策，进而充分挖掘内需潜力，扩大消费。首先，中小微企业贡献了我国80%的就业，是创造就业岗位的市场主体。要提振消费、保障内需，就必须保证中小微企业的生存空间。而我国实行稳健的货币政策，主要目标之一也是为中小微企业纾困。其次，保障居民税后可支配收入的稳步提升也是挖掘内需潜力的重要前提。积极的财政政策坚持减税降费，适当扩大财政赤字的规模，将资金合理运用于“三保”，即保就业、保民生、保市场主体，并且要保障资金直达机制的畅通，进而合理促进国内大循环。

以国内大循环为主体并非要“闭关锁国”，内外循环辩证统一、相辅相成，外循环也同样重要。促进外循环，要“提升国际循环的质量和水平”，提高对外开放的水平，形成更大范围、更宽领域、更深层次的开放格局。

40多年来，我国坚持将对外开放作为基本国策。在第一阶段，完成产品型的开放，积极融入全球经贸格局，成为跟跑者。在第二阶段，逐步开放要素市场，并且随着我国经济总量不断提升、制造业规模逐步壮大、外汇储备及外贸规模位列全球第一，逐渐从跟跑者转向并跑者。在第三阶段，应该切实推进制度型开放，创新构建全球经贸活动的规则、制度、标准，积极参与构建国际经济新秩序。

放眼未来，要进一步促进外循环，提升国际循环的质量和水平，可以从以下六个方面入手。第一，促进开放的多元化。开放的多元化又可以拆分为出口目的地的多元化、贸易形态的多层次化、出口主体的多元化。在出口目的地方面，随着中美关系、中欧关系日趋复杂，积极开拓新兴国家市场，实现出口目的地的多元化，有利于降低出口风险。在贸易形态方面，中国以往的贸易形态以线下实体外贸为主，随着数字经济的发展，应积极推进数字商品贸易，如各种软件的进出口执行服务等。在出口主体方面，应积极发挥国有企业、民营企业、外资企业的重要作用，发挥各类出口主体的不同优势。例如，民营企业由于具备机制灵活、需求响应速度优势，在小商品和简单制造品制作上有比较优势，应出口与民生消费相关的产品。而国有企业制造能力、资金实力、规模优势领先，应更多着力于生产和出口机器设备、机械制造等大中型产品。第二，促进服务贸易发展。我国服务贸易发展相对滞后于产品贸易，应该通过扩总量、调结构、树特色、减逆差的方式促进服务贸易发展，挖掘各行业，特别是在运输、旅游、医疗等行业的比较优势，扩大我国各行各业的核心竞争力，利用数字手段进行产业赋能，实现数字的产业化和产业的数字化，打造“数字中国”。第三，扩大出口，通过降低进口关税、取消非关税壁垒等手段持续主动地扩大出口，通过扩大出口来引入高质量中间品、引进技术，进而提升居民的消费者剩余，增加居民的获得感。第四，鼓励中国企业走出去、走进去、走上去。走进去是指提供更多社会服务，做到民心相通。走上去是指应该提高我国对外投资和对外贸易的质量，带动我国具有核心竞争力的产业发展。第五，积极推动“一带一路”建设，推进海上丝绸之路建设，鼓励中国企业对外直接投资、进行进出口贸易，重点推进东北亚丝绸之路发展，发挥沈阳和大连的地域优势。第六，推进区域合作，短期内重点推进中日韩自贸区协定谈判，加快推进辽宁乃至整个东北的全面振兴、全方位振兴。

结　语

当今世界正经历百年未有之大变局，百年变局和世纪疫情相互交织，世界进入新的动荡变革期，世界和平与发展面临严峻挑战，外部环境更加不稳定、不确定，我国发展面临新的战略环境，立足“两个大局”，胸怀“国之大者”，党的二十大报告指明了实现中华民族伟大复兴的正确道路——以中国式现代化全面推进中华民族伟大复兴。当前，中国经济已经进入新的发展阶段，全面贯彻创新、协调、绿色、开放、共享的新发展理念，加快构建以国内大循环为主体、国内国际双循环相互促进的新发展格局是实现中国式现代化的必要条件和必经之路。因此，我们需要立足新发展阶段、贯彻新发展理念、构建新发展格局，推动高质量发展，以中国式现代化全面推进中华民族伟大复兴。

参考文献

[1] 习近平. 高举中国特色社会主义伟大旗帜 为全面建设社会主义现代化国家而团结奋斗：在中国共产党第二十次全国代表大会上的报告 [N]. 人民日报：2022-10-26（01-05).

[2] 余淼杰，张睿. 人民币升值对出口质量的提升效应：来自中国的微观证据 [J]. 管理世界，2017（05）：28-40+187.

[3] 余淼杰. 大变局中的中国经济“双循环”[M]. 北京：科学出版社，2021.

本文系国家自然科学基金面上项目“贸易摩擦、中国企业对外直接投资和制造业产业转移”和国家社会科学基金重大项目“我国出口目的地多元化研究”的阶段性成果，项目编号分别为：72073005、20ZDA050。北京大学国家发展研究院硕士研究生许诗琪对本文亦有贡献。

来源：《学术前沿》 2022年第11期 作者 余淼杰

理解新发展格局下的中国经济：成就、挑战与政策展望

当前，党和政府沉着应对百年未有之大变局，在经济建设上取得了优异成绩，实现了“十四五”良好开局。但我国经济发展正面临需求收缩、供给冲击、预期转弱三重压力。对于短期的收缩和冲击，我们需要积极构建“双循环”新发展格局，调整政策应对。对于中长期外部挑战和结构调整，我们需要正确认识和把握新的重大理论和实践问题，做打持久战准备。

一、中国经济高质量发展成就

（一）中国经济发展和疫情防控保持全球领先地位

根据国际货币基金组织2022年1月发布的《世界经济展望》（表1），中国国内生产总值（GDP）在2021 年预计增长8.1%，领先全球经济2.2个百分点，领先发达经济体3.1个百分点。2021年经济成长的成绩是在中国经济总量超过100万亿的高基数上取得的。2021年的国内生产总值每增长1个百分点的增量，相当于2015年经济成长1.4个百分点、2011年经济成长2.5个百分点的增量。经济规模越大，增长难度越高，2021年经济增长的成绩来之不易。2021年，中国的GDP 规模约占美国的73.3%，在

全球GDP中占比约18.5%。2000年以来，中国GDP全球占比累计上升15个百分点。同期，美国GDP占比回落4.8个百分点。中美占比差距逐渐收窄，目前在7个百分点左右。中国对全球经济复苏的贡献较高，2021年预计超过25%。

表1　中国和世界主要发达经济体2021年和2022年GDP增速预测

经济体	2021年预测值		2022年预测值	
	GDP增速	中国领先（百分点）	GDP增速	中国领先（百分点）
全球经济	5.9%	2.2%	4.4%	0.4%
发达经济体	5.0%	3.1%	3.9%	0.9%
美国	5.6%	2.5%	4.0%	0.8%
欧元区	5.2%	2.9%	3.9%	0.9%
日本	1.6%	6.5%	3.3%	1.5%
新兴经济体	6.5%	1.6%	4.8%	0.0%
中国	8.1%	0.0%	4.8%	0.0%

数据来源：国际货币基金组织2022年1月《世界经济展望》。

（二）国家战略科技力量加快壮大

加强国家的战略科技力量需要加强科技创新投入，其中研发支出是衡量科技创新投入的重要指标。近20年来，中国的研发强度不断增加，从2001年的不足1%稳步增加至2020年的2.4%左右，逐步接近西方OECD国家平均2.6%的研发强度。中国科技自立自强的核心是立足于重点产业，解决35项“卡脖子”问题。从2011到2019年，中国规模以上核心制造业企业（电气机械及器材制造业、计算机、通信和其他电子设备制造业、通用设备制造业、专用设备制造业）拥有科研院所数量至少翻了3倍。对于重点“卡脖子”产业和方向，如半导体产业的光刻机等，中国的企业科研院所在2019年就超过9000家。“科技创新2030”项目同样举足轻重，其目标在于拓展“产学研用”融合通道，使得研发在投入中占据更加重要的位置。在国家战略科技力量加快壮大的背景下，中国基础研究领域也取得了新进展，关键核心技术攻关实现了新突破。2021年，中国科学院天津工业生物技术研究所首次在实验室实现了二氧化碳到淀粉的从头合成，是一个从0到1的国际原创性突破；中国的全球首座模块式球床高温气冷堆核电站示范工程1号反应堆首次达到临界，机组正式进入“持续核反应”状态。

（三）产业链韧性得到提升

国家的产业链韧性主要体现在全产业链特征和产业集聚特征上。一方面，中国经济具有全产业链特征。中国是全球唯一一个具有联合国产业分类中全部工业门类的国家。按照统计局分类，中国工业体系非常完整，拥有41个工业大类、666个产业小类。与此同时，中国是全球第一大出口国。根据国际统一编码8位码分类，中国出口产品在2020年达到了10850种左右，而按HS10位码这一更细的分类，则达到14000种左右。另一方面，中国经济具有产业集聚特征。中国的工业城市并不是每一个都面面俱到地发展所有产业，而是每个主要城市有自己的特色产业，形成特色产业集群。发展产业集群既可以把资源聚集在一起，降低成本，实现规模经济，又对上下游产业有正向溢出作用，提升企业利润。当前，中国企业虽然面临人力成本大幅上升，但是在产业集群发挥作用的情况下，依然能在全球价值链中保持比较优势，实现贸易顺差，这也是产业链韧性得到提升的重要体现。

（四）改革开放向纵深推进

反垄断和外贸开放两个方面体现了当前中国改革开放进入深

水区。在反垄断方面，2021年11月，国家反垄断局正式挂牌，同时组建竞争政策与大数据中心，强化反垄断、竞争政策理论研究和技术支撑。此举加强了市场竞争政策协调，加大了反垄断和反不正当竞争监管力度，有利于完善市场监管体制，推动形成统一开放、竞争有序的市场体系，给各类市场主体特别是中小企业持续健康发展带来更大空间。在外贸开放方面，新业态蓬勃发展，2021年前10个月海外仓数量已超2000个，跨境电商进出口增长19.5%，全国实际使用外资金额增长17.8%；出口产品附加值不断提升，加工贸易比重从2008年的50%左右逐渐下降到2019年的30%；2012年以来，出口产品质量提升了25%~30%（根据Khandelwal等的研究框架，通过出口产品价格和出口产品市场份额进行推断，在产品价格相同时，市场份额越大，出口产品质量就越高）；开放合作更广，推动共建“一带一路”高质量发展不断取得新成效，高质量举办广交会、进博会、服贸会、消博会等大型展会，《区域全面经济伙伴关系协定》在2022年1月1日正式生效，中国以全球近1/3的经济体量形成统一的超大规模市场。

（五）民生保障有力有效

党和国家在乡村振兴和就业方面推出一系列重大举措，注重加强普惠性、基础性、兜底性民生建设。脱贫攻坚战取得全面胜利后，我国不断加强机制建设，让脱贫基础更加稳固、成效更可持续。各脱贫地区把巩固拓展脱贫攻坚成果摆在首要位置，持续健全防止返贫的监测和帮扶机制，对易返贫致贫人口实施常态化监测。截至2021年10月底，全国纳入监测对象526万人，其中75%已经消除了返贫风险，守住了不发生规模性返贫的底线；国家确定160个国家乡村振兴重点帮扶县，制定14项倾斜支持政策，305家中央单位向定点帮扶县投入和引进帮扶资金约252.5亿元，为乡村振兴全面推进注入了源源不断的动力。与此同时，2020年后我国经济持续反弹，减负稳岗扩就业政策延续实施，全方位就业服务持续发力，全国城镇新增就业1269万人，城镇调查失业率年均5.1%，就业形势总体稳定。党和政府在稳定就业的同时也鼓励创业，将“大众创业、万众创新”引向深入，鼓励更多社会主体创新创业，支持新就业形态和灵活就业发展。

（六）生态文明建设持续推进

蓝天白云渐成常态。各地区各部门加强细颗粒物（PM2.5）和臭氧协同控制，开展北方地区冬季清洁取暖。2021年1月至10月，全国339个地级及以上城市细颗粒物平均浓度降至28微克/立方米，同比下降6.7%，平均优良天数比例为87.5%。人不负青山，青山定不负人。党和政府不断加强自然生态资源保护力度，2021年10月12日正式设立第一批国家公园，这是推进自然生态保护、建设美丽中国、促进人与自然和谐共生的一项重要举措。政府还全面落实长江流域十年禁渔各项政策措施，从源头上遏制非法捕捞等违法犯罪活动，加强对渔业资源的保护。

二、中国经济正面临的挑战

（一）第一重压力：需求收缩

2021年，中国外贸进出口实现了疫情后的恢复增长，全年货物进出口总额达39.1万亿元。其中，出口21.7万亿元，增长21.2%；进口17.3万亿元，增长21.5%。进出口相抵，实现贸易顺差4.3 亿元。疫情后，外贸快速增长的原因在于两方面。在国内，供给端生产稳定，疫情防控得力，自贸区政策利好；在国际，世界主要经济体从疫情中恢复，全球通胀上升，海外需求端全面回暖。但社会消费仍总体乏力。根据国家统计局数据，2020—2021年全国社会消费品零售总额两年平均增长4%，相比2019年的8%有较大差距。其中，商品消费两年平均增长4.5%，低于2019年的7.9%；餐饮消费两年平均增长-0.5%，低于2019年的9.4%。疫情冲击导致的收入增速下降对商品消费增长产生了抑制作用。正是中国2021年消费数据不及预期，国际货币基金组织在2022年1月的《世界经济展望》中下调了2022年中国和世界的经济增速。

（二）第二重压力：供给冲击

供给冲击是指可能引起生产能力和成本变化的事件。未来数年，我国将面临三大供给冲击。

第一，随着2030年临近，碳达峰的关键期、窗口期来临，能耗双控政策对于电力、煤炭、化工、钢铁等行业的供求关系冲击会成为中国未来需要面对的一个重要的供给冲击。2021年，中国部分地区就出现了限产限电情况。造成限产限电情况的原因有三。一是国家发改委发布的《2021年上半年各地区能耗双控目标完成情况晴雨表》显示，9省区能耗强度不降反升，为一级预警；10省区上半年能耗强度降低率未达到进度要求，为二级预警；只有上海、重庆、北京等地是亮绿灯的，为三级预警。收到晴雨表预警的各省市地区，在国家考核压力下，为了完成能耗目标，赶紧立“军令状”，加速整改。于是，一些地方就出现定指标、压任务，对产业园区和行业实施强制性限产限电的情况。二是经济复苏，用电需求猛增，电力供给不足。2020—2021年，全球遭遇疫情冲击，生产能力受限，大量海外订单转移到我国。大量的出口订单拉动了国内生产，国内企业扩大产能，开足马力生产，导致用电量暴涨，供不应求。中电联公布的数据显示，2021年1—8月全国全社会用电量54704亿千瓦时，同比增长13.8%。其中，工业用电量36529亿千瓦时，同比增长13.1%，占比达到66.8%。用电需求快速增长导致电力供给吃紧的地方（如广东、安徽和湖南），不得不限电限产。三是全球能源价格上涨过快，发电成本提高，而上网电价不变，这使得发电企业积极性不高，只能通过限制需求维持电网的运转。2021年，煤炭供给紧张，煤价飞涨，但电力上网价格不变，部分地区发电成本超过上网电价，煤电价格倒挂导致发电厂越生产越赔本。再加上能耗双控政策的影响，火力发电企业没有增加电力供给的动力。国家统计局数据显示，2021年火电发电量占全国发电量的71.13%。一旦火电发电厂的生产积极性不高，整个社会的电力供应就会面临紧张的局面。

第二，贸易保护造成的技术封锁、实体清单等，导致一些企业所需的技术、资金、原料供给不足，影响生产。近年来，美国通过启动“301调查”和制定实体清单进行出口管制，重点打击中国信息与通信技术中的薄弱环节，即集成电路产业和基础软硬件产品等。出口管制导致的技术封锁比加征关税对中国供应链条的影响更大。关税只影响交易价格，而出口管制是绝对的限制，直接影响供应链生产。2021年，由于疫情影响，电子产品和汽车消费需求大增，而中国企业在技术封锁下，市场出现广泛缺“芯”问题，产能跟不上需求，导致供给冲击。此外，中国企业通过海外并购突破技术封锁问题的道路也被阻塞。以美国为首的西方国家建立了针对中国企业并购项目的审查制度，通过“法制”手段粗暴干涉中国对西方企业的并购。据不完全统计，自2017年以来，美国在信息与通信领域至少对9个中国企业并购项目进行粗暴干涉而致其“流产”。在美国把中国看作最大战略竞争对手的背景下，贸易保护造成的技术封锁对我国供应链的冲击可能将持续存在。

第三，重要的生产要素劳动力不能投入全球供应链中，带来短期的经济冲击。新冠疫情已经持续三年，新出现的奥密克戎变异毒株迅速传播，许多国家和地区重新采取措施限制人员流动，劳动力供给短缺现象加剧。例如，全球疫情反复后，由于疫情防控造成工人无法工作，一些矿山停产、减产引发了铁矿石等大宗商品的供给减少和价格暴涨。我们不但要关注疫情导致的劳动力供给短期冲击，也要看到老龄化、少子化和收入结构变化导致的劳动力供给中长期冲击。一方面，老龄化和少子化导致中国人口结构发生变化，劳动力人群的增长速度由正转负。从2014年开始，劳动年龄人口就已经结束了正增长，且负增长的幅度在逐渐加大，到2020年已经达到-9.58%的水平。另一方面，老龄化和少子化导致中国劳动参与率也在缓慢下滑，从2008年的71.88%下滑到2019年的68.19%。未来，第二和第三产业都可能面临劳动力缺口。

（三）第三重压力：预期转弱

长江商学院发布的数据显示，我国企业销售前瞻指数在2021年4月达到80的峰值后开始下滑，出现明显转弱迹象。国家统计局发布的宏观经济景气指数也显示，一致指数和先行指数都在2021年3—4月达到顶点后持续下滑，甚至11月的先行指数比新冠冲击到来的2020年2月还要低，预期转弱迹象明显。与此同时，作为过去中国经济增长三驾马车的最强动力，投资在2021年表现疲软，也使得经济预期下滑。制造业企业投资意愿较低，房地产投资增速下滑甚至转负，新基建投资托底作用尚未显现，新老动能转换面临阵痛。投资对经济增长的贡献率已经由2006—

2014年的超过40%降至2021年前三季度的15.6%。由于中国经济供需两端都承受相当的压力，投资出口表现不确定性增加，国际货币基金组织于2022年1月发布的《世界经济展望》已经把中国2022年经济增长预期下调0.8个百分点，预测中国和发达经济体之间的经济增速差值比2021年明显缩小。在全球疫情和通胀并存的背景下，发达经济体中央银行在2022年后开始加快收紧货币政策，美国、英国、挪威、韩国、加拿大等都进入加息通道。美联储收紧货币政策将快速推高美元指数和美债收益率，与我国应对经济下行的宽松政策形成分化，通过汇率、资本流动、金融市场外溢等渠道对我国经济产生冲击。欧美收紧货币政策等不利外部环境将进一步减弱我国经济增长预期。

三、中国经济的政策展望

进入新发展阶段，内外环境发生深刻变化，我国面临许多新的重大理论和实践问题，需要正确认识和把握。面对需求收缩、供给冲击、预期转弱三重压力，中国经济工作需要稳字当头、稳中求进，贯彻新发展理念，构建“双循环”新发展格局。

（一）“内循环”政策

第一，宏观政策要稳健有效。面对内需收缩的局面，我们应通过积极的财政政策、稳健的货币政策来拉动内需、提升消费。一是稳健的货币政策要灵活适度。根据经济形势变化，综合运用多种货币政策，保持流动性合理充裕，增强信贷总量增长的稳定性，落实稳字当头的经济要求。健全市场化利率形成机制，发挥贷款市场报价利率改革效能，推动企业综合融资成本稳中有降、金融系统继续向实体经济让利。增强人民币汇率弹性，发挥汇率调节宏观经济和国际收支自动稳定器作用，妥善应对发达经济体政策调整的外溢性，把握好内外均衡的平衡。由于80%的就业机会是由民营经济实现的，其中最主要的又是中小微企业，因此央行把“服务实体经济”放到更突出的位置，继续强化商业银行对中小微企业金融服务能力建设，通过保住中小企业来保住就业。二是实施积极的财政政策，增加老百姓的可支配收入，扩大消费。一方面，实施新的减税降费政策，强化对中小微企业和个体工商户的支持力度；另一方面，适度超前开展基础设施投资，保证财政支出强度，加快支出进度。当前，我国的财政“盘子”有约25万元亿可用。积极的财政政策该如何使用这些钱呢？首要任务是守住“三保”底线，即保就业、保民生、保市场主体，如提升2.7亿人的养老保障水平、14亿人的基本医疗保障水平、上亿低收入群体的低保水平等，使这些群体的消费能力进一步释放，拉动内需。因此，要增加中央财政对基层地方直达资金预算，建立健全常态化的资金直达机制，确保资金能够精准送达某个市场主体或者困难群体手中，让有限的资金发挥出最大效益。此外，钱还要用到适度超前开展基础设施建设——“两新一重”上，即新型工业设施、新型城镇化和重大水利交通工程。

第二，微观政策要持续激发市场主体活力。要以“公平、公正、公开”的竞争原则建设社会主义市场经济，深入推进公平竞争政策实施，加强反垄断和反不正当竞争，以公正监管保障公平竞争。只有具备公平、公正、公开的市场秩序，形成统一开放、竞争有序的要素市场体系，才能发挥“看不见的手”的作用，积极引导生产者和经营者，调节人、财、物等生产要素在社会中的最优配置。

第三，结构政策要着力畅通国民经济循环。2020年5月

14日，中共中央政治局常务委员会会议首次提出“充分发挥我国超大规模市场优势和内需潜力，构建国内国际双循环相互促进的新发展格局”。这说明中国的竞争优势核心不再是劳动力成本的比较优势，而是国内统一的大市场。市场资源是我国的巨大优势，必须充分利用和发挥、不断巩固和增强这个优势，形成构建新发展格局的雄厚支撑。根据克鲁格曼的规模经济贸易理论，企业可以通过扩大生产规模提高经济效益。当国内统一超大规模市场形成时，中国企业就可以不断发挥规模经济递增优势，大打“规模经济”牌，构造未来成长的新动能。我们要进一步畅通国内大循环，突破供给约束堵点，打通生产、分配、流通、消费各环节，建设全国统一的大市场，更好地释放内需潜力。

第四，科技政策要扎实落地。尽快建立集群式、协同式国家创新系统，解除微观个体创新局限。打造创新性产业集群，系统性整合研发力量，突破微观个体资源约束，促进技术扩散与优势互补。强化企业创新的主体地位，深化产学研结合，构建政府、企业、高校与研究机构协同式国家创新系统。创新之道，唯在得人。强化“尊重人才、尊重创新”价值取向，形成高端人才直通车机制。重视对创新成果的知识产权保护，强化科研成果转化利益分享机制，对创新人才形成强力的制度激励（谷亚光等，2016），使中国的科研人才队伍不断壮大。

第五，改革开放政策要激活发展动力。为了推进生产要素市场化改革，我们需要与时俱进提供法律和制度保障。2020年4月，中共中央、国务院发布了《中共中央 国务院关于构建更加完善的要素市场化配置机制的意见》，这份文件提出的要素除了常见的土地、劳动力、资本外，还提出了一种新要素：数据。数据作为生产要素第一次被写入中央文件。2020年7月，《数据安全法（草案）》发布，其在倡导数据安全与数据利用的平衡价值基础上，进一步理清了网络、数据及信息的法律内涵，并按照分类分级原则，规定了我国数据领域的国家治理宏观政策及企业合规微观责任体系，为数据作为生产要素进行交易提供了法律保障，确保了“公平、公正、公开”的数据交易原则。2020年10月，《深圳建设中国特色社会主义先行示范区综合改革试点实施方案（2020—2025年）》也强调了数据产权保护和交易的规则，为市场化配置数据资源作了进一步部署。未来，我国要接续推进各项制度和法规改革，为生产要素市场化提供更多保障，以激活经济发展的动力。

第六，区域政策要增强发展的平衡性、协调性。要深入实施区域重大战略和区域协调发展战略，促进东、中、西和东北地区协调发展。为实现这一目标，我国要走“大城大国”的道路，重点打造九大城市群。通过城市夜晚的灯光卫星亮度图可以清晰看到，粤港澳大湾区、长三角、京津冀、长江中游经济带、成渝经济带是目前我国发展比较好的五大城市群。但成渝经济带还只有成都、重庆两个城市，要连成真正的城市群还有待时日。而长江中游的武汉、长沙、南昌更是相对比较孤立的三个点，需要进一步协同发展。除上述五大城市群外，还有另外一些城市群。长江以北最主要的有山东半岛、辽中南和中原城市群，长江以南有海峡两岸城市群。在高质量发展九大城市群的基础上，还要把振兴东北、发展西北作为重中之重继续推进。

第七，社会政策要兜住兜牢民生底线。要统筹推进经济发展和民生保障，健全常住地提供基本公共服务制度。对暂时不具备城镇落户条件的农民工，要改善公共服务，加强权益保护。以流入地全日制公办中小学为主，保证农民工随迁子女平等地接受义务教育，并与高中阶段的教育相衔接，有效缓解留守儿童问题。要进一步减少户籍和公共服务之间的挂钩程度，推动新的生育政策落地见效，积极应对人口老龄化和中长期劳动供给冲击。

（二）“外循环”政策

第一，要做到出口目的地多元化。目前国际形势日趋复杂，为了分散风险，企业出口的目标不应总是瞄准欧美成熟市场，我们应未雨绸缪，多与新兴工业国家开展贸易。企业一开始打入新兴国家市场或保住一定市场份额尽管有困难，但不能畏难，应该像敲牛皮糖一样，持之以恒，一块一块地敲。

第二，要扩大进口。进口已成为我国贸易增长的重要部分，中国国际进口博览会已经举办了四届。扩大进口有三方面内容。一是扩大进口高质量的消费品，提升老百姓的幸福感；二是降低关税，增加中间品进口，降低企业进口成本，提升企业利润，促进企业可持续发展；三是增加最终品进口，这在短期内会使国内竞争更加激烈，但长期来看可以使企业变压力为动力，通过优胜劣汰提升整个行业的竞争水平。

第三，要扩大吸引高端优质外国资本进入中国。外资流入中国市场有多重效应。一是带来不同的技术，外国技术和中国技术合一，可以产生“1+1＞2”的熊彼特创造效用，并且高科技外资企业还会产生正外溢效应；二是带来更为成熟的公司治理理念，促进现代企业管理；三是流入实体经济，可以创造更多的就业岗位。

第四，要扩大高水平对外开放，推动制度型开放，加快自贸区建设。截至2021年，中国先后建立了21个自由贸易试验区。自由贸易试验区接下来需要推进两项工作。一是外国投资者进入自由贸易试验区，享受准入前国民待遇，即对外资企业与内资企业一视同仁。严格负面清单管理，不在负面清单上的产业都可以投资，即“法无禁止即可为”。进一步修订缩减外商投资准入负面清单，吸引更多跨国公司投资，推动重大外资项目加快落地。二是推进“放管服”改革，改善营商环境，提高投资便利性，转变政府职能。行政管理实行单一窗口管理，实现数据多跑腿、企业少跑腿，促进投资便利化。

第五，要推动共建“一带一路”高质量发展。共建“一带一路”要两条腿走路，既发展陆上丝绸之路，也发展海上丝绸之路，但应有所差异。由于陆上丝绸之路国家的地缘政治普遍复杂，中国企业与这些国家的企业进行贸易时，最好通过进出口等简单的经贸合作形式来实现。与此不同，中国企业与海上丝绸之路国家的企业进行经贸合作则不能仅限于简单的进出口贸易，政府还要鼓励企业“走出去”，到这些国家投资。

（三）正确认识和把握新发展阶段的新问题

第一，要正确认识和把握实现共同富裕的战略目标和实践途径。在中国特色社会主义制度下，实现共同富裕目标，既要通过全国人民共同奋斗把“蛋糕”做大做好，又要通过合理的制度安排把“蛋糕”切好分好。共同富裕并不是简单的均贫富，最核心的是发展社会生产力并兼顾两极分化的风险，目标是要形成正态的橄榄型收入分配，即“两头小，中间大”的分配层次，做大中等收入群体比重。要实现共同富裕，不能简单地通过代际转移实现财富积累，而应通过创新、勤劳实现致富，避免出现类似英国社会中的食利阶层。为了实现正态的橄榄型收入分配，我国今后应重点增加基本公共服务供给，鼓励发展中高端服务业，扩宽就业创业渠道，建立更加公平、可持续的社会保障制度，并深化收入分配改革（谷亚光等，2016）。教育是实现正态橄榄型收入分配的基础，要优化教育培养结构，推动职业教育与高等教育共同发展，协同培养应用技术人才与高端研究人才。在给予人民群众更多受教育途径的同时，还要人尽其才，使人民在服务经济社会发展过程中能够得到与其劳动技能相匹配的回报，最终实现共同富裕（谷亚光等，2016）。

第二，要正确把握资本的特性和行为规律。社会主义市场经济中必然会有各种形态的资本，而资本在生产、分配、流通、消费、竞争等社会生产环节都有其二重性，即积极性和消极性。在生产上，资本受利润驱动扩张，能够极大释放社会生产力，但资本扩张往往不受行业边界束缚而呈现无序和过度扩张态势。这直接导致大量涉及基本民生的行业出现过度商品化现象，如医疗和教育领域（蔡之兵，2021）。在分配上，资本受利润驱动扩张，有利于做大“蛋糕”，但由于资本收益率高于经济增长率，自由经济导向的分配制度会固化贫富差距。在流通上，资本受利润驱动缩短了循环周期，畅通了国内循环，但资本也可能急功近利成为炒作游资，使经济脱实向虚。在消费上，资本扩张能够丰富商品品类，促进商品生产，但资本收益分配不均也会带来抑制消费的效果。在竞争上，资本扩张能够促进企业竞争，形成优胜劣汰，但资本也会追求在某个行业或者某几个行业内取得垄断地位，攫取更高的垄断利益。因此，我们要发挥资本作为生产要素的积极作用，同时有效控制其消极作用。要支持和引导资本规范健康发展，要为资本设置“红绿灯”，依法加强对资本的有效监管，防止资本野蛮生长。

第三，要正确认识和把握防范化解重大风险。财政政策和货币政策要协调联动共同应对经济风险。在目前收缩的经济周期中，以粗放型要素投入为主的传统增长模式带来的各种风险逐渐显现。积极的财政政策和稳健的货币政策可以“一松一稳”联合化解防范重大风险。比如，房地产行业长期在金融高杠杆的情况下迅猛发展，为地方政府提供了土地财政，支持了地方发展。财政政策和货币政策要协调配合，使房地产企业的金融杠杆稳中有降，同时规范地方政府过度融资的行为，整顿投融资平台，避免“各扫门前雪”和“头疼医头，脚疼医脚”的情况。要防止大型企业风险向金融系统倒灌。防止部分地区财政风险向经济金融领域扩散蔓延。央行要抓紧构建金融风险常态化检测及预警机制和框架，形成“治已病”和“治未病”相结合的长效机制。

第四，要正确认识和把握“碳达峰”“碳中和”。实现“双碳”目标，中国任重道远。一方面，要立足以煤为主的基本国情，抓好煤炭清洁高效利用，提高新能源消纳能力，推动煤炭和新能源优化组合。在中国能源保有储量中，煤炭约占89%，石油约占4%，天然气约占7%。“富煤、贫油、少气”的资源禀赋决定了我国能源结构以煤炭为主。煤炭作为主体能源在未来一段时期内不会改变。要抓好煤炭清洁高效利用，在开采环节采用智能技术，打造绿色智慧矿山，在利用环节大力发展煤化工，如煤制气、煤制油、煤制甲醇等。在现有能源禀赋结构下，煤电作为主力电源将发挥关键的保供和调峰作用。在未来，风电、光电、水电、核电等新能源将成为常规电源，配合火电共同保障电力供应。国家能源局最新数据显示，我国风电并网装机容量已突破3亿千瓦大关，太阳能发电装机容量约2.8亿千瓦。随着新能源装机规模扩大，我国应提高新能源消纳能力，畅通特高压电力输送通道，建设坚强智能电网，积极发展“新能源+储能”，加快灵活调节电源的建设。另一方面，要创造条件尽早实现能耗“双控”向碳排放总量和强度“双控”转变，加快形成减污降碳的激励约束机制。能源价格改革是形成激励约束机制的核心。目前，中国的电力、热力、天然气的价格问题都比较突出，主要表现在不反映市场供需状况，不反映资源稀缺程度，不反映生态破坏、环境污染、碳排放等经济外部性影响。如果浪费能源成本低、高碳能源价格低，能效和碳排放因素不能反映到市场信号中，那么就很难调动企业节能减碳的积极性，很难推动企业和消费者从“要我节能减碳”向“我要节能减碳”转变（白泉，2021）。因此，为了实现“碳中和”目标，中国要加快推动能源价格市场化改革，使能源价格更好地反映市场供需、反映能源资源稀缺程度和生态环境损失，特别要反映碳排放量。“十四五”时期，要力争将“二氧化碳排放影响”初步纳入能源市场信号体系，使市场力量在我国实现“碳达峰”“碳中和”过程中，发挥更大的作用。

参考文献

［1］冯华，吴月辉，喻思南，等．科技自立自强谱新篇（2021年中国经济观察②）［N］．人民日报，2021-12-05（01）．

［2］杜海涛，欧阳洁，林丽鹂，等．改革开放向纵深推进（2021年中国经济观察⑤）［N］．人民日报，2021-12-08（07）．

［3］Yu M. Processing Trade, Tariff Reductions, and Firm Productivity: Evidence from Chinese Firms［J］. The Economic Journal, 2015，125（585）：943-988.

［4］Khandelwal A. K., Schott P. K., Wei Shang-Jin. Trade Liberalization and Embedded Institutional Reform: Evidence from Chinese Exporters［J］. The American Economic Reviews，2013，103（6）：2169-2195.

[5] 朱隽，郁静娴．乡村振兴阔步前行（2021年中国经济观察④）[N]．人民日报，2021-12-07（02）．

[6] 刘毅，寇江泽，李红梅．共建人与自然和谐共生的美丽家园（2021年中国经济观察⑥）[N]．人民日报，2021-12-09（06）．

[7] 徐程锦．妥善应对美国限制高技术外流的立法改革[J]．理论视野，2018（11）．

[8] 习近平．把握新发展阶段，贯彻新发展理念，构建新发展格局[J]．求是，2021（9）．

[9] Krugman, Paul R. Scale Economies, Product Differentiation, and the Pattern of Trade [J]. The American Economic Review，1980，70（5）：950-959.

[10] 谷亚光，谷牧青．论"五大发展理念"的思想创新、理论内涵与贯彻重点[J]．经济问题，2016（3）．

[11] 蔡之兵．正确认识和把握资本的特性和行为规律[N]．学习时报，2021-12-22（02）．

[12] 白泉．建设"碳中和"的现代化强国 始终要把节能增效放在突出位置[J]．中国能源，2021（1）．

本文系国家社会科学基金项目"拓展贸易多元化"（20ZDA050）、国家杰出青年科学基金项目"国际贸易与中国经济转型发展"（71625007）和北京市卓越青年科学家项目"全球化视角下中国企业的转型升级：基于创新、生产率、产品质量和附加值的研究"的阶段性成果。

来源：《学术研究》 2022年第4期 作者 余淼杰 陈新禹

构建全国统一大市场的价值意蕴及路径探析

一、引言

2022年4月10日发布的《中共中央 国务院关于加快建设全国统一大市场的意见》（以下简称《意见》）明确提出，建设全国统一大市场是构建新发展格局的基础支撑和内在要求，将建设全国统一大市场提升到全局和战略高度。这一文件的出台为构建全国统一大市场提供了行动纲领。2013年11月，党的十八届三中全会首次提出全国统一大市场概念，会议审议通过了《中共中央关于全面深化改革若干重大问题的决定》，提出建设统一开放、竞争有序的市场体系是使市场在资源配置中起决定性作用的基础，要清理和废除妨碍全国统一市场和公平竞争的各种规定和做法。近年来，全国统一大市场建设工作受到越来越多的重视和支持。2017年10月，习近平总书记在党的十九大报告中再次强调，要清理废除妨碍统一市场和公平竞争的各种规定和做法。2021年3月公布的《中华人民共和国国民经济和社会发展第十四个五年规划和2035 年远景目标纲要》（以下简称《纲要》），对构建全国统一大市场提出了包括完善市场体系基础制度、坚持平等准入与公正监管、形成高效规范与公平竞争的国内统一市场、对标国际先进规则与最佳实践改善市场环境、推动不同区域与行业标准、规则与政策协调统一等具体要求。同年12月，中央全面深化改革委员会第二十三次会议审议通过《关于加快建设全国统一大市场的意见》，强调了全国统一大市场建设工作对于构建新发展格局的重要性和迫切性，提出构建新发展格局，迫切需要加快建设高效规范、公平竞争、充分开放的全国统一大市场，建立全国统一的市场制度规则，促进商品要素资源在更大范围内畅通流动，确立国家统一市场制度规则以推动商品要素资源更大程度顺畅流动为工作重点，要与区域重大战略和区域协调发展战略相结合，优先开展全国统一大市场建设工作，充分发挥示范引领作用。

近年来，有关全国统一大市场的基础制度持续改善，要素市场的统一建设获得了重要进展，商品流通的市场设施联通水平逐渐提高，统一大市场的规模效应逐渐显现。但目前的市场基础制度依然具有区域差异，要素和资源的自由流动存在阻碍，影响要素资源有效配置，商品和服务流通过程仍面临堵点，市场监管公平统一程度有待提高。

中国为何要构建全国统一大市场？如何建设全国统一大市场？笔者重点对建设全国统一大市场的重要意义进行论述，并从推进产品生产、流通、消费过程畅通统一，即要素和资源市场、市场设施、产品和服务市场、市场基础制度规则以及市场监管五方面重要举措展开探讨。

二、构建全国统一大市场的价值意蕴

（一）促进国内循环，助力构建双循环新发展格局

当前，世界正经历百年未有之大变局，我国经济发展处于增长速度换挡期、结构调整阵痛期、前期刺激政策消化期“三期叠加”的阶段，面临需求收缩、供给冲击、预期转弱“三重压力”。为破解当前发展遇到的难题，促进中国经济稳定增长，要积极构建以国内大循环为主体、国内国际双循环相互促进的新发展格局。衡量内循环作用的可靠指标即国内贸易占国内生产总值（GDP）的比例。借鉴西方和其他发达国家的实践经验，若国内贸易占据GDP的比重达到75%，表明内循环有效发挥了推动经济增长的作用。目前，我国国内贸易占据GDP的比重约为60%，发展空间较大。以国内大循环为主体的新发展格局必然是建立在全国统一大市场基础之上的，并不是发展以邻为壑的“小循环”“闭循环”。

第一，建设全国统一大市场有助于破除限制要素和产品自由流动的体制机制障碍，促进劳动力、资本、数据、能源等要素资源在区域间、行业间自由流动，提高资源配置的效率。第二，建立统一的商品和服务质量体系、畅通的市场设施，将打通产品从生产到运输，再到消费各环节的堵点，畅通经济循环，有助于扩大国内消费市场规模，释放内需潜力，使畅通的国内循环为经济增长提供更大动力。第三，建设统一的商品服务市场和监管体系，使产品质量标准与国际接轨，市场监管体系与国际市场联通，有利于扩大对外开放，提高中国市场对全球要素资源的吸引力，进而促进国际循环。

（二）发挥超大规模市场优势，实现规模效应

构建全国统一大市场不仅是形成国内、国际双循环相互促进的新发展格局的内在要求，也是充分发挥中国社会经济增长核心优势的必备条件。美国经济学家保罗·克鲁格曼（Paul Krugman）的规模经济贸易理论表明，企业可以通过扩大生产降低平均成本，提高利润。我国超大规模的市场正是实现规模经济的优势条件。第一，从人口规模角度看，我国拥有14.1亿人口，约占全球总人口的18%。第二，从国内生产总值和人均收入角度看，我国蕴藏着强大的市场潜力。世界银行数据显示，2019年，我国GDP规模为14.3万亿美元，约为美国GDP的67%，占世界GDP比重16.3%；2020年，我国GDP规模为14.7万亿美元，约为美国GDP的70.3%，占世界GDP比重17.4%（见图1）。如果按美国近几年GDP增速的较高值2.5%计算，我国未来GDP增速保守估计值为5.5%。根据国家发展和改革委员会2021年9月发布的《我国国内市场规模和潜力测算及发展趋势展望》来推算，预计未来5年我

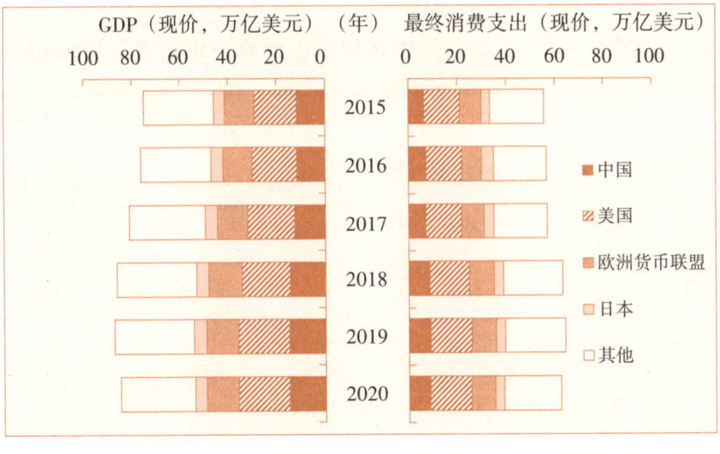

图1　2015—2020年中国和世界主要发达经济体GDP和最终消费支出情况图

数据来源：世界银行，世界发展指数数据库（WDI）。

国GDP占世界比重将持续上升，市场规模不断扩大，到2025年，我国GDP将约占全球GDP份额的1/5；未来，我国最终消费支出将保持增长，预计到2025年，我国最终消费支出占全球比重将达16.2%（见表1）。按照美国皮尤研究中心（Pew Research Center）的广义中等经济收入参考标准（即年收入为3650~18250美元），我国是世界上中等收入群体规模增加最快的国家，从2000年的约3910万人（占总人口的3.1%）增加到2018年的约7.07亿人（占总人口的50.8%）。2021年，世界银行公布的高收入国家门槛为人均国民总收入（GNI）12695美元。2021年，我国人均GNI约为1.24万美元，接近高收入国家标准。第三，从国内贸易角度看，国家统计局数据显示，2008—2018年，全国社会消费品零售总额突破10万亿元，增长率保持在10%以上。2019年，全国社会消费品零售总额的增长率略有下降，2019 年的增长率为 8%。受新冠疫情影响，2020—2021年两年平均增长4.3%，虽增速下降，但2021年全国社会消费品零售总额仍超过2019年水平（见图2）。以上数据均表明我国的内需潜力有待挖掘。

表1　2021—2025年中国市场规模占世界市场规模比重预测表

年份/年	中国GDP占世界GDP比重		中国最终消费支出占世界最终消费支出比重	
	百分比（%）	增长值	百分比（%）	增长值
2021	17.7	0.6	13.4	0.6
2022	18.2	0.5	14	0.6
2023	18.8	0.6	14.8	0.8
2024	19.4	0.6	15.5	0.7
2025	20	0.6	16.2	0.7

数据来源：国家发展和改革委员会发布的《我国国内市场规模和潜力测算及发展趋势展望》。

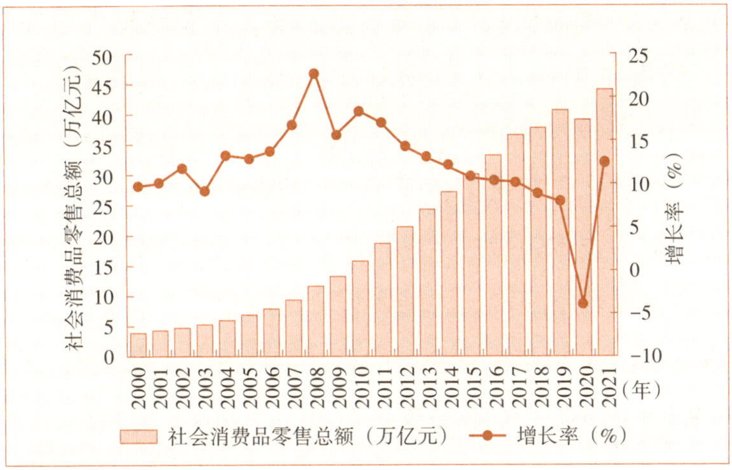

图2　2000—2021年中国社会消费品零售总额及增长率图

数据来源：wind，中国宏观数据。

要充分发挥我国超大规模的市场这一竞争优势，必须加快建设全国统一大市场，促进我国市场由大变强。一是要建设统一的市场基础制度规则和市场监管体系，这有助于打破地方保护和区域壁垒，促进要素资源、产品服务自由流动。二是要依法反垄断、反不正当竞争，这有助于优化营商环境，建立畅通高效、具有国际竞争力的大市场。三是要建设统一的资源要素市场、高标准联通的市场设施、高水平统一的产品市场，这有助于为产品从生产到消费的全过程降本增效；有助于拓展产品流通空间，让更高质量的产品供给创造和引领需求；在为市场主体提供更多选择空间的同时，有助于赢得更大的国内外市场，充分发挥规模经济作用。

（三）推动科技创新，促进经济高质量发展

中国经济已进入新发展阶段，核心特征是高质量发展。党的十九届五中全会明确指出，要坚持创新在我国社会主义现代化建设全局中的核心地位。《纲要》提出，要立足新发展阶段，贯彻新发展理念。要想实现经济高质量发展，就要做好内循环工作。因此，建设全国统一大市场对我国经济高质量发展具有重大意义。

新兴数字技术赛道上各国所处的位置较为接近，世界各国在智能化和数字技术领域的竞争日趋激烈，因而只有通过自主创新抓住机会发展数字经济，才能实现弯道超车，从而促进经济高质量快速发展。近20年来，中国的科技创新投入不断增加，研发强度从2001年的不足1%增加至2021年的2.44%，已接近经济合作与发展组织（OECD）国家2020年前2.47%的平均水平。要想实现经济高质量发展，就需要保证创新要素资源的有效配置，充分发挥市场主体力量，提高自主创新能力和应用水平。习近平总书记指出，要让市场真正成为配置创新资源的力量，让企业真正成为技术创新的主体。加快建设全国统一大市场，通过推动要素市场联通统一，让市场需求决定创新要素的流动和配置，不仅可以促进科技创新、提升产业链现代化水平，还能助力创新成为第一动力，促进经济高质量发展。

（四）扩大对外开放，促进经济全球化发展

2017年1月，习近平主席在瑞士达沃斯世界经济论坛发表主旨演讲时指出，经济全球化是社会生产力发展的客观要求和科技进步的必然结果，中国是经济全球化的受益者，更是贡献者。尽管近年来逆全球化行为不断发生，贸易保护主义、单边主义和贸易欺凌主义有所抬头，但并不意味着全球化的基本方向、基本趋势有所改变。从长远看，特别是在“十四五”时期，全球化依然是主要态势，全球化的两个核心特征——生产的地区化和贸易的全球化并未改变。加快建设全国统一大市场有益于扩大对外开放、营造稳定公平透明可预期的法治化营商环境，为经济全球化发展提供高质量的市场条件。

加快建设全国统一大市场要坚持五个“统一”：要素及资源市场统一、商品和服务市场统一、市场设施联通统一、市场基础制度规则统一和市场监管公平统一。在市场基础制度和监管体系方面，要推进外商准入负面清单制度，放宽市场准入门槛，着力健全完善外商投资法律法规，构建统一、公平、有序、国际化的现代市场，营造良好的营商环境。在要素流动和产品流通方面，要建设统一的生产要素和资源市场、联通统一的市场流通设施，这有助于推进国内外贸易和投资的自由化、便利化，提高中国市场的国际竞争力。在产品标准质量方面，要建设高水平统一的商品和服务市场，这意味着提高标准制定和修订的透明度、开放度，促进内外资企业公平参与，使产品标准和质量与国际水平接轨，以扩大开放的态度和国际化的市场助力经济全球化发展。

三、建设全国统一大市场的路径探析

（一）促进要素与资源市场的统一

产品生产的首要环节是要素投入。要想实现要素和资源市场统一，就要使人力资源、资本、技术、数据信息等生产要素充分自由流动，向全国开放共享，进而畅通国内循环，实现规模经济。

1. 促进劳动力要素自由流动

统一的劳动力要素市场是推动中国由人口大国走向人力资源强国的关键。目前，中国劳动力就业正面临短期摩擦与长期压力并存的局面，亟需借助劳动力的自由流动实现生产要素的有效配置。2019 年 12 月，我国城镇调查失业率为 5.2%。2020 年 2 月，我国城镇调查失业率上升到 6.2% 后有所回落，但在 2021 年底出现反弹，在2022年3月处于5.8%的高位。同时，农村劳动力回流趋势加强。国家统计局数据显示，2011年以来在本地（户籍所在乡镇地域以内）就业的农民工人数增速一直高于跨乡镇就业的外出务工农民工人数，外出农民工占比从2010年的63.3%降至2021年的58.7%。2020年，跨省就业农民工较上年减少456万人，超过此前5年的下降总和。近年来，我国城乡收入差距从2012年的2.88倍下降到2020年的2.56倍，一定程度得益于农村劳动力进城务工。虽然农村劳动力回流有利于乡村经济发展，但也要注意由此引发的农民工就业不稳定不充分、收入下降等诸多问题。

此外，我国老龄化和少子化的人口结构困局不容忽视，劳动力供给面临长期压力。1995年，我国人口结构中65岁及以上人口占比为6.2%，之后持续上升。2000年的65岁及以上人口占比为7%，达到联合国老龄化国家标准。2021年的65岁及以上人口占比攀升至14.2%，超过联合国深度老龄化国家标准（14%）。2017年以来，我国15~64岁劳动年龄人口从2014年开始负增长且幅度逐年增大。15岁及以上人口的劳动参与率从20世纪90年代的80%跌落至2021年的68%。劳动力作为重要的生产要素正面临供给不足的问题。因此，提高劳动力的利用效率显得尤为重要。

户籍限制过严将妨碍人口合理流动，人才资源无法实现最优配置。2014年，国家发展改革委经济体制与管理研究所社会调查课题组开展了城镇非户籍常住人口全国性问卷调查，有三点发现值得关注。第一，调查结果显示，城市户口的价值从高到低主要体现在子女教育、社会保障、保障房、就业服务和医疗卫生服务等方面。第二，在农村户口样本中，调查结果显示，文化程度越高定居城镇的意愿越高：小学及以下学历人群中，48.3%的人有意愿定居城镇；本科及以上学历人群定居城镇的意愿为79.3%。

第三，收入水平越高定居城镇的意愿越高，月收入5000元以上人群定居城镇的意愿为72.6%。综合户籍关系购房、生育补贴、孩子义务教育程度与成本、高考重点大学录取名额、就业、医疗以及其他配套福利等因素来看，城市户口对人才的吸引力更大。

第七次全国人口普查数据显示，人口净流入规模（常住人口—户籍人口）排名靠前的5个城市为深圳、上海、广州、北京、东莞（见表2）。这一数据不仅反映了城市吸引力，也反映了落户

表2　中国人口净流入规模城市前15名排行表

排序	城市	常住人口（万人）	户籍人口（万人）	人口净流入（万人）	人口净流入占比（%）
1	深圳	1756.0	541.8	1214.2	69.1
2	上海	2487.1	1469.3	1017.8	40.9
3	广州	1867.7	953.7	914.0	48.9
4	北京	2189.3	1392.1	797.2	36.4
5	东莞	1046.7	251.1	795.6	76.0
6	成都	1579.9	811.0	768.9	48.7
7	佛山	949.9	461.3	488.6	51.4
8	杭州	1071.1	656.6	414.5	38.7
9	郑州	765.5	387.3	378.2	49.4
10	西安	1195.7	821.3	374.4	31.3
11	武汉	1232.7	906.4	326.3	26.5
12	昆明	595.1	296.7	298.4	50.1
13	苏州	671.6	374.6	297.0	44.2
14	天津	1386.6	1105.0	281.6	20.3
15	中山	441.8	182.9	258.9	58.6

数据来源：国家统计局，第七次人口普查数据。

难度。通过量化不同城市落户条件的政策性文件可知，北京、上海、广州、深圳等一线超大城市和沿海旅游城市落户要求相对严格，户籍开放程度较低；东部沿海地区的珠江三角洲、长江三角洲和环渤海地区城市带净流入人口占常住人口比值相对较高，这表明当地人口压力越大，落户门槛越高。

统一的劳动力市场意味着要突破束缚区域之间人才流动的制度限制，使劳动力能够在区域之间和产业之间自由流动，这有助于人尽其才和劳动生产率的提高。为此，应逐步考虑取消户口限制，降低劳动力跨地区流动制度性障碍，疏通以人为本落户渠道，建立城乡统一人力资源市场。《意见》提出要深化户籍制度改革、调整大城市积分落户政策、放开放宽小城市落户限制、引导人才跨区域合理流动。劳动力自由流动使部分地区变成了人口流出地，要采取财政转移支付等政策确保人口流出区域的居民享有基本的公共服务以及配套的福利政策。

2. 规范资本要素流动市场

资本要素是经济发展的双刃剑。因此，在发展金融创新的同时，必须加强资本监管。一方面，要充分利用资本要素，激发经济活力；另一方面，要防止其无序扩张扰乱市场秩序。

第一，发展动产融资，降低融资难度。中小微企业对国民经济稳健发展具有至关重要的作用。2018年8月，国务院促进中小企业发展工作领导小组第一次会议首次明确提出中小企业具有“五六七八九”的特征，即中小企业贡献了全国50%以上的税收，60%以上的GDP，70%以上的技术创新，80%以上的城镇就业，90%以上的企业数量。2021年，我国市场主体已达1.5亿户，其中，企业4600万户，99%以上是中小企业。因此，扶持发展中小企业，就是稳就业、稳预期、稳税收。复旦平安宏观经济研究中心发布的《疫情下的中小企业》报告数据显示，2016年底，中国小微企业信贷余额占所有公司信贷余额的32%。中国人民银行监测数据信息显示，小微企业的融资成本费用平均较大型企业高出40%以上。中国财政科学研究院公布了对1.7万余家企业“企业成本”调研报告，结果显示，2019年的样本企业中，国有企业平均融资规模是民营企业的3.6倍。当前，原材料价格上涨、订单不足、物流和人力成本上升等问题使中小企业经营面临下行压力。因此，提高融资灵活性，为中小企业融资问题纾困，是稳定国民经济发展的重要工作。2021年11月，国务院办公厅发布了《关于进一步加大对中小企业纾困帮扶力度的通知》，提出要从租金减免、税费缴纳延缓、社保补贴和用电保障等多方面为中小企业降费减负，旨在保护市场主体，为经济发展积蓄力量。

第二，各地区贷款利率应保持一致，减少人为导致的金融市场扭曲现象。2004—2013年，中国人民银行不断放开并最终取消贷款利率浮动限制，贷款利率的地区差异逐步扩大。例如，2009年，北京和上海等地平均贷款利率为5%，而内蒙古和山东等地的贷款利率为10%。地区间巨大的利率差异不利于资本要素自由流动，因而应逐步统一贷款利率。

第三，坚持金融服务实体经济，防止脱实向虚。脱实向虚在宏观层面表现为资金流入虚拟经济而实体经济投资不足，在微观层面表现为非金融企业资产配置中金融资产占比上升而生产性投资占比下降。理论和实证研究表明，非金融企业金融化会带来诸多危害，包括提高新兴企业融资成本、加剧融资贵、增加股价崩盘风险、危害金融市场稳定性等。为了让金融更好地服务实体经济，要引导和监督金融机构服务实体经济、依法经营，依法打击假借金融创新之名逃避法律法规管制的行为；对金融交易加强监管，防止金融产品衍生过度、杠杆过高埋下系统性金融风险隐患。

3. 建设统一的数据要素市场

数据要素是当前实现经济高质量发展和增长的关键要素。一方面，数据可以通过传递信息促进劳动力、资本等传统要素自由流动，进而提高资源配置效率，有助于畅通内循环。例如，资产交易平台、人力资本招聘平台有助于解决要素资源流动中信息不对称的问题，提高资源配置效率。另一方面，数据要素与其他传统产业融合，对于加快经济发展具有巨大的促进作用。

利用现代信息技术，以数据（数字化的知识与信息）为关键要素融入生产各环节，有助于经济高质量发展，形成新时代重要的经济形态——数字经济。《纲要》明确指出，数字经济是我国具备一定优势的新增长潜能，要推动数字经济和实体经济深度融合，为新发展格局提供强大支撑。

发展数字经济为我国社会经济实现弯道超车提供了极佳契机。与发达国家相比，我国在数字经济行业赛道上与发达国家差距较小。例如，从数字贸易的视角看，在2011—2020年，发展中国家的数字服务贸易出口增速高于发达国家。2020年，发展中国家的数字服务贸易出口逆势增长约1%，发达国家则降低约3%。发展中国家在数字经济领域的后发优势可见一斑。因此，大力培育和发展数字经济知识密集型产业是我国经济发展的重要方向。

数字经济已经成为拉动我国经济增长的重要引擎。图3显示了2015—2020年我国数字经济发展情况。2020年，我国数字经济产业总体规模达39.2万亿元人民币，较上一年增长3.3万亿元人民币，占GDP比重为38.60%；数字经济规模增速为9.2%，约为同期GDP增速（3.2%）的3倍，为我国经济逆风发展提供了强

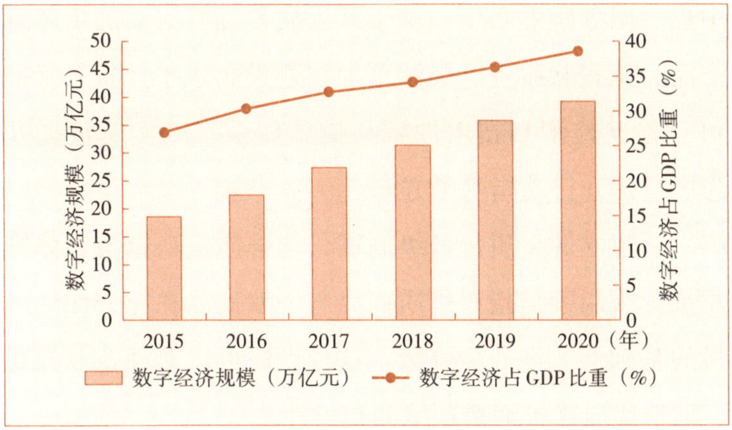

图3　2015—2020年中国数字经济规模及其占GDP比重图

数据来源：2021年中国信息通信研究院的《中国数字经济发展白皮书》。

大动力。

要想加快数据要素市场的培育，必须建立健全数据安全、交易与共享的基础制度与标准规范。2020年4月，《中共中央 国务院关于构建更加完善的要素市场化配置机制的意见》首次提出一种新要素：数据。这是数据作为生产要素第一次被写入中央文件。2021年9月，我国关于数据安全的首部法律《中华人民共和国数据安全法》正式施行，为各行业数据安全提供了监管依据。

（二）促进商品与服务市场的高水平统一

生产以产品销售为最终目的。产品的标准、质量及售后服务水平的统一，有助于提高产品的竞争力，促进我国市场由大向强转变。

1. 提升产品质量，内外贸产品“三同”

扩大内需必须提升国内消费者对本国产品质量的认可。随着我国中等经济收入人群整体规模逐渐壮大，人们的消费需要与整体消费水平也在不断提高。为了将居民的消费能力保留在国内，避免消费大量外流，要持续完善国内产品与服务。2017年9月，中共中央、国务院发布了《关于开展质量提升行动的指导意见》，针对产品、工程和服务，强调要加快建设高水平计量、标准、认证认可、检验检测和技术性贸易措施体系，夯实质量提升的基础，为质量提升行动指明了方向。

第一，建立健全质量分级制度，增强质量认定与整体管控能力。质量分级制度是指对优质商品与一般商品在充分保证产品总体质量的基础上，进一步分级。这种做法可以调动企业提高产品质量、创造优质优价消费环境的积极性。

第二，持续提升全产业链的整合利用和管理能力。要充分认识我国经济具有完整产业链的独特优势。对产品而言，生产和加工产品的上下游行业在全国范围内配置齐全，可以使对产品制造流程、产品质量控制的管理变得更加便捷和切实可行。因此，要持续提升产业链资源整合、综合利用与管理的能力，发挥我国全产业链优势。

第三，促进对内对外贸易商品的“三同”，即同线、同标、同质。“三同”意味着对外出口和内销的商品出自同一生产加工流水线，根据相同的标准生产加工，进而使内外销商品实现相同的质量水准。21世纪以来，我国出口产品质量不断提升。按照余淼杰和张睿的出口质量测算方法来计算，2001年，我国加入世界贸易组织时的出口产品质量标准化为1；2012年党的十八大前，我国出口产品质量约为1.3；2020年，我国出口产品质量约为1.625。由于内销与出口商品质量标准不同，部分产品国内标准偏低，一度出现国产商品出口较内销质量好的情况，内销商品无法满足国内中高档消费需求。2016年5月，出口食品企业内外销“同线同标同质”公共信息服务平台上线，国内消费市场正式推出“三同”食品，成为推动内外销产品同质发展的重要措施。

2022年1月，国务院办公厅印发了《关于促进内外贸一体化发展的意见》，明确了内外贸易一体化的发展目标，包括到2025年实现内外贸易质量标准、认证认可等有效衔接，进一步提升市场主体内外贸易一体化发展水平。这表明国内外商品与服务市场逐步接轨。

2. 统一标准和计量体系

为使产品流通不受阻碍，还要建立统一的行业标准与计量体系。当前，我国已初步建立具有中国特色的标准化和计量体系，但还需进一步完善。例如，企业间标准计量体系差异较大，不同地区标准计量体系差异性明显，等等。如果各地区产品在制造标准、计量体系等方面存在地方差异和行业差异，贸易将面临诸多不便和摩擦，不利于经济循环发展。因此，我国应统一标准和计量体系。一方面，要整合优化官方制定标准和市场自主制定标准，尤其是新兴产业（例如，大数据、人工智能等领域），应建立完善的标准体系。另一方面，我国建立的标准体系要与国际标准相衔接。要鼓励并推动内外资企业参与标准与计量体系建设，确保体系建设修订工作公开、透明和开放，并积极与国际接轨。

3. 全面提升消费服务整体水平

只有消费者的合法权益得到保障，消费体验得到满足，人民群众才有意愿消费。习近平总书记在党的十九大报告中提出，要完善促进消费的体制机制，增强消费对经济发展的基础性作用；在党的十九届五中全会提出，要改善消费环境，强化消费者权益保护。只有为消费者提供安全可靠的消费环境，不断提高为消费者服务的层次和水平，老百姓才敢于消费、乐于消费，进而拉动内需，促进经济增长。

要将提高消费服务水平贯穿消费全过程。消费前，要执行商品标准并进行质量把控；消费中，要保障消费者正当权益并做好售后保障，加快推进问题商品召回制度，破除售后服务地域壁垒；消费后，要确保消费者投诉举报渠道顺畅，促进消费者、保障职能部门联动化解消费纠纷。

（三）促进市场设施联通统一

产品由生产到消费的必经之路是产品运输，只有建立联通统一的市场设施，降低物流和信息流通成本，才能保证国内贸易循环畅通。

1. 降低区域贸易税费壁垒，提高物流效率

为保证商品和服务流通过程顺畅，要破除国内贸易的两类堵点：有形的贸易壁垒和无形的信息壁垒。要想消除贸易壁垒，就要降低区域间的道路交通成本。美国经济学家萨缪尔森提出的“冰山成本”，强调贸易壁垒导致经济效率低下。冗余收费站、检查站等的存在，不仅提高了运输成本，也拉长了运输时间，对货物运输与贸易极为不利。例如，1994年成立的北美自贸区消除了美加两国相互间的关税障碍，但两国边境边检的存在仍增加了商品运输成本，使得贸易效率受损。与之相对，1807年，美国政府为了方便本国制造业产品运输，颁布了《禁运法案》。此后，美国大力兴建交通设施并降低各项费用，促进了本国市场的联通和统一，使美国经济在19世纪处于高速增长状态。这表明，运输成本的下降对贸易发展与经济增长具有十分重要的意义。

近年来，我国在深化收费公路制度改革方面取得了重大进展。1988年1月，国家交通部、财政部和物价局联合发布了《贷款修建高等级公路大型公路桥梁、隧道收取车辆通行费规定》，为规范高速公路收费提供了政策依据。同年10月，我国第一条高速公路——沪嘉高速建成通车，拉开了我国高速公路收费历史的

序幕。我国高速公路建设发展迅速，但在收费方面还存在一些问题。世界银行2007年对我国高速公路调研报告显示：1990—2005年，我国修建收费高速公路约4.1万公里，但我国交通费用的设定过高，甚至超过了发达国家。我国通行费的可承受性处于世界较低水平，成为当时我国高速公路低流量的原因之一。

党的十八大以来，我国出台政策减少收费站，致力于破除地区贸易壁垒。图4显示了2010—2020年我国公路运输货运量和通行收费情况。2010—2019年，我国公路货物运输总量整体提升，从244.9亿吨增加至342.6亿吨，平均年增长率3.8%。2020年1月，全国29个联网省级地区487处省界收费站全部取消，意味着全国高速公路全面实现了“一张网”建设。同年，全国收费公路总里程由2019年末的17.1万公里增加到2020年末的17.9万公里，增长4.8%，占公路总里程（519.8万公里）的3.45%。截至2020年末，我国收费公路共有主线收费站965个，较2019年末净减少302个，共减免车辆通行费2382.5亿元。

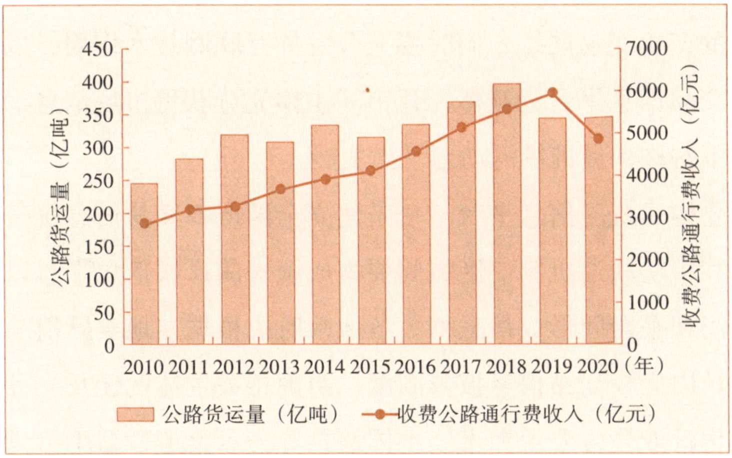

图4　2010—2020年中国公路运输货运量和通行费图

数据来源：交通运输部的《收费公路统计年报》。

2. 打破市场信息障碍，提升交易效率

除道路畅通外，推动国内贸易发展还要保持信息畅通。当前，国内市场存在信息流通费用高、信息传递不畅等问题。这些问题严重制约了我国经济发展和对外贸易水平的提升。因此，必须加快推进电子商务建设，完善网络交易市场体系。进入大数据时代，随着新业态崛起，只有市场信息无摩擦流通，才能引导各要素按市场规律运动，从而降低由于信息不完全和不对称造成的效率损失。

统一产权交易信息发布机制，实现全国产权交易市场联通势在必行。自1988年我国第一家产权交易机构成立至今，我国已有各类产权交易机构近300家。随着国家经济实力的增强以及互联网技术的发展，我国产权市场快速崛起。据中国产权协会数据显示，2021年，我国产权交易市场交易总额达22.3万亿元。

虽然我国产权市场发展较快，但在信息互通方面仍有欠缺。例如，行业上下游、企业和投资者个体间信息的不互通和不对称，等等。为此，应进一步完善产权交易制度建设，建立全国范围内的产权交易网络，同时要充分发挥互联网技术作用，以统一产权交易信息平台为载体，让市场主体充分获得市场信息，减少信息不对称，促进供需动态平衡发展。

要构建统一信息平台。一是建立全国产权交易信息统一发布机制和市场联通机制。区域间要集成统一的产权信息平台以避免区域间和平台间形成信息差。各地政府应根据本地实际情况，制定区域内产权交易信息披露制度，明确相关主体责任及义务。二是优化行业公告公示和市场主体信息等公示渠道，缩小市场主体之间的信息差，促进市场公共信息在各领域实现共享。

（四）促进市场基础制度规则的统一

市场基础制度的统一规则是产品顺畅流通的基础。目前，我国市场体系尚不完善，与发达国家相比还存在较大差距。加强市场基础制度规则的统一包括统一产权保护制度、市场准入原则和市场公平竞争制度，旨在逐步破除区域间贸易壁垒，促进经济循环发展。

地方保护主义是世界性问题，严重妨碍经济循环。以欧盟为例，欧洲经济共同体（EEC）成立于1958年，目的是推动成员国间的贸易及成员国经济与社会的进步，但由于国家间基础制度存在差异，反而阻碍了人员和货物等的自由流动。例如，20世纪80年代，EEC因非关税壁垒导致的年经济损失高达1370亿欧元。EEC主要面临三个问题：边境障碍、技术障碍（国家间在环保、安全等领域的技术标准规则并不统一）和财政障碍（各国税率不同）。尽管EEC已经废除关税，仍无法避免各国通过降低税率来吸引投资。例如，英国向小企业征利润税为20%，法国向企业征利润税为36.3%，导致法国当地人才与资本流向英国。当前，我国也存在地区间因生产标准、税率标准不统一出现的区域壁垒，妨碍了产品的跨区流动，不利于企业扩大市场规模和良性竞争。

促进市场基础制度规则的统一，需要从三个方面入手。一是健全统一产权保护制度，建立健全所有制经济产权保护体系，完善现代产权制度以激发经济活力。当前，新业态、新技术成长迅速，率先建立新兴产业的知识产权保护体系，有利于把握市场先机。要加强新型产权保护体系建设，建立和完善所有制经济产权保护制度，平等公正地对待各主体。知识产权是确保市场活力的关键，要依法维护企业及企业家人身财产安全。

二是实施统一市场准入制度。在坚持“放管服”改革的同时，进一步完善国家层面的准入管理制度，建立与国际接轨的市场准入体系；加强事中和事后监管，促进市场主体公平竞争，维护市场秩序和社会公共利益；加快转变政府职能；坚持执行“全国一张清单”制度，市场主体可以在法律规定范围内平等准入清单外领域（“法无禁止就可为”），营造公平的市场准入环境；严禁各地政府自行公布有市场准入原则的负面清单。企业应以统一资格走向市场，主动参与市场竞争，进而实现资源优化配置。

三是完善反垄断法律制度。从2020年10月蚂蚁金服上市被叫停，至2021年11月18日国家反垄断局挂牌，我国在垄断行业特别是互联网行业执法力度不断加大，执法范围逐渐拓宽。要强化市场监管职能，防止滥用市场支配地位。在打击垄断企业一家独大、资本野蛮生长的同时，要避免动摇市场根本、引发市场动荡、挫伤投资者信心等情况的发生。

此外，在制定全国统一市场基础制度的过程中，要防止一刀切。市场基础制度统一并不意味着市场整体整齐划一，而是打破不公平竞争，破除地方贸易壁垒的基础制度，其目的在于营造公平公正公开的市场环境，为市场主体公平竞争提供保障。

（五）促进市场监管的公平与统一

为加快构建稳定公平、透明、可预期的法治化营商环境，使国内市场最大限度地吸引全球企业与资源，在国内国际两个层面形成高水平市场体系，要遵循有法可依、有法必依、执法必严的原则，健全和优化现行法律监管体系，严格遵守有关规章制度，增强执法能力，充分迎接建设全国统一大市场面临的新课题、新挑战。

一是落实市场监管立法工作，坚持有法可依。目前，我国个体商户数量日益增多，商品覆盖范围逐渐扩大，且线上、线下新消费模式层出不穷，使我国现有的市场监管体系面临挑战。立法部门应建立并完善相关法律制度，既保证新进入者应有的权益又确保市场的有序运行；同时，要尽快进行新消费模式和消费产品方面的立法工作，规定市场规则未涵盖的范围，确保生产者与消费者共同享有统一大市场的福利。

二是严格执行规章制度，坚持有法必依。监管部门只有遵循规章制度，才能建设一个可信的市场，进而在国际市场保持竞争力。各级监管部门要严格落实已经制定的各项规章制度。一方面，协调执法资源，加强部门联动，推动信息共享，减少主观裁决，实现公平执法；另一方面，加大知识产权保护力度，强化反垄断和反不正当竞争等领域的执法，同时要定期开展执法机构内部自查，打击不遵守规章制度、滥用国家权力等行为。

三是增强执法能力，坚持执法必严。执法部门应瞄准重点领域严把质量关，创新运用新手段新技术。此外，要注重发挥人民群众的作用，健全群众监督举报体系，迅速回应群众关切的市场问题，确保消费者对市场的信心。

参考文献

[1] 中共中央关于全面深化改革若干重大问题的决定［N］. 人民日报，2013-11-16（01）.

[2] 习近平. 决胜全面建成小康社会 夺取新时代中国特色社会主义伟大胜利：在中国共产党第十九次全国代表大会上的报告［M］. 北京：人民出版社，2017.

[3] 中华人民共和国国民经济和社会发展第十四个五年规划

和2035年远景目标纲要［N］. 人民日报，2021-03-13（01）.

［4］Paul Krugman. Scale Economies，Product Differentiation，and the Pattern of Trade［J］. The American Economic Review，1980（5）.

［5］郭明英，沈陈. 国际经济智库关注中国人均GNI增长［N］. 中国社会科学报，2022-02-17（02）.

［6］余淼杰，曹健. 新发展格局中的共同富裕［J］. 新疆师范大学学报（哲学社会科学版），2022（1）.

［7］刘金伟. 我国城市户籍开放程度及其影响因素分析：基于全国63个样本城市的评估［J］. 国家行政学院学报，2016（5）.

［8］韩鑫. 出真招实招为中小企业纾困解难［N］. 人民日报，2021-12-10（05）.

［9］周先平，皮永娟，向古月. 贷款利率浮动的决定因素及其对企业融资约束的影响［J］. 国际金融研究，2021（11）.

［10］姚益龙，吴峰桥. 贷款利率地区差异对我国地方性银行效率的影响研究［J］. 金融科学，2018（2）.

［11］刘珺，盛宏清，马岩. 企业部门参与影子银行业务机制及社会福利损失模型分析［J］. 金融研究，2014（5）.

［12］彭俞超，倪骁然，沈吉. 企业“脱实向虚”与金融市场稳定：基于股价崩盘风险的视角［J］. 经济研究，2018（10）.

［13］余淼杰，郭兰滨. 数字贸易推动中国贸易高质量发展［J］. 华南师范大学学报（社会科学版），2022（1）.

［14］余淼杰，张睿. 人民币升值对出口质量的提升效应:来自中国的微观证据［J］. 管理世界，2017（5）.

［15］John McCallum. National borders matter：Canada-US regional trade patterns［J］. The American Economic Review，

1995（3）.

［16］沈骥如. 欧洲共同体与世界［M］. 北京：人民出版社，1994.

［17］钟晓敏. 争还是协调：欧盟各国税收制度和政策的比较研究［M］. 北京：中国税务出版社，2002.

［18］余淼杰，季煜. 构建全国统一大市场 实现新时代竞争优势［J］. 当代中国与世界，2022（2）.

来源：《新疆师范大学学报（哲学社会科学版）》
2022年第6期　作者　余淼杰　季　煜

推进人民币国际化：美元主导国际货币体系的应对之策

前　言

党的十八大以来，在日趋错综复杂的国际形势下，中国经济保持较快增长，实现高质量发展。与经济总量世界第一的美国相比，自2000年以来，中国GDP在全球经济中的占比累计上升15个百分点，而同期美国GDP占比则回落约6个百分点。中国以更加积极包容的姿态融入全球经济和贸易，已成为一百四十多个国家和地区的主要贸易伙伴，货物贸易总额居世界第一，外汇储备稳居世界第一，吸引外资和对外投资居世界前列，形成更大范围、更宽领域、更深层次的对外开放格局。近年来，中国先后提出“一带一路”倡议、推进《区域全面经济伙伴关系协定》谈判、建立亚洲基础设施投资银行等多边机构，以实际行动展现大国担当，为经济全球化贡献力量。然而，人民币在国际市场上的地位却和中国在世界经济中的地位并不相符。2019年，人民币在全球外汇市场交易额中的占比仅为2%左右，和中国GDP占全球的比重有明显的差距。中国的经济实力和贸易体量并没有完全体现在人民币的国际流通上。当前，美元主导的国际货币体系和美元一家独大的局面，对中国经济高质量发展和进一步深化改革，造成了一定的负面影响。

面向新时代新征程，党的二十大提出，要“坚持高水平对外开放，加快构建以国内大循环为主体、国内国际双循环相互促进的新发展格局”，并特别强调要“有序推进人民币国际化”。提高人民币在国际金融和贸易市场的占比，实现人民币国际化，是提升国际循环的质量和水平、实现第二个百年奋斗目标过程中必须要啃下来的“硬骨头”。如何啃下人民币国际化这块“硬骨头”是一个值得研究的问题。

国际货币体系现状

当前的国际货币体系是由美元主导的，美元在国际金融和贸易中充当枢纽。作为流通手段，美元在全球外汇市场交易量的占比高达88%（考虑到外汇市场是双边交易，这一比例的总值为200%），成为全球主要的媒介货币；作为价值尺度，以美元计价的国际贸易量占全球贸易总量的79%；作为储藏手段，全球外汇储备中59%的比例是美元；作为支付手段，国际支付市场中有39%的交易使用美元进行支付；海外投资者持有美国政府债券的比例也高达36%。相比之下，美国的GDP总量在2020年底只占全球的25%。综上所述，美元在国际货币体系中获得了超过其经济体量的主导地位。

二战后，美国建立并维持了美元在外汇交易和国际贸易中的枢纽地位。美国掌握了全球的清算、支付、结算渠道，形成了完备的美元交易网络系统。同时，数量庞大且复杂的衍生品也大多以美元计价，巩固了美元的主导货币地位。在全球外汇储备体系中，美元一家独大，成为各国中央银行最为倚重的储备货币。美元在储备市场中的份额维持在60%左右，超过了其他重要国际货币（如欧元、英镑和日元）所占比重之和。

从全球外汇交易数据来看，美元依旧占据主导地位。根据国际清算银行每隔三年的央行外汇调查数据（见表1），从2004年到2019年，美元的全球外汇交易份额维持在85%以上，地位稳定（总份额为200%）。美元的全球外汇交易份额大于排名第二的欧元、第三的日元及第四的英镑市场份额的总和。人民币在国际市场中的份额几乎从零开始，近年来迅速增长，2019年占全球外汇市场的4.3%，排名第八，在所有新兴市场经济体中排名第一。在所有的人民币外汇交易的对手方货币中，美元占比高达95%，这进一步佐证了美元在国际货币体系中的主导地位。

表1　全球外汇交易市场份额（%）

货币	2004年		2007年		2010年		2013年		2016年		2019年	
	份额	排名	份额	排名	份额	排名	份额	排名	份额	排名	份额	排名
美元	88.0	1	85.6	1	84.9	1	87.0	1	87.6	1	88.3	1
欧元	37.4	2	37.0	2	39.0	2	33.4	2	31.4	2	32.3	2
日元	20.8	3	17.2	3	19.0	3	23.0	3	21.6	3	16.8	3
英镑	16.5	4	14.9	4	12.9	4	11.8	4	12.8	4	12.8	4
澳元	6.0	6	6.6	6	7.6	5	8.6	5	6.9	5	6.8	5
加元	4.2	7	4.3	7	5.3	7	4.6	7	5.1	6	5.0	6
瑞郎	6.0	4	6.8	5	6.3	6	5.2	6	4.8	7	5.0	7
人民币	0.1	29	0.5	20	0.9	17	2.2	9	4.0	8	4.3	8
港币	1.8	9	2.7	8	2.4	8	1.4	13	1.7	13	3.5	9

数据来源：国际清算银行。

2022年初发生的俄乌冲突，实际上强化了美元的主导货币地位。一方面，俄乌冲突增加了不确定性，西方对俄的制裁对全球出口贸易、能源供应链和粮食安全造成威胁，给疫情后的全球经济复苏蒙上阴影，推升了美元的避险需求；另一方面，由于俄乌冲突，欧洲地区较为动荡，美元相对于欧元的货币信用有所提高。同时，从地缘政治和军事实力的角度考虑，欧洲会更加依附于美国，进一步强化了美元的主导地位。美元指数反映了G7操控国际货币体系的利益格局，也反映了美元的强势状况。如图1所示，美元指数在俄乌冲突后有较为明显的上升趋势，表明美元的地位进一步强化。

图1　美元指数

数据来源：万得（Wind）数据库。

美元主导国际货币体系的原因

根据马克思主义的观点，货币的本质是资本，而资本的本质是信用。美元主导国际货币体系依靠的是美国强大的资本实力以及资本背后的国家信用。美元强大的信用使得投资者可以放心地持有美元并在国际金融和国际贸易中使用美元。美元强大的信用主要来源于三个方面：经济建设、制度建设及历史机遇。

首先，美国的经济建设是支撑美元信用的根本基础。如图2所示，美国自1954年以来全要素生产率在高水平起点上稳步上升。20世纪初，美国坐稳世界最大经济体，提供了占世界总量1/3的产品，成为第一生产大国。二战后，美国工业生产总值占全球的比例高达50%。在此基础上，美国不断以技术创新引领新一轮的增长。美国企业如Apple、Google、Space X等，拥有全球领先的技术，1995年以后新的生产力出现加速增长势头。经济上的稳定快速增长使得全球投资者可以放心持有美元以获得美国经济成长的红利。二战后，美国经济长期平稳发展是支撑美元信用的根本基础。美国的经济建设和科技发展也为美国的军事建设提供了坚实的物质基础，使美国的武力可以全球布置，从而保持武力威慑以维护美元在全球的领先地位。

其次，美国在其国内和国外的制度建设也是支撑美元信用的重要因素。国内方面，美国的政治体制和市场经济制度稳定且有利于投资生产。美国的产权制度清晰，保护合法私有财产。美国的经济政策较为稳定，市场预期保持平稳，资本流动相对宽松。

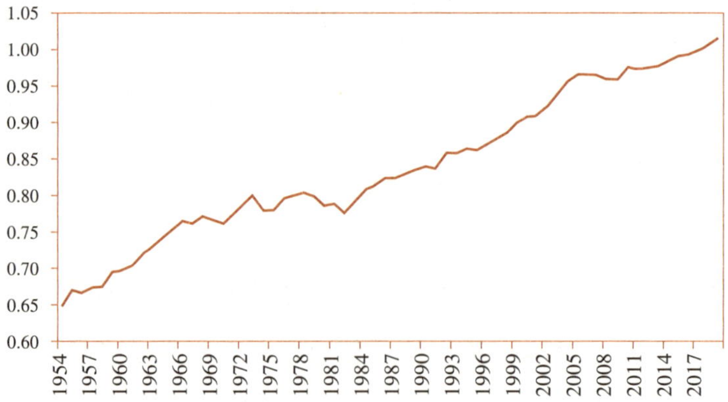

图2　1954年到2020年美国全要素生产率（不变价）

数据来源：万得（Wind）数据库。

国际方面，二战后美国主导了国际货币体系建设，并在建设过程中把美元放在了核心位置。1944年5月，经过44国政府同意，布雷顿森林体系确立了美元在国际货币体系中的核心地位。美元和黄金实现了挂钩，并强势维持和世界主要货币的固定汇率，美元开始成为世界金融和贸易的核心中枢。然而，战后各国经济重建，美国经济的绝对优势逐渐减弱，美国无法拥有足够数量的黄金以供兑换。固定汇率制度也制约了各国利用汇率调节国际收支的能力。与此同时，德日的竞争使得美元无法通过贸易顺差回流美国，离岸美元不断增加，外国持有美元的人只能选择兑换回黄金，使得美国黄金储备不断流失。这一系列变化，叠加战争等财政需求导致美联储不断超印货币，削弱了美元和黄金挂钩的基础。

1971年8月，布雷顿森林体系解体。1976年，为解决国际货币体系混乱的局面，世界主要经济体达成牙买加协定，从黄金基础和固定汇率转变为黄金非货币化和浮动汇率，国际货币体系的货币基础从实物本位正式过渡至主权信用本位。放弃布雷顿森林体系，反而进一步巩固了美元的地位。美元在一众主权信用货币中脱颖而出，继续充当世界金融和贸易的中枢。主权信用货币体系使美国能够长期维持“双赤字”政策，向全球征收铸币税。因此，在牙买加体系下，美元的主导权进一步强化。

从布雷顿森林体系到牙买加体系，世界金融中心始终没有离开美国，因此，国际货币基金组织和世界银行两大主要国际金融组织也都设在美国，以美元进行交易结算，以美元进行全球投资，促使全球成员国使用美元，进一步巩固了美元的核心地位。1981年11月，中国同世界银行签订第一笔关于大学发展项目的贷款协议，就是使用美元进行支付，金额为2亿美元。中国开始使用美元资本发展高等教育，增加招生人数，培训师资以及改善教学实验仪器器材。

此外，美国还构建了石油和美元的捆绑结算机制，进一步巩固美元的全球主导权。美国政府在外交和战争领域纵横捭阖，在20世纪70年代和以沙特阿拉伯为首的中东国家签订了一系列秘密协议：美国向沙特等中东国家提供武器装备、军事保护、维护王室统治及淡水等基础设施，而沙特等中东石油出口国政府需要同意用美元作为唯一定价和交易货币对石油贸易进行结算，同时用出口石油积累的美元购买美国国债，以此构建起新的美元循环。大量石油相关衍生品交易也以美元结算，满足了石油交易的对冲套利和投机需求，进一步强化了能源领域美元的作用。石油美元体系形成后，海外持有的美国国债数量快速上升。

最后，除了自身经济发展和制度建设之外，美国还抓住了两次世界大战的历史机遇。第一次世界大战，英国受战争影响无力实行金本位制以维持英镑稳定，只允许在英镑区内部自由兑换英镑，英镑由此从国际核心货币沦为区域货币。第二次世界大战严重削弱了旧大陆欧亚各国的经济实力和军事实力，而美国位于新大陆，远离战场，经济发展受到的影响较小，反而通过战争积累了大量财富，黄金储备跃居世界第一。同时，美国拥有广阔的市场，而世界急需稳定的国际货币体系进行贸易。因此，为促进战后经济恢复和贸易发展，美元取代英镑成为核心货币。

美元主导国际货币体系对中国的影响：国际贸易结算和海外投资的视角

美元主导的国际货币体系对中国有一系列复杂的影响。本文借鉴两篇代表性文献从国际贸易结算和海外投资的视角，讨论美元主导的货币体系对中国经济的影响。

陈新禹的研究表明，在国际贸易以美元主导的标价结算体系下，人民币的汇率贬值会使中国出现输入性通胀。举一个简单的例子说明。

（1）情况一：中国处于美元贸易结算体系。中国从中东进口一桶原油，价格为100美元，用美元结算，人民币兑美元汇率为6.3，进口原油在国内流通价格变为630元。假设油价不变，结算条件不变，只有人民币汇率发生贬值到6.8，进口原油在国内流通价格是680元。其中，680元和630元的差值50元就是美元贸易结算体系给中国带来的输入性通胀。

（2）情况二：中国建立了自己的人民币贸易结算体系。中国同样从中东购买一桶石油，价格为630元，用人民币结算，人民币兑美元汇率为6.3，进口原油在国内流通价格是630元。假设油价不变，结算条件不变，只有人民币汇率贬值到6.8，进口原油在国内流通价格依然是630元。在人民币结算体系下，中国就可以规避输入性通胀的问题。

中国目前处于情况一，正在向情况二努力。如图3和图4所示，2012年到2018年，中国进口贸易中外币结算占比一直保持在92%以上，其中美元占比保持在80%以上；中国出口贸易的外币结算占比稳定在90%以上，其中美元结算占比在85%以上。而且从2012年到2015年，中国出口贸易的美元结算比例甚至从85%上升到90%。中国进出口贸易的美元结算体系会给中国带来输入性通胀问题，影响中国货币政策的独立性并进一步威胁中国的经济安全。

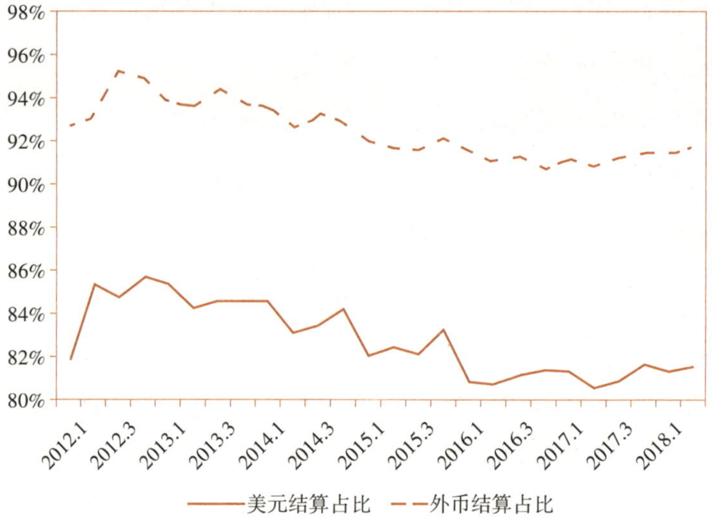

图3　中国进口外币和美元结算比例

数据来源：海关总署。

图4　中国出口外币和美元结算比例

数据来源：海关总署。

在2022年上半年，我国面临新冠疫情和美联储加息的双重冲击，人民币有很大的贬值压力，对中国经济是一个不容忽视的潜在威胁。根据中国人民银行官网的数据，2022年4月13日，人民币兑1美元的中间价是6.37；2022年5月13日，人民币兑1美元的中间价是6.78。在一个月内，人民币对美元贬值了6.5%。根据国家统计局的数据，中国2022年5月CPI同比增长2.1%。根据陈新禹的参数估计和计量方法，中国2022年8—9月CPI同比增长会在3%上下。根据国家统计局的数据，中国2022年9月CPI 同比增长2.8%。此次人民币贬值通过外贸美元结算渠道使得中国的通胀程度短期大幅提高40%。短期通胀程度的上升对中国的经济安全构成严重威胁。

肖立晟等的研究认为，在不平等国际货币体系下，中国对外投资组合存在“过度损失”的现象。中国的海外投资大量集中于美国的国债市场，在一定程度上压低了美国的国债收益率，降低了中国海外投资的收益率，而美国国债这种相对于其他新兴市场更低的收益率就是“过度损失”。基于美元在国际货币体系中的主导地位和中美两国资产替代性的差异，肖立晟等构造了不完全市场的动态一般均衡模型，模拟分析了海外资产结构调整后我国“过度损失”的动态变化。他们的研究表明，在美元主导的国际货币体系下，当中国海外资产配置的结构由债券类资产转向权益类资产时，中国海外投资收益率的过度损失仅在短期有小幅回调，随后就转向恶化。这说明，美元主导的国际货币体系对于中国海外投资的收益率也有很大影响。

中国的应对之策：人民币国际化

党的二十大报告指出："高质量发展是全面建设社会主义现代化国家的首要任务。"当前，美元主导的全球货币体系会对中国经济高质量发展造成诸多负面影响。人民币在国际贸易结算体系中所占的比例和中国庞大的国际贸易量不相匹配，也会阻碍构建以国内大循环为主体、国内国际双循环相互促进的新发展格局。因此，大力推进人民币国际化，改变美元一家独大的国际货币格局，将是下一阶段中国高质量发展的关键所在。

推进人民币国际化，需要"软硬两手抓"，并等待一个属于中国的历史机遇。"硬"的方面，要推动和保持中国经济高质量发展，提高全要素生产率，为人民币的国际信用提供坚实的物质基础。"软"的方面，要蹄疾步稳推进国内和国际金融体制改革，为人民币国际化铺平道路。同时，要积极参与全球经济合作，推动贸易体系改革，坚持真正的多边主义，推动全球治理朝着更加公正合理的方向发展。

（一）以经济建设为中心，推动中国经济高质量发展，为人民币国际化提供坚实的物质基础，增强中国的国家信用

以史为鉴，美元主导国际货币体系的基础是美国生产力的发展和科技水平的领先。人民币的国际化之路也离不开中国经济的高质量发展。中国经济的稳定高水平增长将使得全球投资者可以放心持有人民币，使用人民币进行交易并长期持有人民币资产，以分享中国经济发展的红利。

要推进人民币国际化，首先要推动和保障中国经济长期高质量发展。一方面，构建高水平社会主义市场经济体制，充分发掘中国经济的比较优势。中国拥有远超其他国家的经济规模、人口基数和庞大统一市场。市场资源是我国的巨大优势，必须充分利用和发挥这个优势，不断巩固和增强这个优势，形成构建新发展格局的雄厚支撑。通过构建社会主义市场经济体制，形成统一开放竞争有序的市场体系，使中国国内的市场资源和人口资源在“看不见的手”的引导下达到最优配置。根据克鲁格曼的规模经济贸易理论，企业生产扩张的开始阶段，会由于扩大生产规模而使经济效益得到提高。当中国形成国内统一超大规模市场时，中国企业就可以不断发挥规模经济递增优势，大打“规模经济”牌，激发中国未来经济成长的新动能。另一方面，坚持科技是第一生产力、人才是第一资源、创新是第一动力，以创新驱动中国经济发展。在宏观上，完善科技创新体系，坚持创新在我国现代化建设全局中的核心地位，健全新型举国体制，强化国家战略科技力量，提升国家创新体系整体效能，形成具有全球竞争力的开放创新生态。在微观上，强化“尊重人才、尊重创新”的价值取向，形成高端人才直通车机制，重视对创新成果的知识产权保护，完善科研成果转化利益分享机制，以期对创新人才形成强力的制度激励。

（二）加强国内金融改革，推进人民币资本项目可兑换，拓宽人民币回流的投资渠道

中国人民银行原行长周小川多次强调金融改革对人民币国际化的重要作用，他指出，人民币走向国际化，我们首先要把自己的‘家庭作业’做好，包括解除不必要的限制，稳步推进、逐步实现人民币的资本项目可兑换。对于推广人民币使用，央行只创造条件，不安排速度、节奏、时点。

具体而言，我们的改革应当从以下几个方面入手。第一，在金融监管中突破重流入、轻流出，宽进严出的思维定式，构建跨境资金双向均衡流动机制。国际货币对自由使用有很高的要求，人民币国际化初期侧重于跨境贸易结算，对资本项目可兑换要求相对较低。虽然货币国际化并不必然以资本项目完全可兑换为前提，但是目前金融交易已成为人民币国际化的主要驱动力，有必要解决项目匹配、政策协调的问题，加速开放金融市场，进一步减少资本项目管制。第二，简化人民币使用流程，在跨境贸易和投资中进一步扩大使用人民币结算。相关部门应当积极探索并出台政策支持外国公司在中国发行人民币债券，推动个人经常项目下跨境人民币结算业务的开展，探索个人对外投资人民币结算业务。第三，除了利率和汇率的市场化以外，更重要的是在中国建立多层次的资本市场，给海外的人民币的持有者以更多的投资机会，从而增强其持有并使用人民币的意愿。深入挖掘人民币国际金融交易功能的现实可行性，继续优化和完善债券市场对外开放制度、简化境外机构入市流程、整合入市渠道，为国际投资者提供更加友好、便利的投资环境，扩大熊猫债券发行规模。第四，把握人民币币值稳定且有序升值的机遇，深化人民币汇率形成机制改革，树立稳定、可预期的汇率形成机制比汇率稳定本身更重要的理念，提高人民币资产对国际投资者的吸引力。第五，运用大数据技术，提高人民币跨境流动监测与预警能力，完善宏观审慎管理框架，健全宏观审慎政策，牢牢守住不发生系统性风险的底线。

（三）以“一带一路”倡议等国际经贸合作平台为抓手，拓展人民币海外直投渠道

打破部门利益，鼓励央企、国企在国际贸易和投融资活动中带头使用人民币，尽快解决阻碍企业使用人民币的制度和政策障碍。将人民币投融资、资产管理作为扩大人民币国际使用的着力点，满足国际投资者的需求。利用人民币对外投资基金，以人民币投资于国外的基础设施建设、矿产资源开发等项目，增加人民币在境外流通和存储的数量。一直以来，以中国投资有限责任公司为代表的国家主权基金是中国对外投资的主力军，但由于其设立的初衷是管理中国所拥有的数额庞大的外汇储备，其投资实践也主要使用美元作为投资货币。如果可以发挥这些主权基金在国际投资，特别是在非洲、中亚和东南亚地区的影响力，增加以人民币为计价货币的直接投资，将会直接丰富人民币在全球范围内的使用。

正如习近平总书记强调的那样，中国始终坚持经济全球化正确方向，共同营造有利于发展的国际环境，共同培育全球发展新动能。近年来，我国主导了一系列发展合作计划，例如“一带一路”倡议和《区域全面经济伙伴关系协定》，并且成立了亚洲基础设施投资银行等多边开发银行，为相应国家和地区提供金融支持。应将其作为人民币国际化的窗口，在平等互利的区域经贸合作中，通过高质量的政策规则标准联通夯实人民币国际化的规则基础；通过高质量的设施联通带动人民币跨境基础设施投融资，将海外工程项目“投融建营一体化”作为推动境外基础设施项目人民币融资的重要手段；通过高质量贸易畅通夯实人民币贸易结算的基础；通过高质量资金融通夯实人民币国际使用的载体，有效构筑人民币国际使用的网络体系；通过高质量的国际产业合作提升我国在国际贸易合作中的主导地位，夯实人民币资产计价的基础；通过高质量的民心相通夯实人民币国际使用的民意基础。构建多层次的、较完整的基础设施投融资机构体系，发挥亚投行、金砖银行、次地区银行、主权国家开发性金融机构的作用，利用“联合贷款”模式撬动国际资本，深化同“一带一路”东道国银行在“银行联合体”框架下的合作，鼓励基础设施项目融资使用人民币。

（四）大力推动离岸人民币市场的建立完善，扩大人民币使用的海外基础

推动离岸人民币市场的建立和完善，实现离岸市场与在岸市场之间的有效联动、协调发展和持续融合，是推动人民币国际化进程的关键。应根据加快形成双循环新发展格局的要求，在重要节点国家和地区实现人民币离岸中心布局全覆盖，以方便国外企业、个人、机构和政府使用人民币。这些举措有助于满足境外机构使用人民币的需求，丰富了境外人民币的流向，也将促进人民币的国际化使用。

目前，人民币离岸市场布局的两大焦点是中国香港和欧洲。中国香港是目前最大的离岸人民币市场，根据2022年3月发布的《伦敦人民币业务季报》，中国香港占据了离岸人民币市场份额的75.28%。要将中国香港作为人民币跨境结算的试验田，及时发现并调整在岸利率，发现汇率水平存在的问题，总结下一步改革方向。欧洲不仅是全球第二大离岸人民币市场，而且是近年来增速最快、对于人民币国际化战略意义最为重大的市场。2021年，伦敦离岸人民币外汇日均交易量为814.3亿英镑，同比增长7.03%；伦敦人民币清算总额为11.87万亿元，同比增长17.87%。应当继续出台政策，积极推进欧洲离岸人民币市场建设，丰富人民币离岸业务中心的数量和交易产品种类，以伦敦为榜样，扩大欧洲内部使用人民币的比例。让欧洲离岸人民币市场和中欧班列相辅相成，从金融和贸易两个方面服务于中欧经济建设。

推动离岸人民币市场建设，应当重点关注以下几个抓手：以外汇交易为核心加强离岸在岸人民币汇率联动；以资金拆借为手段加强离岸在岸人民币利率联动；以央行货币互换协议为工具进行离岸在岸人民币流动性管理；以股票通和债券通作为渠道促进资本项目下人民币跨境流动。同时，要注意建立离岸在岸市场价格联动机制和防火墙制度，建立离岸人民币专用的账户体系，为阻挡外部风险快速传染、维护国内金融安全提供必要的缓冲地带。

（五）坚持多边主义，加强国际协调，注重与东盟贸易伙伴的联动

2020年后，新冠疫情、地缘政治冲突叠加，欧美等发达经济体陆续退出量化宽松刺激政策，全球经济面临巨大下行压力。欧美等国国内通胀严重，经济增长停滞，甚至陷入衰退。贸易保护主义、单边主义和逆全球化势力在一些国家抬头，贸易战、关税摩擦、反垄断调查等以邻为壑的行为频频发生，为全球经济复苏蒙上阴影。在此背景下，中国净出口需求放缓，经济增长动力减弱，亟须找到新的经济增长点和贸易伙伴，稳定进出口贸易，为国内产能提供新的出口，实现经济平稳和较高速度的增长。

根据《2021年人民币东盟国家使用报告》统计，2020年前5个月中国和东盟贸易额达到1.7万亿元人民币，增长4.2%，东盟继续超越欧盟成为我国第一大贸易伙伴。其中，我国对东盟出口9366亿元，自东盟进口7598亿元，我国对东盟贸易顺差为1767亿元。2020年中国-东盟人民币跨境收付逆势上扬，东盟国家人民币跨境资金流动金额累计达4.15万亿元，同比增长72.4%。2020年以来，中国与老挝、柬埔寨签署双边本币合作协议；中国与印度尼西亚签署谅解备忘录，双方一致同意积极推动使用本币进行双边贸易和直接投资结算。截至2020年末，中国和东盟国家签署的双边本币互换协议金额达7560亿元，包括马来西亚、泰国、新加坡、印度尼西亚和老挝等国家。人民币东盟使用基础设施进一步完善，截至2020年末，东盟国家共有74家金融机构成为人民币跨境支付系统（CIPS）参与者。2020年全年，CIPS共处理中国与东盟国家跨境人民币业务金额达1.9万亿元，同比增长50.5%。截至2020年末，新加坡、马来西亚、泰国和菲律宾4个国家建立人民币清算行；东盟国家商业银行中有252家和中国境内的124家商业银行建立了人民币结算代理行关系。

东盟的经济高速增长为我国提供了宝贵的发展机遇，中国经济增长离不开一个健康、有活力的东盟，人民币国际化也离不开一个在国际贸易体系中越来越重要的东盟。基于此，我们应当继续发展和深化中国-东盟贸易合作伙伴关系，高度重视跨境人民币交易的零售端和个人支付，提升资金流动便利化水平，发挥数字技术、数字货币的弯道超车优势，促进服务贸易领域人民币跨境使用。将贸易路径作为人民币信贷拓展的主要策略选择，鼓励企业和金融机构更多地走出国门。中国应当倡议在中国-东盟区域贸易中降低对美元的依赖，减少区域外国家政策周期和经济波动给区域内国家多边贸易带来的影响。同时，中国对东盟国家存在巨大的贸易顺差，大量贸易顺差势必会派生大量贸易融资需要。应以双边贸易为出发点，推进在东南亚有关国家发行人民币债券，并且鼓励这些国家建立人民币外汇储备机制，在降低中国-东盟国际贸易面临的汇率风险的同时，实现以国际贸易带动人民币国际化。

（六）开放和推进人民币计价黄金市场，增强人民币与黄金的联系

黄金是全球公认的避险资产，流动性较强，而且和美元、欧元等储备货币相比，不存在交易对手风险，在充满不确定性的时期（疫情、地缘政治冲突），黄金的需求会出于避险考虑而增加。中国于2002年设立上海黄金交易所，20年来，中国黄金市场取得巨大进步，如今已成为世界上最大的现货市场。

纵观美元取得国际货币体系主导地位的历史进程可以发现，美元自二战后先后与黄金和石油这两种公认的“硬通货”挂钩，增强了全球对于美国和美元的信心，提高了美元在国际货币体系中的地位。相应的，2022年俄乌冲突爆发后，美欧对俄罗斯实施了一系列制裁，重创了卢布汇率，也给俄罗斯国内经济和进出口贸易带来负面影响。为了稳定卢布汇率，俄罗斯强制要求有关国家使用卢布来购买俄罗斯的石油和天然气，实际上是将卢布与这两种重要能源挂钩。这一举措稳住了卢布汇率，也稳定了俄罗斯国内经济和民众的信心，卢布汇率甚至回升到比之前更高的水平。通过这些观察和分析不难发现，如果一国的货币可以和某种“硬通货”，如稀有金属和重要资源挂钩，无论是通过承诺固定比例兑换，还是以该国货币进行交易结算，都会提升该国货币的综合实力：一方面，该国货币在国际贸易结算体系中使用的比例会有所提高；另一方面，货币发行国在面对经济冲击时也将有更强的韧性和政策应对空间。

因此，应利用人民币黄金现货市场的发展优势，进一步扩大中国黄金市场的国际影响力，推进人民币结算的黄金交易模式，增强人民币和黄金交易的联系。对内适时放松对保险公司、社保基金、养老金等机构在资产组合中配置黄金的限制，丰富黄金风险管理产品种类，引导更多的长期资金进入人民币黄金市场；对外完善黄金市场的进出口配额制度，促进黄金市场双向开放，吸引更多海外长期机构投资者参与人民币黄金市场交易，丰富不同期限的交易品种，提高产品流动性，从而以黄金交易为推手，促进人民币国际化。

（七）深化思想认知，加强人才培养

深化思想认知，要认清现实，认识到人民币国际化是一个漫长且艰难的过程，一步一个脚印积累人民币的国际信用，做好打持久战的准备。要摒弃误导性宣传，切忌骄傲自满，不要希望通过某项制度改革或科技创新，使得人民币一举超过美元成为新的世界货币。这样的煽动性、误导性宣传无益于实现人民币国际化，只会让我们陷入不切实际的幻想，阻碍进一步深化改革和促进发展的进程。

同时，推动人民币国际化离不开专业人才队伍的建设。习近平总书记在党的二十大报告中指出，要以国家战略需求为导向，深入实施人才强国战略，完善人才战略布局。人民币国际化是一场持久战，是一块“硬骨头”，是需要几代人艰苦奋斗才能达成的战略目标。要加强相关领域人才培养的顶层设计，全面提高人才自主培养质量，聚集一大批专业知识过硬同时又具备责任感和使命感的优秀人才，以愚公移山的精神不懈努力，徐徐图之，最终实现人民币国际化的宏伟目标，助力中华民族的伟大复兴。

参考文献

［1］李稻葵，尹兴中．国际货币体系新架构：后金融危机时代的研究［J］．金融研究，2010（2）．

［2］王晋斌，厉妍彤．美元指数：国际货币体系利益格局的政治经济学［J］．国际金融，2021（2）．

［3］李向阳．布雷顿森林体系的演变与美元霸权［J］．世界

经济与政治，2005（10）.

［4］何帆，张明．国际货币体系不稳定中的美元霸权因素［J］．财经问题研究，2005（7）.

［5］闫温乐．世界银行教育援助研究：特征、成因与影响［D］．上海：华东师范大学，2012.

［6］陈新禹．人民币汇率、物价水平和国际贸易结算［J］．当代经济科学，2019（3）.

［7］肖立晟，宫广涛，袁梦怡，等．不平等国际货币体系下中国的“过度损失”［J］．经济学（季刊），2022（1）.

［8］习近平．把握新发展阶段，贯彻新发展理念，构建新发展格局［J］．求是，2021（9）.

［9］2 Krugman, Paul R. Scale Economies, Product Differentiation, and the Pattern of Trade［J］. American Economic Review，1980，70（5）：950–959.

［10］广西金融学会．2021年人民币东盟国家使用报告［M］．北京：中国金融出版社，2021.

本文系研究阐释党的十九届四中全会精神国家社科基金重大项目“拓展对外贸易多元化研究”（项目号：20ZDA050）、国家自然科学基金项目“贸易摩擦中国企业对外直接投资和制造业产业转移”（项目号：7207005）的阶段性成果。

来源：《江海学刊》　2022年第6期

作者　余森杰　陈新禹　王昊宇

人大代表建言献策

随着全球经济发展格局的演变，逆全球化思潮抬头，单边主义、保护主义明显上升，当前世界贸易组织（WTO）的争端解决委员会陷入瘫痪状态，全球化呈现出以区域经贸合作为主要表现形式的特征。

推动中日韩自贸区建设

中新经纬3月3日电（张芷菡）　全国两会召开在即，全国人大代表、辽宁大学校长余淼杰对扩大中日韩经贸合作提出建议。

余淼杰认为，随着全球经济发展格局的演变，逆全球化思潮抬头，单边主义、保护主义明显上升，当前世界贸易组织（WTO）的争端解决委员会陷入瘫痪状态，全球化呈现出以区域经贸合作为主要表现形式的特征。

在这样的背景下，余淼杰表示，扩大中日韩经贸合作，推动中日韩自贸区建设，有助于进一步提升贸易和投资发展水平，助力国内国际双循环，同时有效促进区域经济一体化，为区域和全球贸易投资增长注入更多动能。

余淼杰认为，三国地缘相近，优势互补，中日韩自贸区建设有利于加强三国的沟通和合作，构建更加稳定、互利的贸易关系，助力中日韩经济深度融合与强化地区产业链合作等。

“在经济和贸易方面，中日韩三国在亚太地区又都是经济实力强劲、互补性强的国家，本身就具备充分的国际贸易基础。”余淼杰还指出，同时，日本拥有相对丰厚的资本和尖端科技，韩国是新兴工业化国家，而中国则是制造业大国，三国经济产业存在互补空间，产业链高度融合，打造自贸区可以实现多方共赢。

因此，余淼杰建议，应当积极把握时机，重点推进中日韩自贸区协定谈判，在扩大开放方面实现曲线超越和弯道超车。

他提出四点建议：一是探索建立中日韩三国的自贸区框架。借助《区域全面经济伙伴关系协定》（RCEP）框架，中日韩在关税减让、市场准入、区域供应链等方面进行自由贸易的尝试，RCEP已为中日韩自贸协定的谈判奠定了一个坚实的基础。针对中日韩三国之间的贸易壁垒和贸易摩擦问题，可以通过建立互信机制和协调机制，加强政府间的沟通和合作，探索建立一套具有可行性、符合各国利益的自贸区框架，推动解决贸易问题，促进贸易自由化和便利化。

二是鼓励中日韩三国企业之间的投资和合作。中日韩在优势产业上具有较强互补性，加强三国之间的技术交流和人才合作，鼓励企业相互投资，进行技术合作、工程劳务合作、多边合作等，有助于推动产业升级和技术创新，提高企业国际化程度和市场竞争力，促进经济发展。特别是要发挥东北尤其是辽宁的作用，辽宁是东北地区唯一的沿海省份和出海大通道，与日韩两国隔海相望，并且工业门类齐全、产业优势明显。应该积极推进辽宁与日本、韩国的经贸往来与合作，鼓励企业面向日韩国家走出去，使东北成为推动中日韩合作的桥头堡，通过东北的深度开放加快推进中日韩自贸区的建设。

三是加强中日韩三国在环境保护、知识产权保护、劳工保护等方面的合作。例如中日韩三国可以在能源消耗、生物多样性保护等方面进行交流与合作，推动各自国家环境管理水平的提高，共同促进区域及全球的可持续发展事业；可以协作制定知识产权保护政策和措施，加强知识产权的保护和管理，维护企业的合法权益，推动技术创新和经济发展。通过加强对环境、知识产权和劳工权益的保护和管理，提高自贸区的质量和可持续发展水平。

四是推动中日韩三国地方间的交流与合作。可以积极推动旅游交流，鼓励各国民间组织和文化机构之间的交流，增进在教育、文化、体育等方面的合作，加深人民之间的相互了解和友谊，为三国合作打下稳定、健康、友好的社会基础，为亚太地区的和平稳定和繁荣发展作出积极贡献。（中新经纬APP）

来源：中新经纬　2023年3月3日　记者　张芷蕊

数字化、阳光化
推进营商环境一体化建设

中新经纬3月3日电（张芷菡） 全国两会召开在即，全国人大代表、辽宁大学校长余淼杰将对推进营商环境一体化提出建议。

近年来，中国营商环境逐步改善，但地区间仍存在发展不平衡、不均衡的现象。据中国贸促会发布的《2021年度中国营商环境研究报告》显示，中国东部地区营商环境评价相对较高（4.56分），西部地区营商环境评价相对较低（4.18分）。

余淼杰表示，营商环境在不同区域中的差异对全国范围内的资源调配产生制约，如在重工业基础发达的东北地区，营商环境的进一步改善会大大提升企业的投资与生产能力，营商环境一体化建设势在必行。以数字化、阳光化推进营商环境一体化建设，是推动中国高质量发展、推进中国式现代化的必然要求。

对于营商环境的地区间差异，余淼杰建议，应稳步推进市场化、法治化和国际化建设，有效弥补区域差异，形成从“规则规制互通”向“思维观念互通”的良性循环。对于营商环境建设落后的区域，应侧重于法治化改革，促使营商环境一体化建设在不同地区间形成合力。

“具体来看，要加强市场准入制度建设，降低企业运营成本，

减轻企业税费负担；推进行政审批制度改革，加强知识产权保护；推进跨境贸易便利化，促进跨境投资，扩大对外开放。”余森杰称。

在数字化建设方面，余森杰认为，要发展数字化，大力推动数字要素、数字技术和数字人才的体系建设，实现办事环节的电子化和数字化管理。

他具体指出，中国数字经济规模已突破45万亿元，成为经济发展的重要组成部分，但仍存在区域差异。“数字经济的高速发展为落后地区弯道超车提供可能，比如数字化发展大幅优化管理效率和信息成本，在地区合作和部门沟通中有助于分清权责；在营商环境发展的新旧交替进程中，数字要素、数字技术和数字意识推动了演进过程的扁平化。这将促进营商环境一体化建设的横向演进和纵向演进。”

如何充分发挥数字化的积极作用？余森杰认为，要加强数据互通与安全，建立数据标准和规范，推动数据共享和开放；建立数字化平台和电子化单证，提供一站式服务；加强数字人才培养和引进，提高政府数字化能力和服务水平。

在制度建设方面，余森杰强调了阳光化建设的重要性。

“透明可预期是政府与市场主体建立互信的必要条件，也是营商环境一体化的关键一环，要一如既往地推行阳光化，把权力运作和办事环节放在阳光下，统筹推进阳光政务和阳光商务建设。”余森杰建议，应持续推进行之有效的政务公开政策；建立网上政务服务平台，加强对企业和公众的沟通和反馈机制建设；在营商环境一体化建设中做好宣传和反馈工作，以加强对政府部门工作的监督和评估。（中新经纬APP）

来源：中新经纬　2023年3月3日　记者　张芷蕊

物流通则循环畅，建议取消省际冗余检查站

2022年4月发布的《中共中央 国务院关于加快建设全国统一大市场的意见》指出，“推进市场设施高标准联通”“优化商贸流通基础设施布局”“促进全社会物流降本增效”。近年来，中国政府致力于深化收费公路制度改革，降低物流交通成本，取得了有目共睹的显著成效。2020年1月起，全国29个联网省份的487个高速公路省界收费站全部取消，全国高速公路全面实现了“一张网”建设。根据交通运输部统计数据，2020年末，中国高速公路主线收费站由754个减少至484个，全年共减免车辆通行费2382.5亿元。同时，全年日均拥堵缓行收费站数量减少66.8%，车辆平均通行速度提高了16.4%。物流通则循环畅，2021年中国公路货运量达391亿吨，同比增长14.2%。

但是，目前跨省商贸和人员流动效率还存在进一步提升的空间。其中，取消省际冗余公路检查站将显著节约物流时间成本，有效提升贸易效率，是建设全国统一大市场的应有之义。统一大市场建设中“统一”的精髓是让各类生产要素和产品服务在不同地域之间、城乡之间，不同市场主体之间充分自由流动。省际检查站承担着过滤安全风险、整治交通秩序等多重重要职能，但是目前中国部分地区存在公路检查站设置冗余的问题，对跨地区生

产要素和产品运输、劳动力通勤均造成了极大不便。一方面，在部分地区，车辆跨省通行在间隔不到一公里范围内需要经过分别属于两省的多个检查站，存在重复检查、有损效率的问题，增加了货物运输的时间成本，导致企业物流成本快速上升。相关学术研究以美国和加拿大数据为例也得出了同样的结论，即当货车跨界通行需要经过检查站时，贸易成本升高效率下降，企业绩效受损。另一方面，受诸多因素影响，相当一部分大城市劳动者居住地与工作地分离，跨城跨省通勤人数逐年增长，冗余检查站的存在使劳动者承担的长时间通勤压力加大。

因此，如果能够取消冗余的公路检查站，从微观角度来看将极大地提升企业的竞争力和人民群众的获得感、幸福感；从宏观角度来看将破除区域贸易壁垒，促进市场设施高标准联通，形成内循环畅通的统一大市场。

具体来看，可以从以下六个方面入手，进一步减少国内人员和货物流通过程中的交通时间成本，推进市场设施高标准联通建设，为构建要素、产品自由流动的国内统一大市场提供便捷高效的市场设施和交通条件。

第一，推动交通运输设施跨区一体化发展。建议加强跨省合作，一方面，在省际检查站设置布局时，邻省相关部门应当联合规划，保证车辆实际通行路过的检查站间隔设置合理，在一定地理范围内撤并冗余检查站；另一方面，检查车辆和人员信息跨省联网互通，避免重复检查，提高车辆人员通行效率，降低贸易交通成本。在各省各部门的共同努力下建设高标准联通的交通设施。

第二，完善市场监管制度，提高监管效率。物流通则循环畅，物流阻则循环断。检查站作为跨省人员、货物流通的安全卡口，承担着守卫人民安全的职责。在履行岗位职责，坚持有法可依、有法必依、执法必严的同时，建议兼顾监管和执法效率，缩短贸易运输时间，为全社会物流降本增效。

第三，加强交通设施数字化、信息化、智能化建设，形成现代化流通网络。建议加快检查站等交通设施的数字化建设，充分利用大数据、云计算、人工智能等前沿技术，整合通行车辆信息，根据重点路段、节假日车流量数据等实时更新站点拥堵情况，一方面提高贸易效率、监管效率，另一方面有助于居民合理规划出行时间，进而缓解拥堵，形成高效交通良性循环。

第四，加强应急物流体系建设，提高应对突发公共事件能力。保障应急物流畅通在全社会面临负面冲击时是十分重要的。建议加强应急物流体系建设，保证物资运输畅通、检查互认，同时提高物流站点承灾能力，积极防范突发事件下重要生产生活物资运输不畅造成供应短缺的风险。

第五，加快建设统一开放的人力资源市场。撤并冗余检查站后，可能不可避免地造成部分员工下岗，建议完善下岗员工再就业保障制度，同时逐步打破户籍、地域等影响劳动力资源流动的制度障碍。

第六，健全群众反馈问题机制。研究数据显示，2022年中国超1400万人单程通勤时间达60分钟以上，这反映出职住分离程度高、交通成本高等现象。建议完善线上线下多种渠道，收集并回应群众反映的交通问题，不断完善交通制度和设施规划，营造良好的舆论环境。（中新经纬APP）

来源：中新经纬　2023年3月3日　作者　余淼杰

推动民企、国企生产要素价格获得均等化

全国两会召开在即，3月3日，澎湃新闻获悉，全国人大代表、辽宁大学校长余淼杰将带来《关于推动民营企业、国有企业生产要素价格获得均等化的建议》。

去年末召开的中央经济工作会议提出，要切实落实“两个毫不动摇”。要深化国资国企改革，提高国企核心竞争力。要从制度和法律上把对国企民企平等对待的要求落下来，从政策和舆论上鼓励支持民营经济和民营企业发展壮大。

统计数据显示，民营经济为中国经济贡献50%以上的税收、60%以上的GDP、70%以上的技术创新成果、80%以上的城镇劳动就业岗位以及90%以上的市场主体数量，对经济社会发展、就业、财政税收、科技创新等具有重要作用。

“因此，我们要大力鼓励和支持民营经济发展壮大，特别是确保民营企业在要素资源的获得方面具有与国有企业平等的市场地位。”余淼杰说，另一方面，《中共中央 国务院关于构建更加完善的要素市场化配置体制机制的意见》（2020年第11号）提出，要充分发挥市场配置资源的决定性作用，保障不同市场主体平等获取生产要素。“因此，推动民营企业、国有企业生产要素价格获得均等化也是完善要素市场化配置、激发全社会创新活力

的应有之义。”

余淼杰指出，虽然近年来我国生产要素质量和配置水平显著提升，但民营企业生产要素价格偏高的现象依然突出。在融资方面，民营企业相比国有企业存在较大劣势。调研发现，民营企业“融资难”问题普遍存在，主要表现为融资渠道少、融资金额小、融资期限短和融资利率高等。在用地方面，各级政府在招商引资过程中偏重于国有企业承担的重点工程和大项目，承接中小企业动力不足。因此，推动民营企业、国有企业生产要素价格获得均等化有助于打破民营经济的制约壁垒，促进民营经济发展壮大。

同时，余淼杰还表示，推动民营企业平等获取生产要素有助于扩大内需战略的实施。“扩大内需主要表现为‘企业敢投资、居民愿消费’，其根本在于企业能获得利润从而扩大经营，居民能实现就业从而保障收入。”余淼杰说，但由于民营企业长期面临“融资难”和“用地严”等问题，推高了生产经营成本。

余淼杰强调，要培育壮大内需市场，就要从保障民营企业、国有企业生产要素价格获得均等化入手，通过深化要素市场化配置改革，切实降低民营企业生产经营成本，提升民营企业盈利能力。

因此，余淼杰建议，从资本、土地、劳动力、数据四个方面，推进民营企业、国有企业生产要素价格获得均等化。

第一，加大民营企业融资支持力度，打通民营企业融资渠道。一是放宽金融服务业市场准入。大力发展地区性民营中小银行，将传统民间借贷阳光化、法治化和规范化，与国有大型银行形成良性市场竞争关系，倒逼国有银行增加对民营企业的金融服务供给，降低贷款利率。二是加大政府财政扶持力度。鼓励有条件的地区建立针对民营企业的政府性融资担保平台，引导更多信贷资源流向民营企业，提高民营企业贷款获得率。三是完善国有金融机构监管考核机制，健全尽职免责和容错纠错机制，提高对民营中小企业贷款不良率容忍度。

第二，扩大民营企业用地供给，降低民营企业用地约束。一是为民营中小企业划拨专项用地指标。在编制年度土地供应计划时，应了解民营中小企业的用地需求，将其纳入计划予以保障。在确定园区发展定位和招商引资时，要统筹园区主导产业和配套中小企业的用地需求。在工业园区修建标准厂房和楼宇产业园，保障民营中小企业的发展空间。二是以市场化方式盘活园区存量用地。及时掌握已购地企业空闲土地和空置厂房信息，由园区建立收储机制。在符合规划分割条件和规划指标满足的前提下，将已购地企业闲置土地分割转让给符合准入标准的民营中小企业。

第三，支持民营企业引进高层次人才。支持民营企业引进各类急需紧缺人才和创新团队，为符合条件的民营企业高层次人才在住房保障、生活补助、子女教育和落户等方面提供便利。对符合要求的高层次人才领衔创新创业项目予以补助。

第四，打破“数据孤岛”，推进数据开放共享。一是统筹使用政府公共数据。依托专门的政府大数据中心，汇聚各类基础数据，建立政务数据资源目录，依照非歧视原则加大对社会各界和各类市场主体的供给使用范围。二是建立企业数据市场。由政府牵头建立完善企业数据市场化交易机制，鼓励国有企业、互联网平台企业发挥带头作用，向社会各界提供行业经济基础数据等公共产品，打破“数据小循环”，赋能民营中小企业数字化转型发展。

此前，余淼杰在接受澎湃新闻专访时就曾提到，要保证国企和民企有“要素价格均等获得”的权益，“平等对待国企民企，在当下被反复强调，其背景是民营企业特别是中小微企业在疫情以来受到的冲击很大，于是出现一些负面声音，认为是不重视民企所导致，所以，为了正本清源，中央再一次特别强调‘两个毫不动摇’。”余淼杰说，一方面要不断做大做强国有企业，充分扩大国有企业控制力、影响力、竞争力和创新力；另一方面，也要毫不动摇地发展民营经济，让民营经济成为国民经济的重要组成。“特别是在各种要素的获得上，要保证国企和民企有‘要素价格均等获得’的权益，避免民企在拿地、贷款上出现困难。”

来源：澎湃新闻　2023年3月3日　记者　滕　晗

扩大中日韩经贸合作

上证报中国证券网讯（记者 陈芳） 全国人大代表、辽宁大学校长余淼杰日前接受上海证券报记者采访时表示，今年将针对扩大中日韩经贸合作提出建议。他建议，扩大中日韩经贸合作，特别是发挥东北尤其是辽宁的作用，积极推进辽宁与日本、韩国的经贸往来与合作，鼓励企业“走出去”，使东北成为推动中日韩合作的“桥头堡”。

余淼杰表示，中日韩在优势产业上具有较强互补性，中国具有超大规模市场优势，日韩具有高质量技术和服务优势。加强三国之间的技术交流和人才合作，鼓励企业相互投资，进行技术合作、工程劳务合作、多边合作等，有助于推动我国产业升级和技术创新，提高企业国际化程度和市场竞争力。

来源：上海证券报·中国证券网　2023年3月4日

记者　陈　芳

推进东北亚海陆大通道，促进“一带一路”海陆连接

2014年以来，“一带一路”倡议从愿景变为现实，取得了重要进展和显著成效。2022年，我国与“一带一路”沿线国家和地区的进出口总值占全部外贸总值的比重达32.9%。从今年起，甚至在“十四五”相当长的时间里，中国与“一带一路”国家的贸易占比将会稳定在三分之一左右，“一带一路”倡议将成为中国外贸政策的增长亮点。党的二十大报告指出，东北要进一步推进全面开放新格局，实现东北的全面振兴。综合考虑“一带一路”倡议的发展方向和东北振兴的现实需要，我们应积极推动东北海陆大通道建设，以打造“一核两翼”为重点。“一核”就是打造辽中南城市群，以沈阳和大连为核心，利用东北高效便利的交通网络推进辽中南城市群建设，短期内把沈阳打造为国家中心城市，中长期则有望使其发展为东北亚国际中心城市。强化东北与蒙俄和日韩的经贸往来联系，即中蒙俄边境贸易为“一翼”，中日韩自贸区建设为更重要的另“一翼”，形成更大范围、更宽领域、更深层次的对外开放新格局。如果能够打通东北亚海陆大通道，东北将成为陆上、海上丝绸之路的连接点，促进“一带一路”倡议深入发展；同时，也将带动东北成为对外开放的新高地，促进东北的全面振兴。

为推动“一带一路”高质量发展、加快建设贸易强国，首先需要厘清“一带一路”近年来面临着的挑战，可以将其概括为“两增大一受限”：第一，“风险增大”。“一带一路”倡议实施以来，中国与丝绸之路经济带沿线国家的贸易往来持续向好，贸易潜力挖掘较为充分，需要在对外投资、签订双边货币互换协议等议题上深入合作。但是，丝绸之路经济带贯穿中亚、东欧地区，阿富汗、乌克兰等国地缘政治冲突频繁，向西深化投资合作存在较大风险。第二，“难度增大”。2020年11月，《区域全面经济伙伴关系协定》（RCEP）正式签署，由于自由贸易规则的差异，中国加入《全面与进步跨太平洋伙伴关系协定》（CPTPP）所面临的困难较多，海上丝绸之路向南实现进一步发展的难度增大。第三，“发展受限”。近年来，以美国为首的西方国家看到了亚非地区基础设施建设的经济效益和政治意义，宣扬“债务陷阱论”，推出“蓝点网络”计划、“重返更好世界”倡议和“全球联通欧洲”计划。上述计划的主要目的国和合作内容与我国“一带一路”倡议有所重合，“一带一路”倡议的深入发展受到限制。

在这样的背景下，打造国家海陆双向开放的东北亚海陆大通道大有可为。一方面，东北亚海陆大通道可以联通陆上丝绸之路沿线的蒙古国、俄罗斯和海上丝绸之路沿线的日本、韩国，实现“一带一路”倡议的海陆连接，从而实行与西方“蓝点网络”计划、“全球联通欧洲”计划的差异化发展路径，推动“一带一路”倡议在新时代实现新发展。另一方面，党的十八大以来，以习近平同志为核心的党中央高度重视解决区域发展不平衡不充分问题，如何振兴东北老工业基地是其中的一个重要议题。打造通道畅通、物流高效、贸易便利的东北亚陆海大通道，将成为东北亚各国加强区域经贸往来的重要手段，推进东北的全面振兴。因此，特提出如下建议：

第一，推动陆上丝绸之路向东发展，重点建设中蒙俄经济走廊。2010年至今中国连续12年成为俄罗斯、蒙古国第一大贸易伙伴国。中蒙俄三国地理位置相邻、经济结构互补，具备夯实的合作基础和广阔的合作前景。中俄关系已提升至“中俄新时代全面战略协作伙伴关系”，俄罗斯作为领土横跨欧亚大陆、具有全球影响力的大国，近年来强调“向东转”战略，积极参与东亚峰会、亚太经合组织等机制，与亚洲国家保持密切合作。中国应抓住这个历史机遇，积极建设中蒙俄经济走廊。具体可在以下三个方面做出努力：一是加强次区域合作框架下的基础设施合作机制，完善经济走廊多式联运的平台和监管模式，促进物流联通；二是搭建次区域合作框架下的通关便利化合作机制，加快经济走廊边境口岸的协同化管理进程，促进贸易畅通；三是打造次区域合作框架下的全面友好营商环境，促进保障合作运行的制度支撑和法律支持，促进资本流通。

第二，推动中欧班列持续稳定运行，加强与沿线国家的贸易往来。中欧班列过去11年发展呈现出规模增长速度不断加快、覆盖范围不断扩大、货运品类持续增多、运营模式相对清晰、基本格局相对稳定等主要特点，为中国与沿线国家共建“一带一路”提供了有力支撑。伴随着中欧班列开行的强劲增长态势，也出现了如货源不充足、回程班列少、价格竞争激烈等问题，其背后体现了基本功能错位、市场定位不够细化、协调机制低效和基础设施瓶颈等根本性难题。为推动中欧班列在规模和质量上保持高质量发展，可以在四个方面做出努力：一是理顺主导逻辑，实现政府主导和市场竞争的均衡；二是优化线路布局，重组依托集散中心和地理枢纽的区域性线路；三是加强基础设施建设，促进地区发展；四是完善评价体系，倡导效益优先。

第三，推动海上丝绸之路向北发展，积极推进中日韩自贸区建设。2021年，日本已经是中国第四大贸易伙伴，进出口总额为2.4万亿元，但中国和日本在RCEP之前尚未建立自贸联系，且RCEP的自由化水平仅为86%，低于国际平均水平。中国积极推动CPTPP主要是为了和日本建立多边贸易协定，加深相关合作。在“一带一路”倡议深入发展受阻、CPTPP的签署难度较高的情况下，我们应当抓住RCEP正式生效的历史机遇，绕过其他国家，推进中日韩自贸区建设，推进中日韩经贸合作。具体可在以下三个方面做出努力：一是积极推动RCEP关税减免进程，同时促进中日韩自贸协定的谈判，推进中日韩贸易自由化进一步发展；二是以沈阳和大连为核心，将辽宁作为中日韩自贸区建设的“桥头堡”，提升辽宁营商环境的市场化、法治化、国际化水平，深化中日韩产业合作和项目落地；三是畅通中日韩各国之间的海运往来，实现海铁联运协同发展，打造稳定安全绿色的中日韩供应链。

来源：新经济学家智库　2023年3月5日　作者　余森杰

建设高效先进的数智化社会供应链

党的二十大报告提出“着力提升产业链供应链韧性和安全水平”“建设高效顺畅的流通体系，降低物流成本”。高效先进的现代供应链体系是支持实体经济高质量发展、提振消费、增强国内大循环内生动力和可靠性的重要基础。

在疫情冲击和全球贸易变局的大背景下，我国供应链表现出一定的基础设施和能力优势，但仍然存在物流成本过高，供应链的数字化、现代化、一体化程度不足，流通效率有待提升等问题。过去三年的疫情和不确定的外部环境使得供应链的可靠性、可持续性问题得到充分显现。同时，供应链数字化的技术门槛较高，对于中小微企业而言很难自建和数字化，不利于大中小企业融通发展。

近年来，数字技术优化、重组了供应链，推动更高水平的供需平衡机制加快形成，持续提升供应链效率。数智化社会供应链与实体经济在各领域的深度融合所带来的生产效率的提升也成为我国产业转型升级的重要驱动力。为提升我国供应链整体水平，强化供应链韧性和安全性，建设高效顺畅的流通体系，助力实体高质量发展，建议有关部门加大对供应链基础设施建设和数字化、智能化转型的支持力度，充分发挥市场在资源配置中的作用，以产业发展为载体，鼓励各市场主体参与，形成高效先进的数智化社会供应链。

一是从政策层面支持供应链的一体化社会化建设，发挥网络布局优势。从国家战略的角度出发，推进供应链的数字化智能化升级，指导地方政府制定针对性发展规划，尤其在产业集群、智能城市、乡村振兴等领域，对供应链进行统筹布局、提前布局，引导多方市场主体参与供应链基础设施的规划和建设，实现统一规划、多元主体供给。

二是加强供应链基础设施建设，鼓励供应链核心技术创新。建议设立专项资金对农村地区特别是偏远落后地区供应链基础设施建设和数字化转型进行重点扶持；通过政策扶持和资金支持等手段，支持供应链核心技术研发，提升供应链技术核心竞争力，培养具有全球竞争力的供应链技术服务企业。出台产业和数字人才的培养举措，为产业层面的发展打好数字化基础设施。

三是切实降低社会物流成本，提升流通效率。当前国内市场仍存在各种显性和隐性的障碍，建议采取切实措施，降低有形的物流成本、缩短物流的时间，如废除多余的贸易关卡、取消冗余的检查站、取消过高的过路费等；打通链接消费端-企业端-政府端的数据壁垒，以数据整合共享打造供需灵动匹配、业务高效协同、弹性智能的社会化供应链网络，构造国内统一大市场。

四是引导实体企业加速传统供应链数字化改造升级。强化实体企业供应链数字化转型的体制机制创新，支持企业加大技术创新研发投入，沉淀基础研发能力；鼓励供应链核心企业开放自身的基础设施和技术平台，扩大外溢效应，带动更多实体企业发展。发挥政策的引领作用，加强标准制定，将供应链数字化作为产业数字化的重要抓手给予重点支持，帮助相关企业解决技术、设备、资金等问题。

五是大力培育和发展新型实体企业，将供应链能力服务于实体经济。建议出台专项支持政策，支持具备实体供应链基础和数字供应链能力的新型实体企业发展，打造产业数字化升级的标杆。鼓励新型实体企业运用数据能力和实体运营经验，参与社会供应链建设，推进行业上下游的供应链物流整合与优化，提升供应链协同效率，服务与赋能实体经济特别是制造业降本增效。以数字化采购为切口，带动中小企业的数字化转型，促进产业数字化发展。

六是倡导有责任的供应链，鼓励其社会责任价值奉献。充分吸取抗疫保供期间积累的宝贵经验，将供应链基础布局和数字化能力建设纳入国家应急保障规划，鼓励市场供应链企业在应急保障、绿色减碳、拉动消费、产业推动等场景发挥作用，践行更多社会责任，实现更大的社会价值。充分发挥数智化社会供应链在推动实体经济数字化转型升级和高质量发展、畅通双循环构建国内统一大市场等方面的重要作用，为实现中国式现代化伟大图景做出贡献。

来源：新经济学家智库　2023年3月5日　作者　余淼杰

政府加大对数智化供应链的支持力度

高效先进的现代供应链体系是支持实体经济高质量发展、提振消费、增强国内大循环内生动力和可靠性的重要基础。

作为第十四届全国人大代表及辽宁省第十四届人大常委，辽宁大学党委副书记、校长余淼杰在接受《中国经营报》记者采访时表示：“在疫情冲击和全球贸易变局的大背景下，我国供应链表现出一定的基础设施和能力优势，但仍然存在物流成本过高，供应链的数字化、现代化、一体化程度不足，流通效率有待提升等问题。过去三年的疫情和不确定的外部环境使得供应链的可靠性、可持续性问题得到充分显现。同时，供应链数字化的技术门槛较高，对于中小微企业而言很难自建和数字化，不利于大中小企业融通发展。”

余淼杰指出，近年来，数字技术优化、重组了供应链，加快推动了更高水平的供需平衡机制形成，持续提升供应链效率。数智化社会供应链与实体经济在各领域的深度融合所带来的生产效率的提升，也成为我国产业转型升级的重要驱动力。

为提升我国供应链整体水平，强化供应链韧性和安全性，建设高效顺畅的流通体系，助力实体高质量发展，余淼杰建议有关部门可以从六个方面加大对供应链基础设施建设和数字化、智能化转型的支持力度，充分发挥市场在资源配置中的作用，以产业发展为载体，鼓励各市场主体参与，形成高效先进的数智化社会供应链。

一是从政策层面支持供应链的一体化、社会化建设，发挥网络布局优势。从国家战略的角度出发，推进供应链的数字化、智能化升级，指导地方政府制定针对性的发展规划，尤其在产业集群、智能城市、乡村振兴等领域，对供应链进行统筹布局、提前布局，引导多方市场主体参与供应链基础设施的规划和建设，实现统一规划、多元主体供给。

二是加强供应链基础设施建设，鼓励供应链核心技术创新。建议设立专项资金对农村地区特别是偏远落后地区的供应链基础设施建设和数字化转型进行重点扶持；通过政策扶持和资金支持等手段，支持供应链核心技术研发，提升供应链技术核心竞争力，培养具有全球竞争力的供应链技术服务企业。出台产业和数字人才的培养举措，为产业层面的发展打好数字化基础设施。

三是切实降低社会物流成本，提升流通效率。当前国内市场仍存在各种显性和隐性的障碍，建议采取切实措施，降低有形的物流成本、缩短物流的时间，如废除多余的贸易关卡、取消冗余的检查站、取消过高的过路费等；打通链接消费端、企业端、政府端的数据壁垒，以数据整合共享打造供需灵动匹配、业务高效协同、弹性智能的社会化供应链网络，构造国内统一大市场。

四是引导实体企业加速传统供应链数字化改造升级。强化实体企业供应链数字化转型的体制机制创新，支持企业加大技术创新研发投入，沉淀基础研发能力；鼓励供应链核心企业开放自身的基础设施和技术平台，扩大外溢效应，带动更多实体企业发展。发挥政策的引领作用，加强标准制定，将供应链数字化作为产业数字化的重要抓手给予重点支持，帮助相关企业解决技术、设备、资金等问题。

五是大力培育和发展新型实体企业，将供应链能力服务于实体经济。建议出台专项支持政策，支持具备实体供应链基础和数字供应链能力的新型实体企业发展，打造产业数字化升级的标杆。鼓励新型实体企业运用数据能力和实体运营经验，参与社会供应链建设，推进行业上下游的供应链物流整合与优化，提升供应链协同效率，服务与赋能实体经济特别是制造业降本增效。以数字化采购为切口，带动中小企业的数字化转型，促进产业数字化发展。

六是倡导有责任的供应链，鼓励其社会责任价值奉献。充分吸取抗疫保供期间积累的宝贵经验，将供应链基础布局和数字化能力建设纳入国家应急保障规划，鼓励市场供应链企业在应急保障、绿色减碳、拉动消费、产业推动等场景发挥作用，践行更多社会责任，实现更大的社会价值。充分发挥数智化社会供应链在推动实体经济数字化转型升级和高质量发展、畅通双循环构建国内统一大市场等方面发挥出重要作用。

来源：《中国经营报》 2023年3月5日 记者 李 静

推进东北亚海陆大通道，促进“一带一路”海陆连接

中国经济网北京3月5日讯（记者 马常艳） “从今年起，甚至在‘十四五’相当长的时间，中国与‘一带一路’沿线国家的贸易占比将会稳定在三分之一左右，‘一带一路’建设将成为中国外贸政策的增长亮点。”全国人大代表、辽宁大学校长余淼杰在接受中国经济网记者专访时说。

2013年以来，“一带一路”倡议从愿景变为现实，取得了重要进展和显著成效。数据显示，2022年，我国与“一带一路”沿线国家和地区的进出口总值占全部外贸总值的比重达32.9%。

综合考虑“一带一路”倡议的发展方向和东北振兴的现实需要，余淼杰认为，应积极推动东北海陆大通道建设，以打造“一核两翼”为重点。

其中，“一核”是打造辽中南城市群，以沈阳和大连为核心，利用东北高效便利的交通网络推进辽中南城市群建设，短期内把沈阳打造为国家中心城市，中长期则有望使其发展为东北亚国际中心城市。

强化东北与蒙俄和日韩的经贸往来联系，即中蒙俄边境贸易为“一翼”，中日韩自贸区建设为更重要的另“一翼”，形成更大范围、更宽领域、更深层次的对外开放新格局。

“如果能够打通东北亚海陆大通道，东北将成为陆上、海上丝绸之路的连接点，促进‘一带一路’倡议深入发展；同时，也将带动东北成为对外开放的新高地，促进东北的全面振兴。”余淼杰说。

余淼杰分析，打造国家海陆双向开放的东北亚海陆大通道大有可为。一方面，东北亚海陆大通道可以联通陆上丝绸之路沿线的蒙古国、俄罗斯和海上丝绸之路沿线的日本、韩国，实现“一带一路”倡议的海陆连接，推动“一带一路”倡议在新时代实现新发展。另一方面，打造通道畅通、物流高效、贸易便利的东北亚陆海大通道，将成为东北亚各国加强区域经贸往来的重要手段，推进东北的全面振兴。

因此，余淼杰提出建议：推动陆上丝绸之路向东发展，重点建设中蒙俄经济走廊；推动中欧班列持续稳定运行，加强与沿线国家的贸易往来；推动海上丝绸之路向北发展，积极推进中日韩自贸区建设。

余淼杰进一步表示，积极建设中蒙俄经济走廊，具体可在三个方面做出努力：一是加强次区域合作框架下的基础设施合作机制，完善经济走廊多式联运的平台和监管模式，促进物流联通；二是搭建次区域合作框架下的通关便利化合作机制，加快经济走廊边境口岸的协同化管理进程，促进贸易畅通；三是打造次区域合作框架下的全面友好营商环境，促进保障合作运行的制度支撑和法律支持，促进资本流通。

为推动中欧班列在规模和质量上保持高质量发展，余淼杰认为，要理顺主导逻辑，实现政府主导和市场竞争的均衡；优化线路布局，重组依托集散中心和地理枢纽的区域性线路；加强基础设施建设，促进地区发展；完善评价体系，倡导效益优先。

此外，在推进中日韩经贸合作方面，余淼杰提出，应当抓住RCEP正式生效的历史机遇，推进中日韩自贸区建设。一是积极推动RCEP关税减免进程，同时促进中日韩自贸协定的谈判，推进中日韩贸易自由化进一步发展；二是以沈阳和大连为核心，将辽宁作为中日韩自贸区建设的桥头堡，提升辽宁营商环境的市场化、法治化、国际化水平，深化中日韩产业合作和项目落地；三是畅通中日韩各国之间的海运往来，实现海铁联运协同发展，打造稳定安全绿色的中日韩供应链。

来源：中国经济网　2023年3月5日　记者　马常艳

小幅提升老百姓个人所得税征收起点，放水养鱼激发民众的消费潜力

财联社3月6日讯（记者郭松峤） 3月5日，十四届全国人大一次会议在人民大会堂举行开幕会，国务院总理李克强作政府工作报告。

政府工作报告指出，要把恢复和扩大消费摆在优先位置，多渠道增加城乡居民收入，稳定大宗消费，推动生活服务消费恢复。

财联社注意到，自去年12月以来，已有超过40个城市宣布发放消费券，覆盖汽车、餐饮、文旅、冰雪运动等多个领域。

全国人大代表、辽宁大学校长余淼杰在接受财联社专访时判断，2023年第一季度的消费有望比去年同期消费同比增加7%~8%，2023年第一季度环比去年第四季度增加10%以上。2023年第二季度的消费增速将会出现明显放慢的态势，因为消费是否能保持持续增加主要取决于国民收入可持续性增长，但在短期并未看到这种势头。因此，2023年下半年的消费拉动将相对乏力。

目前，40多个城市宣布发放消费券已有四个月，能很明显地体会到通过发放消费券的举措很快提振了经济。同时，建议政府根据不同阶层制定不同的补助方案，而不是统一发消费券。

谈及当前的“超额储蓄”，余淼杰表示，之所以会出现这种

情况，是因为在疫情下人们的消费场景受到了限制，所以民众普遍选择将钱存起来。从长远上看，“超额储蓄”可以向投资和消费转化。但“超额储蓄”从短期上看，投资和消费更应该是一种替代关系。

财联社：政府工作报告指出，着力扩大国内需求。把恢复和扩大消费摆在优先位置。我国今年要进一步释放消费潜力，有哪些发力点？对于如何提振居民消费信心，你有哪些建议？

余淼杰：为应对疫情冲击，国家层面接连出台的一系列统筹疫情防控和消费促进工作的措施，释放消费潜力，力促经济回暖。2023年第一季度，因受疫情过后反弹性消费的影响，民众对消费的需求特别高，像深受疫情打击的电影院、酒店、餐饮等行业如雨后春笋般迅速地发展起来了。我个人基于这良好的消费表现推断，2023年第一季度的消费有望比去年同期消费同比增加7%~8%，2023年第一季度环比去年第四季度增加10%以上。2023年第二季度的消费增速将会出现明显放慢的态势，因为消费是否能保持持续增加主要取决于国民收入可持续性增长，但在短期并未看到这种势头。因此，2023年下半年的消费拉动将相对乏力。

对于如何进一步提升消费潜力这个问题，我认为应努力提升民众可支配收入占比。首先，建议小幅提升老百姓个人所得税征收起点，这对于我国的税收影响不是很大，但对于中低收入人群来讲，将大大提升他们的可支配收入，老百姓对生活必需品的质量要求也将提升，在短期内能有效地拉动消费。其次，还要创造更多的消费场景，激发民众的消费潜力，比如夜经济、各种新型消费场景都是我们未来努力的方向。

提振居民消费信心主要从两个方面入手。一方面还是应该提高居民可持续性收入。另一方面可以借助电子商务平台，打破消费者仅是消费者，生产者就是厂家的角色藩篱。消费者可以借助电子商务平台进行一些简单的服务，角色向生产者靠拢，倘若居民能实现既是消费者又是生产者的多重角色组合，这将实现居民的持久收入提升，供给需求再扩大，这也有利于激发居民的消费者潜力，提振居民消费的信心。

财联社：地方政府发放消费券能否提振消费？疫情发生后，中国经济学界一直有发钱还是发消费券来刺激消费的争议。对此，你的观点是怎样的？

余淼杰：目前，40多个城市宣布发放消费券已有四个月，能很明显地体会到通过发放消费券的举措很快提振了经济。但从另一个角度来看，各地区的消费提振也与疫情过后人们反弹性的消费密不可分，发放消费券的举措进一步促进了反弹性消费，使得各地区消费提振更加明显。

通过发消费券刺激消费的方案主要分为三种。第一是直接发放现金；第二是发消费券；第三是以其他方式刺激经济。我个人认为，发消费券的方式比发现金的方式更好，对于高收入人群而言，直接发放的现金似有如无；对于中等收入人群而言，现金券的使用也受到了消费场景、消费场所的限制，他们基本不会使用消费券；对于低收入人群而言，他们得到现金券，也不会去消费。而且，在疫情之下人们不消费也存在着客观原因的制约，比如电影院、酒店等消费场景受疫情的影响，故没有办法进行消费。

在我看来，全民直接发现金是最差的一种方案，相较于此，发消费券的方案更利于提振消费，发放消费券可以更好地刺激中等收入人群消费。

据上所述，想要通过发放消费券的方式提振经济，同时更好地帮助消费者，政府应该根据不同阶层制定相关的补助方案，而不是统一发消费券。

财联社：中国人民银行2月10日发布的数据显示，1月人民币存款增加6.87万亿元，同比多增3.05万亿元。其中，住户存款增加6.2万亿元，创下单月新高。实际上，居民存款多增在2022年就已表现得非常明显，全年住户存款增加17.84万亿元，远远高于2021年的9.9万亿元的规模。与此同时，定期存款明显多增。你如何看待这一现象？近期有观点认为，当前的“超额储蓄”，可以向投资和消费转化，拉动经济，你对这个问题怎么看？

余淼杰：之所以会出现“超额储蓄”的现象，首先是因为在疫情之中人们的消费场景受到了限制，所以民众普遍选择将钱存起来。其次是因为长时间疫情带来的不确定性也给民众带来慢性的心理应激，正所谓“手里有粮，心里不慌”，民众将自己的钱储蓄起来，其行为的防御功能增强。还有，从企业投资的角度来看，企业没有寻求到太多的投资机会，因此很多企业选择提前去银行还款，或企业通过其他方式储蓄资金。基于以上几点因素，于是便出现了“超额储蓄”的现象。

从长远来看，“超额储蓄”可以向投资和消费转化。但“超额储蓄”从短期来看，投资和消费更应该是一种替代关系。举一个简单例子，当企业或个人拥有一笔钱，他要么用来投资或消费，要么进行储蓄，所以在短期内完成转化是比较困难的。

来源：财联社　2023年3月6日　记者　郭松峤

广东要尽快提出或参与制定有利于大湾区发展的经贸规则

新春伊始，各地拼经济、抢开局。在广东，规模庞大的“新春第一会”聚焦高质量发展，提出“再造一个新广东”。“这体现了党的二十大后大家撸起袖子加油干的干劲，也反映了时不我待的紧迫感。”全国人大代表、辽宁大学校长余淼杰说。

余淼杰出生于广东潮州，在北京大学工作多年后，于去年8月来到辽宁大学，是研究国际贸易的经济学家。日前，余淼杰接受《南方都市报》记者专访，就今年外贸形势、广东高质量发展、东北振兴等话题提出建议。

谈外贸形势
加强自主研发　争取核心领域突破

不少人担心当前全球贸易降温、外需疲软对中国外贸的影响。对此，余淼杰认为，看整体趋势，他对今年外贸形势表示乐观，并预测进出口总额有望达到50万亿元人民币，至少48万亿元是有保证的。外贸顺差方面，他认为将温和增长，6万亿元会是一个比较合理的估计。

他从需求和供给两个角度进行了分析。他认为，当前并没有出现去年下半年所研判的全球经济危机的前兆，尽管面临一些挑战，但需求还是比较坚挺的。“更为关键的是，给定外需没有出现充分的疲软，谁可以保障强有力的供给？”余淼杰说，目前除了中国，没有谁可以替代，中国的规模经济和全产业链优势是非常明显的。“如果能把握高质量供给，实现产品转型升级，我觉得中国外贸还是能够不断发展的。”

提到产业升级，不得不提到当前国际经贸领域，特别是美国等国在关键领域针对中国产业链供应链的“脱钩断链”趋势。对此，余淼杰坦言，的确现在已逐步形成“三足鼎立”的全球经贸格局，即以中国为中心节点的亚太经贸区，以美国为中心节点的北美经济区和以德国为中心节点的欧盟自贸区，原来的全球价值链出现了“断链化”的现象。例如，一个产品原来由3个国家来生产，现在有可能变成15个，因此有的国家的市场份额会减少，但这并不是一个平均的过程，而中国是有能力在实现工业化过程中吸收更大市场份额的。

余淼杰认为，在区域“断链化”的大背景之下要做好思想准备，但也要以积极的态度去争取继续合作。在这个过程中，最重要的是练好“内功”，加强自主研发，在光刻机等核心领域实现突破，当然这需要一些时间。

谈广东高质量发展
建议尽快缩减外商投资准入负面清单的种类和数量

“广东人口数量多、资源约束紧，提高发展平衡性和协调性的任务又很重，不可能继续拼土地、拼价格、拼劳动力，对这个问题，全省都要有清醒的认识。从外部看，我们现在又面临你追我赶的激烈竞争，这个时候，躺平不可取、躺赢不可能、奋斗正当时。”1月28日，新春的首个工作日，广东召开全省高质量发展大会，也是近年来规模最大的会议，广东省委书记在讲话中表示，改革开放是广东最鲜明特征，高质量发展是广东最光明前途。

“作为第一经济大省和外贸大省，广东提出高质量发展，这点特别重要。”余淼杰认为，高质量发展的核心和关键点，是围绕五大新发展理念（创新、协调、绿色、开放、共享），并进行对标对表，列出重要的工作进行突破。例如，创新方面，要有效提升研发强度，特别是支持科研机构和高等院校做基础性研发。此外还有广义的创新，他认为要继续深挖制度、规章、管理标准等方面的突破，做好广东自贸区和前海、横琴合作区等工作。

在开放方面，余淼杰认为广东要在RCEP基础上进一步积极地参与到国际经贸合作中去，尽快提出或参与制定有利于粤港澳大湾区发展的经贸规则。他也提到，当前广东对外开放和利用外资要再进一步，应尽快地、尽可能缩减外商投资准入负面清单的种类以及数量，以更好地稳外贸稳外资。

“如果说百尺竿头更进一步，我觉得广东高质量发展最需要补短板的是协调相关的工作。”余淼杰指出，粤北、粤东、粤西的发展距离珠三角还有很大的差距，这也不利于广东进一步发展，为此要做好乡村振兴等方面的工作。

谈东北振兴
保障要素获得的均等权利

对于地方发展来说，吸引外资、“第一桶金”非常重要。余淼杰以广东发展为例，“政策的红利”“改革的前沿”至关重要，广东正是抓住了历史和时代的发展机遇，通过开放来倒逼改革，从而实现了快速发展。如今，广东也借助RCEP的签署在改革和开放上再上一个台阶。那么对于有着丰富的自然资源和人力资本，拥有深厚工业基础的东北来说，它现在在某种程度上是“躺在金矿上没挖矿”。

余淼杰指出，要从原因出发对症下药，即体制机制的短板、思想观念的短板、经济结构的短板、开放合作的短板。“给东北一些特殊政策很重要，对于东北来说，要用好接好政策，不能发生没有充分挖掘政策红利的现象。”

余淼杰也特别提到，东北在继续发挥国有经济不可替代作用的同时，要更好更充分地发挥市场经济的作用，这包括“两个健康”，即民营经济的健康发展和企业家的健康发展。具体来说，就是要做到，保障要素获得的均等权利。“比如说银行借贷款，贷给国企3%的利率，能不能也贷给民企3%的利率？”此外，对民营经济的鼓励也非常重要，要引进东北以外的资金，为此要推进贸易和投资的便利化。

谈关注方向
推进中日韩自贸区建设，推进国内统一大市场构建

改革、开放，是余淼杰关注的两大方向，在2023年的全国两会上，他关注的重点是，怎样做好对外改革和对内开放。

他对《南方都市报》记者解释说，对外改革的意思是说怎样在对外开放中做好改革的工作。我们的目标是一致的，就是要形成更大范围、更宽领域、更深层次对外开放格局，为了达到这个目标，我们需要对外改革。这其中，就包括积极地推进中日韩自贸

区的建设。

对内开放，余淼杰说，是要更快形成一个国内统一大市场，那么废除地区的小循环、闭循环，促进各种生产要素的有效流动，这就是对内开放的重点。“推进国内统一大市场的构建，这也是我关注的另外一个重点。”他说。

来源：《南方都市报》　2023年3月6日　记者　陈秋圆

发展“地瓜经济”要打好“信心”和“乡情”两张牌

今年的政府工作报告强调，要全面深化改革开放。在全省“新春第一会”上，浙江省委提出强力推进开放提升，加快打造高能级开放之省，实施“地瓜经济”提能升级“一号开放工程”。对此，全国人大代表、辽宁大学校长余淼杰表示，浙江要打好“信心”和“乡情”两张牌，既鼓励市场主体积极向外开拓创新，又引导他们扎根浙江、回馈浙江，真正做到“跳出浙江发展浙江”。

“地瓜的藤蔓向四面八方延伸，生动形象地比喻了敢为人先、敢闯敢干的浙商和浙企。”在余淼杰看来，浙江深厚的历史文化为“高水平走出去闯天下”营造了有利氛围。当前，可以继续在以下三方面下功夫，提升企业“走出去”的能力和水平，在更大范围内汲取更多的阳光、雨露和养分。

一是提升开放站位。企业过去往往采取直接投资或并购的方式“走出去”，现在还要“走进去”，融入当地、服务当地，给当地带来更多就业机会和社会效益，做到“民心相通”；“走上去”，除了矿产、廉价劳动力等要素之外，要更多地为目的地的市场和技术买单，以实现更可持续的发展。

二是打造独特标识。在市场竞争日趋激烈的背景下，浙江的产品要在独特性上下功夫，以高质量供给创造有效的需求。一方面瞄准高精尖缺领域，在数字经济等优势赛道上实现并跑甚至领跑；另一方面，技术容易被替代，要挖掘更多浙江的独有资源，在相关产品中体现区域特色、文化特色。

三是发挥区位优势。浙江正推动双循环战略枢纽地位再提升，且通过产业集聚，在一些领域已经形成正向的外溢作用。要以抢占发展主动权、话语权为目标，对内加快推进长三角一体化、融入全国统一大市场，对外深化与“一带一路”沿线国家和地区特别是东盟、日韩等的合作交流；在开放内容上，要推进从要素型开放向制度型开放转变，积极参与全球产业布局，推进浙江自贸试验区建设，争做贸易规则、标准的制定者。

发展“地瓜经济”的最终目的是“高质量引进来强浙江”，壮大根基部的块茎。余淼杰认为，要引导浙商和浙企特别是行业龙头将自身发展与浙江发展紧密结合，弘扬企业家精神，反哺家乡建设，“重点是打好‘信心’和‘乡情’两张牌”。

一是多措并举增强企业家对浙江经济的信心。方向性问题是企业发展的根本问题。余淼杰坦言，信心比黄金更重要，现在部分地区出现资本静默、企业出走现象，主要原因还是看不清楚发展方向，缺乏信心。而浙江发展后劲十足，政府有必要多举办高层次的论坛和研讨会，多和企业家谈心谈话，及时准确地传达宏观政策指向，展现光明前景，给他们吃下“定心丸”。2012年，“浙商回归”工作正式启动，逐渐形成了项目回归、资本回归、总部回归、人才回归、科技回归、社会公益回归等全方位全天候的回归格局。余淼杰指出，总部回归是重中之重，是衡量企业对浙江有没有信心的一大标尺，且某种意义上总部在哪里，项目、资本、人才和技术自然会向哪里倾斜。因此要着力发展总部经济，用更加稳定、公平、透明、可预期的营商环境，吸引更多企业将总部设在浙江、留在浙江。

二是搭建平台增进浙商的乡土情怀。浙商遍布全球，政府要积极主动发挥桥梁纽带作用，加深浙商对浙江、对彼此的情感联系，促使他们自觉投身家乡发展、承担更多社会责任。如发挥好世界浙商大会、杭商大会、温商大会等品牌作用，提供互动交流的机会；发挥浙江精神、浙商文化、乡贤文化等精神文化力量，强化浙商的文化认同、身份认同、情感认同。

来源：《浙江日报》　2023年3月6日　记者　周宇晗

财政政策加力提效
提升居民可支配收入比重

在刚刚公布的政府工作报告中，着力扩大国内需求被摆在今年政府工作的首位，这意味着扩内需被寄予了经济复苏，拉动经济高质量发展的厚望。然而，回顾过去一年，我国内需面临诸多冲击，对经济的拉动力明显不足。今年，消费复苏正当其时，扩内需如何发力？

两会期间，《新京报·贝壳财经》推出“2023全国两会经济策”。3月8日晚，我们邀请了两会代表委员与行业权威学者共同探讨扩内需的破局之道。

全国人大代表、辽宁大学校长余淼杰在直播中表示，今年我国要扩大内需，政府应通过积极的财政政策加力提效，特别是持续性的减税降费政策，以及提高个税起征点，有效提高居民可支配收入占总收入的比重，从而让老百姓的可持久性收入有所提升。此外，稳健的货币政策要精准发力，让此前受疫情影响较大的中小企业不仅存活下来，还要活得更好，充分保就业，保收入，老百姓才敢消费。

拉动消费要靠持久性收入上升　可微调个税起征点

今年的政府工作报告明确将着力扩大国内需求放在首位，提出把恢复和扩大消费摆在优先位置，背后的原因何在？

余淼杰表示，中国经济的核心优势在于能否充分挖掘超大规模市场的优势，发挥内需潜力。从发达国家的经验来看，消费也是经济的主要拉动力，在疫情发生前，消费已经成为拉动经济增长的主要动力。近几年，需求出现不足甚至收缩，如何推动消费尽快恢复已成当务之急。

今年以来，我国消费出现明显复苏，假日效应显著。据文旅部数据显示，今年春节假期，全国国内旅游出游3.08亿人次，已恢复至2019年同期的88.6%；实现国内旅游收入3758.43亿元，已恢复至2019年同期的73.1%。国家税务总局增值税发票数据也显示，今年春节假期，全国消费相关行业销售收入同比增长12.2%。

余淼杰认为，今年上半年，整体消费形势表现不错，下半年则会略微逊色一些。

余淼杰表示，拉动消费要靠持久性收入上升，最重要的是老百姓可支配收入占总收入的比重要提升。比如，税前1万元，税后是否可以从7000元提升至8000元？要达到目标，我的第一个建议是，政府应继续减税降费，过去5年，我国政府累计减税5.4万亿元、降费2.8万亿元，力度相当大，但政策还可以持续；第二个建议是，适当提高个税起征点，比如从5000元微调至5500元，放水养鱼，才能真正拉动消费。

此外，余淼杰还建议，可以借助数字技术、电子商务等模式，促进消费者转变为生产者，比如，从网购的消费者变成开网店的店主等，能够较好解决可持续收入上升的问题。另外，挖掘、打造新消费场景也非常重要。比如夜经济，一些城市并没有夜经济的消费场景，大众的消费机会自然就少了；再比如，特大城市的社区消费非常不方便，如果社区能有更多消费场景，也会促进一些小额消费；打通农村网购的“最后一公里”同样重要，现在，很多农村还未实现物流上门配送，影响农民的网购积极性，“不积跬步无以至千里”，从一点一滴的改善做起，消费复苏自然而然会到来。

发挥民间资本参与投资力量　新基建是今年投资重点

投资也是内需的重要一环。据国家统计局数据显示，2022年，我国固定资产投资（不含农户）约为57.21万亿元，同比增长5.1%。那么，今年在扩大内需中，投资又该如何发力呢？

余淼杰表示，近年来，投资一向是我国应对经济下行压力的有效工具，去年疫情形势如此严峻，投资在拉动经济增长方面发挥了重要作用，全年基础设施投资（不含电力、热力、燃气及水生产和供应业）同比增长9.4%，制造业投资同比增长9.1%，固定资产投资同比增速也达5.1%。今年，投资还会像去年一样，成为拉动经济增长的利器。另外，投资中，依然要大力发挥民间资本、社会资本参与的力量，比如PPP（政府和社会资本合作模式）就是很好的模式，与最近一直强调的“两个毫不动摇”“两个健康”相得益彰。

整体来说，今年我国要扩大内需，余淼杰认为，首先，政府应通过积极的财政政策加力提效，特别是持续性的减税降费政策，以及提高个税起征点，有效提升居民可支配收入占总收入的比重，从而让老百姓的可持久性收入有所提升；其次，通过稳健的货币政策精准发力，让此前受疫情影响较大的中小企业、市场主体不仅能存活下来，而且活得更好，充分保就业，才能保收入，老百姓才敢消费。

在扩大内需的过程中，哪些产业会迎来投资机会？余淼杰在直播中表示，应该多用地方政府专项债、贴息贷款等方式，有效提升投资着力点，今年的投资着力点可能仍在新基建领域。余淼杰说："因此，我认为新能源汽车、绿色家电、绿色建材等会成为政策发力方向，特别是新能源汽车及其配套措施如充电桩等。"

来源：《新京报》 2023年3月9日 记者 潘亦纯

凝心聚力促公平　笃实奋进提质量

主持人：政府工作报告中提到，过去五年共建设288个基础学科拔尖人才培养基地，接续推进世界一流大学和一流学科建设，不断夯实发展人才基础。今后如何进一步提升教育质量、深化拔尖人才培养，已成为代表委员们思考的重点。

余淼杰：通过企业出题、政府搭台、高校答题，更好地做好文科和理科的融合，通过更多的研发、更多产品的创新，积极地对接我们现在社会发展的重大的战略方向，这样才能实现产学研用的更好融合。

来源：中国教育电视台　2023年3月6日

为民营经济撑腰打气

主持人：良好的营商环境是民营企业发展的土壤。习近平总书记指出，要为各类所有制企业创造公平竞争、竞相发展的环境。

余淼杰：要切实地推进改进我们营商环境的工作，真正做到通过推进“放管服”的工作，真正做到“办事不用求人、用权不图好处”这样的清新的营商环境，我们就必须通过市场化、法治化、国际化来促进我们营商环境的改善。

来源：中国教育电视台　2023年3月8日

加强高等教育创新人才培养
服务国家高质量发展

主持人：推进创新人才供给改革，更好地对接产业创新人才需求，推动科技成果转化，服务国家高水平科技自立自强，推动产学研用相结合也是全国人大代表、辽宁大学校长余淼杰对于深化高等教育综合改革的看法。余淼杰认为，加强拔尖创新人才的培养，还需要在高校学科建设上下功夫。心怀国之大者，推动高等教育高质量发展。

余淼杰：我觉得应该通过加强学科的建设，特别在学科的方向、学科的队伍、学科的成果，以及人才的培养、国际交流等方面来推进学科的建设，学科建设好了，人才培养就会向前推进。

来源：中国教育电视台　2023年3月9日

融入双循环成为先行区，代表委员热议武汉历史新使命

——勇挑大梁让沿海开放“后队”变内陆发展“前队”

“加快构建新发展格局，是推动高质量发展的战略基点。”习近平总书记参加他所在的十四届全国人大一次会议江苏代表团审议时强调。

湖北、湖南、江西三省代表团协同提出《关于建设长江中游经济区的建议》，提出“打造全国构建新发展格局的重要战略支点、全国重要增长极”。内陆地区如何抢抓机遇，更好积极服务和融入新发展格局，成为两会代表委员热议的焦点之一。

此前，湖北省第十二次党代会明确提出，“努力建设全国构建新发展格局先行区”“由沿海开放的‘后队’转变为新时代内陆发展的‘前队’”。

“湖北要加快建设成为中部地区崛起重要战略支点，首先武汉要成为战略支点；湖北要努力建设全国构建新发展格局先行区，首先武汉要成为先行区。”打造先行区，推动“后队”变“前队”，大武汉如何当先锋、打头阵，担当主力军？会场内外，全国两会代表委员、各地专家学者建言献策。

坚定不移担负起历史新使命
构筑全国统一大市场中部高地

“后队”变“前队”，是湖北立足建设全国构建新发展格局先行区提出的目标。处于“一带一路”和长江经济带发展重要战略交汇地的湖北，在推动内陆双向开放上有明显优势，完全能够由沿海开放的“后队”变为新时代内陆开放的“前队”。

全国人大代表、辽宁大学校长余淼杰将地处长江中游的湖北武汉比作中国地理版图上的“牛肚子”：“只有‘牛肚子’撑起来，东、南、西、北、中才能更好形成全国统一大市场。”

余淼杰认为，在外循环方面，作为沿江大城市，武汉的机遇非常大。武汉可以自贸试验区为突破口，加强与亚太国家，特别是RCEP国家、东盟国家的深度合作，更好融入全球经贸一体化。

“从国内大循环来讲，武汉也是一个非常关键的点。”余淼杰说，从高铁、高速公路、水路等方面来说，很少有城市具备武汉这样得天独厚的优势。在新发展格局下推动区域协调发展，武汉作为长江中游城市群重要的中心城市，起着重要的链接作用。

立足中部腹地和战略纵深，湖北武汉是我国主要经济区的几何中心，辐射全国近三分之一的人口市场规模。

华夏新供给经济学研究院创始院长、财政部财政科学研究所原所长贾康认为，构建新发展格局是各地重塑区域发展新优势、打造区域发展新动能的历史性机遇。地处九省通衢的武汉，一定要义无反顾服务和融入全国统一大市场，积极对接全球化的国际大市场，在统一大市场建设和构建新发展格局中以国内大循环为主体、国内国际双循环相互促进的新发展格局，收获发展红利。

去年4月，《中共中央、国务院关于加快建设全国统一大市场的意见》正式出台。建设全国统一大市场，是构建新发展格局的基础支撑和内在要求。

“在这一大背景下，地处中部地区的湖北武汉应当发挥出比以往任何时候都重要的作用。”武汉大学经济与管理学院教授、博士生导师邹薇认为，从国家层面而言，迫切需要在中部地区形成一个全国统一大市场的高地，使中部地区成为连通国内统一大市场的核心枢纽地。聚焦“国家所需”，湖北作为科教、工业、农业、生态大省，展现的是独特的长处和优势；处于连接全国“铁水公空”交通大动脉的中心节点的武汉，应该且能够带动形成国内国际双循环相互连接的链接带。

2022年，武汉市经济总量达1.88万亿元，在全国城市中排名第八，增速领先全国经济前十城市。在湖北建设全国构建新发展格局先行区中当先锋、打头阵，担当主力军，这不仅是国家和湖北对武汉的要求，也是武汉必须担负的使命。

全国政协委员、湖北经济学院院长方洁谈到，自1861年汉口开埠以来，武汉这座城市便具有了开放的基因；在改革开放初期，武汉凭借着敢为天下先的精神打造了“天下第一街”——汉正街。迈上新征程，更应把这种开放的血脉、勇于担当的精神转化为新时代的新作为，全力奋进使“后队”变“前队”。

不进则退、慢进也退。方洁说，如今时与势站在我们这一边。武汉应成为国家中部崛起战略和构建内循环核心枢纽建设的发力者，当好湖北构建新发展格局、实现高质量发展的主力军，以规模市场和开放格局吸引全球资源要素集聚。

“在国家更加重视城市群、都市圈发展的背景下，武汉具备更大的发展潜力。”中国城市经济学会副会长、长江经济带智库联盟秘书长秦尊文指出，武汉被国家赋予引领长江中游城市群发展的历史重任，正大力推动以武鄂黄黄为核心的武汉都市圈建设，国家使命、区域战略相互叠加，将形成更大的牵引力和规模效应，推动武汉城市综合实力实现新的跃升，带动周边发展，促进中部崛起。

紧抓国家内陆战略布局历史新机遇
双循环格局下大有可为
推动产业集聚升级

作为内陆地区的湖北武汉，受益于“九省通衢”的便利，但也曾遭遇“不沿海、不临边”的局限，产品出口多经长江水运至东部沿海城市“借船出海”。

“我国改革开放初期，武汉主要定位是面向国内市场，最为突出的代表是‘对内搞活看汉正街’。而在产业转型方面，武汉被沿海城市抛在身后。”秦尊文举例，改革开放以来的较长时间里，我国高度重视以出口为导向的外向型经济，沿海地区作为改革开放的最前沿，具备区位优势、政策优势。湖北地处内陆，在参与国际分工、扩大商品出口和积极利用外资等方面处于相对劣势。

“新发展格局，改变了过去的发展模式和方向，内陆城市在全国一盘棋的发展要求中，变得越来越重要。”秦尊文认为，随着国际形势的变化，国家更加注重发展的独立、自主和安全，重大产业除了在沿海地区布局之外，在内陆地区也有了更多部署，形成“产业备份”，增强发展的安全性。

“新发展格局下，内陆地区迎来了更大的发展机遇。”在秦尊文看来，新发展格局强调区域协调发展的重要性，湖北武汉在未来将站上更大的风口，迎来发展黄金期，这是湖北武汉实现“换道超越”的重大机遇。武汉具有全国影响力的科技创新中心正加速建设，作为内陆第一大科教城市，武汉正发挥体制优势，依托高等院校、科研机构主阵地作用，强化原始创新能力，进而带动产业创新。“武汉能够把科教优势转化为创新发展优势，通过大力布局氢能、新能源汽车、北斗等高端产业和一批未来产业，实现从‘后队’到‘前队’的升级。”

全国人大代表、骆驼集团股份有限公司董事长刘长来认为，沿海地区中心城市上海和深圳，分别带动了长三角区域和粤港澳地区的发展，作为武汉都市圈的中心城市，武汉不仅要自身突破，实现高质量发展，更要有担当和责任，充分发挥龙头引领作用，带动其他区域协同发展，使湖北在国家乃至世界层面更具有竞争力。

“在武汉过去的发展过程中，‘两通起飞’发挥了重要作用，但错过了产业集聚与产业升级。”贾康说，近年来，武汉在产业转型升级方面奋起直追，产业集群化发展已经形成了非常好的态势，形成了车谷、光谷这样的代表性区域。他建议，湖北武汉要把握机遇，紧跟新发展格局下内陆城市新机遇，深入挖掘，把超常规发展推上新水平。

全国人大代表、辽宁大学校长余淼杰也谈到，以内需为主导，产业链、供应链和产品销售市场在国内成为新优势。武汉产业链、供应链齐备，背靠长江中游城市群大市场，拥有长江这条天然航线和出海口，“与先进城市重新站在同一起跑线，武汉具有很明显的竞争优势，必将在双循环格局下大有可为”。

“百舸争流，竞相发展。如果不抓住这次的机遇，武汉发展就会错失这个历史性的时刻。”余淼杰建议，武汉应考虑在新能源汽车等优势产业上实现“弯道超车”。他说：“站在新起跑线上，武汉势必会随着不断发展壮大的长江中游城市群，成为双循环东风下的‘新出海口’。”

只争朝夕善作善成作出历史新贡献
“两个转化”成决胜“后队”变“前队”关键

今年的湖北“新春第一会”上，省委要求以花湖机场建成投运为契机，加快建设国内大循环的重要节点和国内国际双循环的重要枢纽。

如今，定位为货运为主的鄂州花湖机场，开通运营仅半年时间，已开通至北京、上海等10个城市的客运航线8条，全货运航线2条，与100多公里外的武汉天河机场错位发展，协同联动。

全国人大代表、国药控股股份有限公司董事长于清明认为，湖北武汉是长江黄金水道和南北交通大通道的中心枢纽，是连接全国“铁水公空”交通大动脉的中心节点，在全国构建新发展格局中具有得天独厚的区位交通优势。武汉应以现代物流体建设为基础，促进国内要素有序流动、资源高效配置，畅通国内大循环、深度参与国际产业分工，助力全国统一大市场建设，为构建新发展格局提供支撑。

武汉市第十四次党代会上，将“交通区位优势加快转化为国内国际双循环枢纽链接优势”“科教人才优势加快转化为创新发展优势”列为今后五年主要目标任务。去年，武汉获批建设具有全国影响力的科技创新中心，这意味着我国五大科创中心的局面已形成，湖北也在国家创新体系中居于中间位置。

贾康认为，综合要素成本相对较低、产业基础实、经济韧性强、科教资源丰富是武汉在构建新发展格局中抢占先机的底气所在。要实现由“后队”变“前队”的升级，必须紧紧抓住创新发展。

作为创新一线的工作者，全国政协委员、武汉依迅北斗时空技术股份有限公司董事长付诚深有同感。他说，以北斗为例，应用产业集群已形成，北斗产业高质量发展也入列湖北五大未来产业之一。在湖北建设全国构建新发展格局先行区的当下，武汉的科教优势和人才优势，是决胜未来的关键，要让科技创新“关键变量”成为高质量发展“最大增量”。

“武汉市应当充分发挥在光电子信息、新能源与智能网联汽车、生命健康、高端装备、北斗等产业的优势，把优势产业集群做大做强，成为全国领跑者。”刘长来以他所在企业举例，骆驼集团正与在汉高校密切合作，打造全球新能源产品的研发中心。

因国内国际双循环畅通而带来的“市场相通、产业相融、创新相促、规则相联、特色相异、优势相补”，湖北光电子、生物医药等高新技术产业，以更高性价比的方式，参与融入全国、全球产业链。

在全国政协委员、中国地质大学（武汉）机械与电子信息学院院长丁华锋看来，武汉的光电子信息和新能源汽车产业等已处于全国领先地位，“科教优势为产业突破提供了基础，我们惟有只争朝夕，善作善成，才能实现新超越”。

丁华锋认为，以光电子信息产业为例，还可以进一步加强研发投入，提高技术水平和创新能力，探索更多应用场景，形成更加完整的产业生态链。此外，还需要进一步拓宽开放合作渠道，通过建立产业合作联盟等，积极参与全球产业链和供应链的构建，共同推进技术创新和产业转型升级。

“后队”变“前队”并不会自然而然地发生，需要凝聚共识，呼唤共同奋斗。

“站在开局之年的特殊节点上，我们更要拿出拼的干劲、拼的勇气、拼的决心，奋力拼搏、努力追赶。”全国人大代表、中冶武勘工程技术有限公司市场开发部副部长张尤慧说，英雄的城市、英雄的人民必定要当先锋、打头阵，加快实现“后队”变“前队”。“作为一名一线的科技工作者，我们必将牢记嘱托，为武汉打造新时代英雄城市，为湖北构建新发展格局先行区担当使命、勇毅前行。”

来源：《长江日报》 2023年3月10日

记者 蔡欣星 栾嘉雯 覃柳玮 吴 曈

辽宁代表团：审议政府工作报告 代表委员共议国是

余淼杰指出，关于加快消费，第一点是切实提升老百姓的收入水平，提高老百姓的可持续收入，这一点可以通过进一步的减税降费来实现。第二点是需要有更多消费的层级，比如说，在大众的商品类似汽车、家电等方面持续地发力。第三点是对城乡采取不同的政策，对城市要在社区设立更多的便民消费点，对农村要加快实施打通“最后一公里”。

来源：央视网　2023年3月12日

中国经济高质量发展

经济的社会的发展，不管是哪个国家，现代化都有一些共有的标准，一些共有的指标，这点应该是一致的。当然更为重要的是，中国式现代化也有我们中国的特色。

构建新发展格局，实现中国式现代化

——余淼杰校长讲授“开学第一课”

2023年2月27日下午，辽宁大学党委副书记、校长余淼杰在辽宁大学蒲河校区校部办公楼学术报告厅讲授辽宁大学2023年春季学期“开学第一课”，本文为讲授文字实录。

首先我特别感谢孙书记，这么隆重的介绍，特别惭愧。今天也特别高兴能够在线下和这么多同学一起来学习，虽然之前跟同学们上过课，但更多是线上。所以新学期开始我们能够线下上课，我能够见到同学们，觉得特别高兴。那么，今天跟同学们分享汇报的是我学习党的二十大的体会，题目叫作《构建新发展格局，实现中国式现代化》。我所讲的主要是我个人的一些学习体会，讲得可能不到位的地方，请大家理解。我先讲一下我对党的二十大报告学习后的体会。我觉得党的二十大报告内容博大精深，这里面最重要的，我个人学习体会最深的就是中国式现代化。

经济社会的发展。不管是哪个国家，现代化都有一些共有的标准、一些共有的指标，这点应该是一致的。当然，更为重要的是，中国式现代化更有我们中国的特色。中国的特色体现在几个方面，党的二十大报告也明确指出，至少可以从五个方面来体现。第一方面，人口规模巨大的现代化。那么怎么样来理解人口规模巨大的现代化呢？我们首先要看到人口规模不只是在讲人口规模，人口规模其实反映的是一个经济规模。换言之，我国已经是全球第二大经济体，那么像我国这么大的一个经济体，它实现现代化的方式和途径，应该跟一些小型经济体有所不同。小型经济体可以通过简单的开放融入全球一体化当中去，从而实现现代化。

像中国这么大的一个经济体，开放当然是必要的，但用我们数学语言来讲，开放只是一个必要非充分的条件，不见得说仅仅通过开放就能够实现中国式现代化，我们还需要涵括更多的内容，这就是我们要探索的地方。当然，人口规模巨大的现代化有它深刻的意义。人口规模巨大的现代化要体现的是，如果我们中国能够实现现代化的话，可能很重要的一点，就是我们能否形成一个规模巨大的市场，能否充分地挖掘我们的内需潜力，这个就是人口规模巨大的现代化的第一点意思。第二点意思讲到人口规模不仅跟人口的结构有关系，跟我们的人力资本的质量也有关系，特别是现在人口老龄化作为一个全球现象，我们应如何更好地应对人口的老龄化问题。

在这里，我先跟大家简要地讲一下我今天要讲的提纲内容，首先跟大家讲讲中国式现代化的内容。我的理解是，为了实现中国式现代化，我们怎么样更好地立足新发展格局，然后立足新发展阶段，完整准确全面贯彻新发展理念，构建新发展格局，真正实现经济的高质量的发展。

第二个现代化讲的是全体人民共同富裕的现代化，这一点也是非常重要的。我们发展的一切，都是为了老百姓，所以肯定地说一切都是为了人民。这并不是一个口号，而是真真切切的。所以，当我们说到共同富裕的时候，这代表一个方向，这绝对是正确的。

事实上，我们也看到当共同富裕的提法出现之后，社会上出现了一些不太正确的解读，这种歪曲的解读其实是有害的。共同富裕绝对是一个正确的发展方向，绝对是我们立党和立国的初心与初衷，要坚定不移，毫不动摇。当我们讲到共同富裕的时候，我们有一个方式和一个路径。我们要很好地处理公平和效率之间的关系。现在到底是只看公平，还是只看效率？还是说哪一个方面相对比较重要？我们现在说公平和效率并重，如果更为准确或者更为具体一点的话，应该说我们现在处于效率优先兼顾公平的这样一个状态。

因为我们现在还处在一个需要把经济“蛋糕”做大的阶段，我们现在是全球第二大经济体，2022年国内生产总值121万亿元人民币，如果能折合成美元的话，即使人民币稍微升值一点，大概也要折合为6.7~6.8元，这样的一个数值应该在18万亿美元左右，所以我们现在是全球第二大经济体，但是还必须继续地向前发展。其实按照这样的一个增速，稳健预测，在2028年中国的经济能够超过美国，成为全球第一大经济体。后面我会讲为什么会作出这个判断。我们现在是效率优先兼顾公平，我们就要好好地发挥市场的初次分配的作用，以及政府的再次分配的作用，然后发挥道德的再调节的作用。当我们讲到共同富裕的时候，我们特别强调勤劳致富。

大家一定要认真地理解什么叫“共同富裕”，共同富裕绝对不是劫富济贫，也不是简单的“一刀切”“大锅饭”。共同富裕，它有一个先富和后富的关系。共同富裕强调的是机会的公平，请注意是“机会的公平”，并不是结果的一致。有些人“躺平”，还有一些人很勤劳，勤劳的就应该先富起来，这里面也讲得很清楚，是一定要鼓励勤劳致富。当然，这里面也讲到了反对不劳而获。那为什么要反对不劳而获呢？比如说英国，英国在19世纪下半叶的时候被称作“日不落帝国”，但是为什么到了20世纪初被美国赶超？当然有很多方面的原因，但其中一个不争的事实就是，在19世纪下半叶的时候英国出现了大量的食利阶层。我们也要防止这种情况的发生。我们鼓励勤劳致富，反对不劳而获，这就是我们强调的共同富裕的内容。

中国式现代化的第三个方面叫作物质文明和精神文明相协调的现代化，这一点怎么样理解呢？

我们现在面临的主要矛盾是什么？之前我们说我国面临的主要矛盾是人民日益增长的物质文化需要同落后的社会生产之间的矛盾，而我们现在面临的主要矛盾是人民日益增长的美好生活需要和不平衡不充分的发展之间的矛盾。请注意这两个关键词“不平衡”“不充分”。因为习近平总书记提出的这五大新发展理念，也就是“创新、协调、绿色、开放、共享”这五大新发展理念，它其实就是在回答充分和协调之间的关系。比如，我们所说的五大理念，就是要实现创新是第一动力、绿色是普遍形态、协调是内生特点、共享是最终目标、开放是必由之路的新发展理念。

创新其实就是体现充分的一种形式，因为创新体现在人与自然之间从无到有的突破，所以从一个更宽泛的意义上讲，它讲的就是充分的意思。协调就不用展开讲了。绿色其实也是充分的意思。开放是方式和手段。因此，我们现在所讲的这五大新发展理念，其实就是解决人民日益增长的美好生活需要和不平衡不充分的发展之间的矛盾。然后我们也讲了中国式现代化是精神文明高度发达的一个现代化。那么，精神文明高度发达的现代化怎么理解？其实党的二十大报告明确指出，我们是要实现马克思主义中国化时代化。如果我们再具体学习的话，您会发现马克思主义中国化在党的十九届六中全会中就已经提出来了。

马克思主义中国化，以前也提出过，这次更是特别地强调。换言之，我们一方面要做到马克思主义的普遍原理同中国的具体实践相结合，这个叫作中国化。那么，时代化是什么意思？时代化就是要吸收我国优秀的传统文化。中国优秀的传统文化是什么呢？您可以看到党的二十大报告里面用了多个成语来表述我们所讲的精神文明建设。但事实上，精神文明建设不只是这些成语所能涵盖的。比如，在经济研究方面，当我们在学习西方经济学的时候，它里面也会提到这些内容，但事实上当我们在学习经济学并应用经济学来指导我们的建设与实践的时候，您可以看到我们的内容其实跟他们的一样丰富，甚至比他们更为丰富。

我举一个例子来说明。比如说，在座有的同学可能学过经济学，知道亚当·斯密，他提出的“看不见的手”的理论出自《国富论》。还有另外一本书《道德情操论》。亚当·斯密指出，在个人实现效用的最大化、企业实现利润的最大化时，必须有一个保证社会运行的基本道德情操。但是，体现我们中华优秀传统文化特征的例子不胜枚举，我举一个例子来说明。比如说孔子，春秋战国时期诸子中，孔子讲过怎么样来处理义和利的关系，他提出了“义主利从”的观点。义是道义，是主义，是大道；利，即个人的利益。两者是从属的关系，即“义主利从”。

我举这个例子主要说明，中华优秀传统文化中类似的例子比比皆是。我们刚才所讲的是中国式现代化的第三个方面。

第四个方面，强调的是人与自然和谐共生的现代化。这在我们国家也体现得越来越充分。我国其实是世界上唯一把保护生态环境写入宪法的国家，其他国家重不重视生态环境呢？应该说也很重视。但有没有一个国家把保护生态环境写入宪法的呢？据我所知，到目前为止，好像除了中国以外还没有，这是第一点。第二点大家也都知道，中国共产党是世界上最大的政党，我们也可以看到，我们党特别强调绿色生态环境保护，习近平总书记提出的“绿水青山就是金山银山”理念也写入了党章，所以可以看到我们党特别强调人与自然的和谐共生。

在国际经贸往来和国际谈判中我们也特别强调，保护环境是全球每一个人所应有的责任和义务，这种理念就是倡导全球每个人共同来承担，各国分别来负担。我们其实在这方面提出了两个核心：一个叫作全球承担，一个叫作分别负担。它里面有丰富的含义，等到我后面讲到新发展理念时再跟大家展开。这是人与自然和谐共生的现代化。

第五个方面，中国式现代化是走和平发展道路的现代化。那么，在和平与发展的大的背景之下，我们该做什么事情呢？我想我们该做的一件事情就是对外开放。所以构建开放的新格局，也就是我们现在所面临的一个主要工作。那么，如何使我国实现一个更大范围、更宽领域、更深层次的开放，从而构建全面开放的新格局，也是我们现在“十四五”规划以及党的二十大之后所面临的一个重要问题。

因此，中国式现代化主要是立足新发展阶段，贯彻新发展理念，构建新发展格局。那么，怎么来认识中国经济已经进入了一个新的发展阶段呢？它主要体现在哪些方面？我认为可以从新发展阶段来看。我们可以从微观到宏观不同层面的意义上来理解。也就是说，从产品层面到企业层面再到产业层面，乃至国民经济层面，循着这条线索进行深入理解和分析。

为什么说中国经济已进入一个新的发展阶段？从微观层面，

也就是从产品层面来看，我们先看产品的附加值，中国产品的附加值在不断地提升。而产品的附加值如何来衡量呢？我们采取了一个维度，这个维度就是中国的产品出口，因为中国是世界第一大产品贸易出口国，相关数据统计显示，2022年中国的贸易出口额达到了42万亿元人民币。但一些人却对中国的外贸出口持比较悲观的态度。他们认为今年的中国进出口贸易不会太乐观。我个人不同意这种看法。因为我觉得我们学经济学就必须形成自己的思考，一定不要人云亦云，要有自己独立的思考和判断。我个人的判断是2023年中国的进出口总值至少达到48万亿元人民币，还可能达到50万亿元人民币。之所以有这个判断，我在后面讲进出口贸易内容时再做具体分析说明。我现在重点谈一谈，为什么说我们的产品附加值在提升？产品附加值的提升体现在哪里？我国目前的整个贸易结构主要分为两大块：一个叫作一般贸易，另一个叫作加工贸易。所谓加工贸易，很多人可能听说过，叫“大进大出两头在外”，即大量地从外国进口原材料或中间产品，然后经过自己的包装加工之后，再把成品卖到国外去，最典型的如iPhone，就是这样的一种情况。简单地说，这就是一种加工贸易。那么，加工贸易有什么特点呢？主要是它的生产率比较低，特别是来料加工，基本上是“空手套白狼”，所以它的生产率比较低。但是，我们现在看到，中国外贸产品的一般贸易的比重在上升，加工贸易的比重在下降。20世纪90年代以来，即1995年到2007年，中国加工贸易的比重在50%以上，占了半壁江山，这些年降到大约30%。换言之，一般贸易的比重占到2/3以上。

我们观察到，第一个现象是加工贸易的比重在下降，一般贸易的比重在上升。再看这些附加值比较低的加工贸易，我们会发现它本身也发生了深刻的变化。原来附加值比较低的那些产业，比如衣服、鞋帽这类产品，它的产业的比重在不断地下降，相反另外的一些产业，比如机器设备、电子仪器、光学仪器等产生的比重在不断提升。我们还观察到第二个现象，中国企业生产的产品质量也在不断提升，这些大家可能都感同身受。如果再具体地讲，我们可用一些数据来说明。中国加入世界贸易组织是在2001年，我们可以通过一个计算方式来考察。首先把2001年中国企业生产的产品质量指标计算出来，然后把它标准化为1，即作为起点1。我们可以看到，在党的十八大之前的2012年，中国出口产品的质量提升了30%。2018年，我曾在《管理世界》发表的一篇文章中对此有过具体论述。我们最近又计算了过去10年，也就是党的十八大之后，中国产品质量的良性变化。我们发现，2022年中国产品的质量又在10年前的2012年的基础上提升了25%左右。因此，毋庸置疑，中国产品的质量在不断地攀升，这是显而易见的事实。大家也可以自己体会一下，现在的产品质量同改革开放初期相比应该说有了很大改观、很大提升。

进入新发展阶段，经济高质量发展的另一个特征是企业的全要素生产率得到不断提升。全要素生产率，它其实代表了一个企业技术进步的指标。也就是说，我们在控制了诸如劳动力、资本，以及土地、能源等要素投入之后，我们的产品产量为什么还能上升呢？这是源于现代科学技术的不断进步。换言之，全要素生产率是代表技术进步的一个最重要的指标，这个指标当然是非常重要的。著名经济学家克鲁格曼教授在2008年获得诺贝尔奖时说过一句名言：“生产率不是一切，但近乎一切。”如果从长期的经济增长来看，不用看其他指标，只看生产率这一项指标就大致可以说明一切了。

比如您要做一项投资理财，您想预测人民币相对美元是升值还是贬值。毫无疑问，不用想太多，坚信人民币相对美元一定是升值的，这是方向性的。我们可以犯一些小的错误，但一定不能犯方向性的错误。为什么？很简单，因为中国企业的全要素生产率的增速是呈加速度增长的，要比美国的增速快，只要能确保这一点，就意味着长期来看人民币一定有一个升值的空间。换言之，人民币汇率在“6”这个数值上下不断地波动，倘若假以时日，它一定会达到6.0～6.1。当然，到了那个“点”之后又得再波动一段时间。大概的情况就是如此。

就中国的全要素生产率而言，2001年的时候跟美国相比，毫无疑问，美国的生产技术水平还是处于世界的前沿。因此，在2001年的时候，我们的全要素生产率只占美国的0.3。但是，当我们听到0.3这个数值的时候，千万不要以为我们的产品没有比较优势，那是两个不同的概念。他们的生产技术水平确实比我们高，但是他们的成本也比我们的高。因此，他们不见得比我们有比较优势。在说明比较优势的时候，讲的是两样东西的一个动态对比，一个是生产率的高低，另一个是成本的高低。尽管我们的生产率只占到他们的三成，但我们的劳动力成本只有他们的1/6到1/7，特别是在2001年那个时候。当时，我们的产品跟他们的产品相比有着比较优势。当然，我们现在不再讲“比较优势”这个概念，我们在这里重点分析一下中国全要素生产率的一个动态的变化。

2001年我们的生产率只占美国的三成（0.3），而在2015年的时候已经达到美国的0.45，现在应该达到0.55～0.6。再往前推，2014年左右，我们从0.3提升到0.45，提升了多少呢？提升了50%。由此可以看到，中国的全要素生产率在不断提升。前面讲到了产品附加值的提升，然后是产品质量的提升，进而是企业全要素生产率的提升。我们现在讲产业，中国的产业有两个明显的特征：第一个特征是全产业链，它是中国经济的一个核心竞争力。为什么这么讲？中国是世界上为数不多的，甚至是世界上唯一一个具有全产业链的国家。何谓全产业链？就我国的工业门类的分类来说，我国工业拥有41个大类，207个中类，再分得更细一些的话，有666个小类，它们构成了一个庞大且完整的工业体系。

世界上只有中国有如此完整的工业体系。这意味着什么？意味着如果有一天（当然只是一种假设），国家没有了对外交流，或者是发生了战争，中国完全可以靠自己独立的完整的工业体系独善其身。当然，你可能会说我们目前的产品并不是世界上最好的，也许的确如此，但我们的产品品种齐全，生产成本相对不高。因此，这种完整的工业体系是我们的核心竞争力。有些人可能会问，既然中国有全产业链，那么中国到底能生产多少种产品。我当然没有办法给您一个准确的数字，因为这个必须有精确的调研数据，必须知道每家企业生产了多少种产品，然后把它们加总后才能得出相对可靠的结论。

但是，我大致可以给出一个最低值，即一个保守低估的数值。它可以通过中国出口了多少种产品，来推算中国至少制造了多少种产品。产品出口当然首先必须有产品制造（当然制造出来的产品不一定都要出口）。我国出口多少种产品？如果按照海关8位码（有2位码、4位码、6位码、8位码、10位码五种划分法）来划分，在2019年疫情之前是10851种产品，如果像美国那样把产品细分到10位码的话，比如电视机产品，有65寸的电视机、背光电视机，还有背投电视机等，大概是15000种产品。由此体现了我国的全产业链的一个特征。

除了全产业链以外，中国的产业还有另外一个特征，就是产业集聚，这一点也非常重要。我们有很多工业城市，而这些工业城市各有其特点，并不是千篇一律的。事实上，每一个城市都有它自己最重要的主导产业，人们称其为“产业名片”。比如，深圳的主导产业是电子产业，东莞是电子加工机械产业，等等。这里以广东省为例，比如说汕头地区，它主要是生产玩具的，很多玩具产品出口到世界各地；还有茂名，它主要在云浮一带，专门做石头出口贸易。这是南部地区。北部地区如辽宁省，有营口的煤炭加工业，丹东的测量仪器制造产业，这都体现了产业集聚的特征。再看河北省，有廊坊家具制作产业，邢台羊绒产业，等等。所以每个城市都有它自己的产业名片。产业集聚有什么好处呢？它可以实现规模经济递增。简单地讲，第一个好处是可以抱团取暖，因为产业下游跟产业上游相比较短，所以产业上下游之间的联动比较强，因此生产成本就比较低，各企业联合在一起，大家可以抱团取暖。第二个好处是可以起到正向的外溢作用。这些都是产业集聚的好处。中国经济的三大产业的分布比较合理，从全国范围看，第一产业占7.5%左右，第二产业占39%左右，第三产业占53%左右。仅就这三个数据而言似乎并无多大意义，但如果作一个国际比较，就可以有一个清晰的认识了。

比如第一产业。我国的第一产业比重跟欧美国家的第一产业比重基本上一致，占比7%～8%。而区别在于第二产业和第三产业，欧美国家的第三产业的比重比较高，有的高达70%；我国第三产业的比重是53%。我们辽宁其实也差不多，辽宁省的三大产业占比跟全国的占比差不多。但这是不是意味着中国的三大产业的分布不合理呢？其实恰恰相反。我们处于发展阶段，现在最为重要的是发展制造业，保障制造业的核心竞争力。这一点非常重要，因为制造业与服务业的关系是皮和毛的关系，所谓“皮之不存，毛将焉附”。制造业为什么重要？制造业的重要性并不见得是它吸纳就业的能力强，因为服务业创造的就业数量更多。那么，制造业的重要性到底体现在什么地方？答案是主要体现在它的创造和创新方面。

当前，5G、AI等高科技领域正在掀起创造创新的热潮，而高科技产业的发展主要是通过制造业来体现的，所以我们现在作为一个“世界工厂”，需要大力发挥我们“世界工厂”的作用，制造业保持一定的比例是非常重要的，这就是为什么说我国现在占比30%多的制造业还是一个非常重要的发展着力点，也是我们现在的财政政策和货币政策都围绕这方面展开的一个原因。

中国经济正处在一个新的发展阶段，从产品价值链的形成，到产品附加值的提升，再到企业全要素生产率的提升，从优化产业布局到产业集聚发展，这些都说明了中国经济的确进入了一个新的发展阶段。

客观地讲，当习近平总书记在党的十八届五中全会提出五大新发展理念的时候，我当时对“创新、协调、绿色、开放、共享”这10个字理解也不深，以为可能只是一个提法而已，但现在再回头向前看，就会发现这10个字决定着中国经济未来发展的一个方向。也就是说，我们所讲的“创新、协调、绿色、开放、共享”这10个字，我觉得总结得非常好。具体地说，我们要深刻领会到创新是第一动力，协调是内生特征，绿色是普遍心态，开放是必由之路，共享是最终目标。先说创新，创新是第一动力，人才是第一资源，科技是第一生产力。我们要认真领会党的二十大报告。我真的是发自内心地希望大家一定要认真地学习和领会党的二十大报告。

我觉得学习政府工作报告要多读几遍，要结合实际工作深刻领会，加深认识。当我在同学们这个年龄的时候也是这样，很认真地通读了一遍之后，感觉讲得都对，但具体都讲了些什么却没有留下印象，主要是因为阅历不深，这是很正常的事情。再过一段时间，特别是当你做这方面的研究时，你就会有意识地去认真学习和领会了。2017年，我结合自己的国际贸易专业认真地研读了党的十九大报告，印象特别深的是，党的十九大报告中的很多重要论述，我觉得对我的专业成长和学术研究意义重大。

从那之后，我就认真地学习党的各种重要文件和政府工作报告，受益匪浅。对于党的二十大报告，我真的是字斟句酌地读了很多遍，而且每读一次，都有收获。当时我们在一起集中学习的时候，我和周书记、庞书记坐在一起，然后我们又在一起学习讨论。我是非常认真地一边读一边反复领会，因为学习结束后还要马上接受记者的访谈，你得第一时间说得出来真实的感受，党的二十大报告到底新在什么地方，好在什么地方，你必须说得有道理、有深度。当然，我每次学的内容都有所侧重。如果你思考得越多的话，你就会发现报告里面每一段文字真的不是空话，真的就是一个行动的纲领。这就是学习的一个要点。

再回到五大新发展理念的话题上，比如说创新，我个人认为，我们应该将创新分成两个方面来看：一个是狭义的创新，一个是广义的创新。现在大部分人讲的都是狭义的创新，当然也很重要。这里我先就狭义的创新做一个解释。狭义的创新讲的是什么呢？它讲的就是要做好技术进步和科技创新这两件事。技术进步和科技创新是相互联系又各有侧重的两个方面。我举个例子来说，科技的创新讲的是从无到有，简单地说，就是从0~1。如果你学习数学，你知道从0~1这样的变化，因为以前没有，你把它创造出来变成了有；而技术进步并不是一个从0~1的过程，它是一个渐进的过程。也许原来的技术水平是0.3，现在变成了0.4，它是一个技术不断革新进步的过程。

所以，对这两个词的辨析理解，也就决定了我们对很多政策的解读和理解。比如说，大众创业、万众创新，大家已耳熟能详。万众创新讲的是哪两类？你有没有想过，它到底讲的是技术进步，还是科技创新，还是说两者都涵括在内了？我个人认为，大众创新应该重点讲的是技术进步，因为像一些重大的科研攻关项目，主要是要靠大型的科研机构、高等院校来支撑和实现的。普通的个人，你如果没有接受这方面的专业教育，没有仪器设备的话，怎么能够做出高科技成果呢？这肯定是不现实的。但是所有的人，不管是哪行哪业，都可以通过自己所掌握的专业知识，在自己所从事的行业里进行技术的革新改进。

比如，制造一个仪器或者某种产品，原来需要7个工序，现在技术改进了，变成6个工序，这就是技术进步，这就是万众创新。关于研发，我们的目标是要把研发强度提高到3%。什么叫作“研发强度”？它就是研发的费用跟GDP的一个比例，即跟国内生产总值的一个比例，这就叫作研发强度。如果是研发强度越高的话，需要投入的科研资金就越多。这里面又有另外的问题，3%到底是什么样的一个水平？为什么不是更高的，而是3%呢？因为现在欧盟的平均水平是2.6%。如果说在“十四五”时期，我们能够把研发强度提高到3%的话，意味着我们的研发水平将进入国际的前沿行列。比如说，深圳很早就达到4.1%了，北京去年就达到6%了，当然有一些省市，因为这方面投资比较少，所以拉低了平均数。辽宁的目标是力争从2.2%提高到“十四五”规划结束时的3%。

“研发”一词，英语叫作Research&Development，简称R&D，其中有个“R”，还有个“D”。“R”和“D”是不一样的，“R”是一种原创性的研究，“D”是一种应用性的研究。我们国家现在做得比较好的是“D”这方面，应用型的研发做了很多，但基础性的研发我们做得还是不够的。因此，这次政府工作报告中提到另外一点，就是要加强对基础性研发的投入，确保基础性的研发占到研发总投入的7%。但7%也是不够的。当然，我们还得一步一步来，因为如果我们对标发达国家，发达国家是10%以上，所以我们先达到7%以后再到10%。

我们做好研发的重点在什么地方呢？目前来看，我们的研发重点是35个被“卡脖子”的行业，确切地说还不能叫行业，应该是我们讲到的像IT、生物技术、医药等，还有船舶建造等，这些都是我们的重点产业。近几年在中美贸易战中，美国专门要打压我们，其重点就是打压我们的重点产业。我们不但要做重点产业，而且要好好地做。我们可以看到，十大产业之后，还有35项重要的技术，也就是大家所熟悉的诸如操作系统、光刻机等。客观来讲，像光刻机这类技术固然重要，但它不是最重要的，最重要的其实是人工智能，它代表未来发展的一个方向。人工智能的发展尤为重要，这个才是我们跟他们在赛道上PK的，这个才是我们要学习的、要发展的，当然最好是这35项重要的技术攻关，我们都能够迎头赶上来。这是一个对关于创新方面的狭义的理解，在这里面还要做好一个特别重要的工作，即产学研用相结合。

在狭义的创新层面上，我们必须做到产学研用相结合。关于产学研用相结合，人们以前似乎听说过，但以前只提到产学研，没有提到“用”，而现在特别强调这个“用”。这就是为什么高校理工类专业教育特别强调新工科的融合。我们总是讲要解决“真实问题”，其实讲的就是要在“用”上下功夫，只有用得上，创新才有成效。所以，产学研用相结合非常重要。产学研用相结合具体到辽宁高校来说，到底谁是主体？究竟是产为主体（或学为主体或研为主体），还是政府为主体？这又是另外一个我们要考虑的问题。从现实情况来看，应该是企业作为主体更合理。企业出题，大家来答题，政府发卷并提供考场。我就是举个简单的例子，这样来打个比喻说明狭义的创新要真正做到产学研用相结合。

那么，什么叫广义的创新呢？广义的创新，就是说在讲到创新的时候，我们一定不要画地为牢，一定不要把创新理解成只是一些科技产业进行的看得见摸得着的创新，它至少还要包括一些规则、规制、管理标准等方面的创新。社会科学及社会方面的创新更为重要，或者说至少和其他创新一样的重要。我举几个例子来加以说明。比如自由贸易试验区，现在全国已经建立了21个自由贸易试验区，辽宁也有一个自由贸易试验区。在这21个自由贸易试验区中，你要做得出彩并不容易。其实很多事情我们都要经过思考和探索，而不只是记住一些所谓的模式或方法，那是浅层次的。比如说自由贸易试验区，各个地方都有一些试点，然后经过一些改革取得一些经验，再进行复制和推广。我去中央部委开会的时候，曾在会上讲过，可复制、可推广固然重要，但一个自由贸易试验区如果要做得好的话，关键是要找出那些不可复制、不可推广的点。要想把一件事做好有时候要反着想，不能顺着想，所以这也是一个创新方式。

我举上面21个自由贸易试验区的例子，主要是想说明，大家如果都采取类似的模式，那么你出彩的地方在哪里。现在做得比较好的自由贸易试验区，比如浙江舟山地区，他们主要做成品业务。北京作为全国的首都，建立了第19个自由贸易试验区。这第19个自由贸易试验区怎么出彩？他们想了一个办法，就是走服务贸易之路，结果真的是杀出一条血路。鉴于此，我们辽宁就必须问自己，辽宁自由贸易试验区路在何方？当然，我们也可以借鉴其他自由贸易试验区的经验。就是对外资实行准入前国民待遇加负面清单管理制度。外资企业可以享受国民待遇，即准入前国民待遇。负面清单的意思就是说原来外资企业来投资的话，有一个正面清单模式，正面清单模式是这样的，有三张单，一张为鼓励类，一张为限制类，还有一张为禁止类，统称为正面清单，然后你对号入座。现在的负面清单只有一张单，上面列出你不可以投资的清单名目，除此之外都可以投资，这叫作负面清单。改革的方向和目标在于哪些方面呢？改革的方向和目标主要在于缩减负面清单的种类和数量，这是改革的大方向。

关于贸易的自由化，我们要做好一线放开、二线管住的工作，推行贸易的自由化。换言之，外面的产品要进入你的自由贸易试验区，就要放开一线即打开国门，但要管住海关。这就是所谓的一线放开、二线管住。

政府部门要做好“放管服”的工作，改善营商环境，即我们所说的“一站式”、零跑腿，让数据多跑腿，让人员少跑腿，这就叫作“一站式”服务。

客观地讲，21个自由贸易试验区现在做得都挺好，当然也还有很大的改进的空间。比如资本项目的放开，允许外资企业来中国开办银行，包括让他们开展银行、保险、证券等金融业务。同时，证券市场也有待进一步放开。我们可以看到，21个自由贸易试验区在金融领域的开放创新均相对比较慢。为什么比较慢？究其原因，我个人的理解是，金融方面的开放与贸易方面的开放是不一样的。贸易方面的开放政策相对比较宽松，比如有的地方可能画一个“圈”做试验园区，如果这个试验园区得不到推广，就可以随时废弃掉。因此，小地方出现了一些小的问题，可能不是问题，而当你把视角放大到全国范围的时候，它就可能成为大问题，所以要比较慎重，这也是自由贸易试验区改革进展缓慢的一个原因。我们现在改革的方向，需要对这四个方面进行进一步的优化和改善。

再比如自由贸易港。比如，海南自由贸易港是2020年6月份国家给海南省批的一个自由贸易港。这个自由贸易港的建设工作分两个阶段：第一阶段是到2025年之前取得一个早期收获；第二阶段是到2035年之前实现全面的开放。那么，在实现早期收获之前，它所做的事情就是我们所讲的除了资本项目及商品市场的开放以外，还有要素市场的开放，比如资本、土地、劳动力等，以此鼓励更多的人去海南工作。其实最重要的阶段是在2025—2035年，这时我们已取得全面收获。所谓全面收获，主要有三个关键词，叫作零关税、低税率、减税制。零关税，所有自由贸易试验区都是这样，没有什么特别的。减税制，我们现在一些地方的征税手续太复杂，我们要把它们整合在一起，用消费税打通，并实施减税制。最核心的、最具有吸引力的就是低税率。我在这里也提一个建议，因为以后东北会更加开放，如果东北有更多优惠政策的话，税收优惠政策应该是举足轻重的。也许目前我们的这种政策不能去覆盖整个辽宁，但即便覆盖沈阳、大连也行。如果能够争取到的话，这将是一个特别好的政策，因为这对吸引高端人才是特别有效的，而且见效快。

政府的职能作用如何才能得到有效发挥？我建议尽量减少审批，加强备案，做到无事不找、有求必应。其中，无事不找，有求必应是关键。其实，现在全国各地政府部门都将此作为一项工作要求，很多地方的营商环境也因此得到明显的改善。比如说，我在沈阳一个政府部门办事情，看到办公区墙上写的两句话特别好，叫作“办事不求人，办事不用求人”“用权不图好处”。那么，如果这两句话都能够真正落地落实的话，我觉得这里的营商环境就会始终处于一种特别好的状态，这也是社会公众所追求的。不只是东北，不只是沈阳，全国各地都应该追求这样一种良好状态。我们现在处处都在追随阳光，包括我们倡导的阳光执法就有这个寓意。很多时候权力是一种信息，而为什么有的人要独享这种信息而不公开？也许是因为掌握了这个信息，我的权力就比你大。所以，我们的改革要向着阳光迈进。回到海南这个话题上，海南特别强调要做好贸易的防走私、防金融诈骗，以及公共卫生的防疫管理。海南就是要打造一个富有活力的制度，在制度、规则、规制方面都在积极进行创新。这个讲的是广义的创新。

当讲到自由贸易港的时候，我们一定不要把它狭义地理解成为港、河港或者是海港，应该打开思路，将它看作是一个空港，特别是在内陆没有沿海或者沿河的地方，空港是很重要的。我去四川成都调研，那个地方的朋友很幽默，说我们成都“苦海无边”。我一开始没听懂，不知道什么叫“苦海无边”，后来才反应过来，“既不靠海也不靠边”。我们辽宁有海有边，还有一些省会城市，特别是有双机场的省会城市，他们可以发展高端的服务业，打造一个自由贸易的空港，这也是改革的一个方向。创新也是改革的逻辑，改革的方向。这是我要讲的关于五大新发展理念中的一个创新点。

关于协调，我们要做好三个方面的工作，也就是说，它涉及行业的协调、城乡的协调和区域的协调。其重要性刚好是反向排序，区域最重要，其次是城乡，然后是行业。为什么行业协调相对不是很重要呢？因为我们有朝阳产业和夕阳产业。所谓朝阳产业或者夕阳产业并不是我们自己定义的，而是社会主义市场经济发展的必然的结果。有的产业过去属于朝阳产业，现在可能成了夕阳产业。我们没必要过多地顾虑这些，应通过不断地调整，与时俱进。

当我们讲到协调的时候，我们的终极目标是什么？我们怎么样知道我们做得好还是不好呢？我们的目标是实现“新四化”，“新四化”是什么？第一是农业现代化，第二是新型的工业化，第三是新型的城镇化，第四是新型的信息化，“新四化”互相融合。当我们讲工业化和城镇化的时候，我们就必须考虑一下，工业化和城镇化的目标是怎么样的？答案是工业化和城镇化协调发展。为什么这么说？因为不这么做便会产生严重的后果。

从这个角度来看，我们可以发现这样的一个问题：工业化靠前而城镇化滞后并不利于地区经济发展。其实，我国很多地区包括东部沿海部分城市已经出现了这种情况。这些地区或城市的工业化的确走在了前面，但城镇化的脚步跟不上，这样会导致劳动力需求旺盛而实际用人不足。因为这些地方工业化发达，很多工厂需要人，但没有更多的劳动力来源。缺少劳动力会导致怎样的后果呢？如果你学过经济学就会知道，需求过旺，供给不足，大家的工资就会上涨。工资上涨，企业的利润就会下降，企业的利润下降，那么这个企业就很难持续发展下去，企业不能持续的发展政府就没有利税，这对地方经济发展很不利。因此，我们特别强调工业化与城镇化发展要相互协调。

认识到这一点，我们应该怎么做呢？我们国家曾制定了五大城市群的建设规划，我们现在叫作九大城市群或者直接叫作城市群计划。比如，五大城市群规划建设期间，当时国家的战略部署是这样的，着力促进粤港澳大湾区、长三角、京津冀，还有成渝（成都和重庆）及长江中游城市群等五大城市群建设发展。客观地讲，中国经济发展最好的三大地方就是粤港澳大湾区、长三角和京津冀。如果我们看夜晚灯光图的话，就会发现中国这三个地方晚上的灯光是连在一块儿的。夜间灯火通明，说明这个地方经济状况好，所以才有这么亮的灯光和车水马龙的景象。应该说，粤港澳大湾区的经济社会发展得很好，而广东的问题在于只有处于粤港澳大湾区的地方发展得较好，粤东、粤西、粤北都还不太行。长三角地区本身历史条件就很好，它现在又打造了一个“前店后厂”的模式，它的“后厂”甚至延伸到了安徽马鞍山一带。

然后我们再看京津冀，京津冀结合得也很好，但是只有北三线还有点暗，所以未来的发展可能将北三线融入这里面去。成渝（成都和重庆）城市群，重庆其实很难向外扩，所以成渝城市群还是处于初级阶段。同样处于初级阶段的还有长江中游城市群，像武汉、长沙和南昌其实就是孤立的三个点，三足鼎立。

二线城市群，我们从北部说起。辽中南城市群就位于沈阳、大连之间，如果再往北延伸还有一个哈长城市群，距离哈尔滨、长春并不远，所以北部的城市群发展很有希望，或者说最有希望的是辽中南城市群。山东半岛城市群发展得也不错。中原城市群中郑州和亳州城市群现在也发展得不错。再往南就是海峡西岸城市群，比如福州、厦门、泉州连在一起的海峡西岸城市群。其实，很多二线城市群并不比一线城市群差，现在是一个百舸争流的时代，大的政策框架就是这样子，然后各地方政府要八仙过海，各显神通，这是一个发展的必然趋势。

我们接着讲“城市群”。我们看今年的政府工作报告，与2022年、2021年、2020年的政府工作报告的提法又有区别。在此之前，我们称“城市群”，从去年开始我们又称“城镇群”，一字之差，反映两种不同的方式。中国是走大国大城的道路，还是走大国小城的道路，这是不一样的。我们中国这个大国集中抱团取暖，是走刚才所讲的城市化道路，还是走城镇群的道路，我的理解是，在力量不足的时候，我们集中取暖，然后等到力量足够强大之后，我们又可以各个方向四面开花。好像我们的学校一样，我们现在先专攻应用经济学学科，等到我们将经济学学科做大做强之后，我们就可以外溢到其他学科，并不仅限于经济学学科，这就是一样的道理。

因此我们可以看到，国家从去年开始特别强调，中国的县域经济是我国的主体经济。中国有2000多个县，要把县域经济做大，我们就要严禁撤县设区，这个要明确。我只是举个例子，我也没有其他途径，我跟大家一样学习党的二十大报告，一个一个文件认真地学习，这样就可以慢慢地学到很多知识。

我们接着讲。我们还讲到“新四化”的另外一个信息化，怎么理解信息化？很显然信息化是给工业化和城镇化赋能的。工业化即推进5G、AI的发展，城镇化即推进智慧城市建设，所以这就是我们的一个蓝图，而且我们也正是这么做的。因此，我们提出区域协调、城乡协调战略，我刚刚还没讲城乡协调，城乡协调现在做得也比较好，现在城乡的收入差距已经下降了。2007年城乡收入差距曾经达到顶端，城乡收入差距为3.7倍，现在为2.7倍。这就非常好，我们的目标是达到两倍，两倍的城乡收入差距是比较正常的，两倍的城乡收入差距是相对比较小的。

五大新发展理念的又一个重点——绿色。中国一直倡导走绿色可持续发展道路。我们提出共同承担分别负担。中国不只是这样说，而且一直身体力行地在这样做。具体来讲，我们是世界公约与国际协议的坚定的支持者和参与者。比如说《联合国气候变化框架公约》（UNFCCC）是环境保护公约，我们是缔约国；我们坚定地支持《京都议定书》和《巴黎协定》。中国在整个绿色发展中秉持共同承担和分别负担的基本原则，具体来讲有两个原则：一个是碳排放可累积。可累积的意思是什么？比如说，某个国家排放二氧化碳多，不意味着这个国家必须马上为碳排放负有更大的责任，它今天的排放量超限，对整个环境的破坏比较严重，但冰冻三尺非一日之寒，它是一个长期累积的过程。在工业革命以前碳排放是不需要计算的，因为工业革命以前蒸汽机基本上没有用于生产，所以基本上没有碳排放。那么，工业革命从什么时候算起呢？当然不能说从纺织机算起。现在大家公认的说法应该是从1871年德国统一之后开始算起，再根据各个国家排放二氧化碳的程度来界定各国承担责任大小的比重。这么算下来是多少？美国是25%，中国是9%，日本是5%，三个比较大的碳排放国家是这样分别负担的，多排放的国家还应该给少排放的国家一定的补偿。简单地讲，就是这个意思。另一个是人均排放。人均排放的意思是，不能说中国10多亿人口，我们需要负担的与1000万人口国家需要负担的一样。我们人多当然排放就多，即使人均排放得很少，也要以人均的概念来衡量。这两个概念是中国首先正式提出来的，目前也得到了国际社会的承认，这个就是全球气候变化与环境保护的共识。

中国对碳达峰和碳中和有一个承诺，即在2030年前实现碳达峰，在2060年前实现碳中和。2030年实现碳达峰可能没什么难的，难的是2060年要实现碳中和。碳中和与植树造林有一定的关系，大面积进行植树造林会吸收大量二氧化碳，能够促进实现碳中和。但从碳排放到碳中和需要一个比较长的过程，所以难度在于从碳达峰到碳中和留给我们的时间只有30年。从以往的经验来看，一般发达国家都要用50年到70年的时间才能实现碳中和，所以我们这30年时间就显得特别紧迫。我们应该怎么办呢？“十四五”规划中特别强调的一点，就是要努力提升非化石能源占一次能源消费的比重。那么，什么是非化石能源？比如说，化石能源是煤、石油、天然气等不可再生能源，非化石能源就是水电、核电、风电等可再生能源。要不断提高这类能源在人们生产与生活中的消费比重。我们的目标是2030年将非化石能源占一次能源消费的比重提高到25%。2019年我国提出这个目标的时候，非化石能源占一次能源消费的比重为15%，我们将目标定在2030年提高到25%，确实是任重而道远。我们现在的15%是怎样构成的呢？分别是水电8%、核电2.7%，其他可再生能源4.3%，加起来就是15%。这15%的数值处于全球一个什么样的位置？跟世界其他国家差不多，基本上都在15%~16%，美国大体也是如此。2030年将目标提高到25%，这个难度就比较大了。当然，我们2022年较好地实现了预期目标，已经达到约19.7%，应该说还是有长足的进步。

我们接下来还需要做些什么呢？根据党的二十大报告指示精神，我们就是要大力发展绿色产业，保护好生态环境，目标就是要持续降低化石能源消费的比重。首先要把煤炭这类能源的消费比重降下来，大力发展风能或者水电等可再生能源。党的二十大报告讲得非常清楚，能源产业要先立后破，把新的先建立起来，然后再破除老旧的。因为我们现在的生产生活都需要大量的能源，如果急着把传统的化石能源给破掉了，而新能源又没有及时培育建设起来，就会出问题。因此，我们一定要先立后破，要因地制宜。不同地方采取不同的方式，比如说，松辽地区的清洁能源基地，尽可能采用风能，因为它靠近内蒙古，风能资源丰富；而在东部沿海地区，可以考虑采用核能，因为有大型核电站；大西北地区主要可以利用风能和太阳能。各个地方情况不一样，利用能源资源的方式也应有所不同。这就是对于绿色发展理念的一个思考和解读。

我们再来看共享，其实共享也包括三个方面的内容：第一个方面是脱贫攻坚，第二个方面是乡村振兴，第三个方面是共同富裕。这些都是蓝图规划，这不是随便说说的，也不是喊喊口号的，而是我们实实在在地在做。比如说第一个方面的脱贫攻坚，我们现在的国门已经打开，外国人来到中国，你们的长居国外的同学也回来了，你对他们说我对中国经济充满信心，外国人可能会问你为什么对中国经济充满信心。你会告诉他们中国经济的原动力在哪里，对不对？你说中国经济表现很好，他说表现好在什么地方，你说我们是全球第二大经济体，这很好。除了这个，你还能说出第二个成就吗？请注意我用的是“成就”而不是“成绩”。第二个成就是什么？第二个成就就是脱贫攻坚的伟大成就。对，一个词为“成就”，一个词为“伟大”。因为我们是在全球这么多个国家中，唯一能够把脱贫攻坚做成的一个伟大国家。我们在开国际脱贫会议、减贫会议时，其他发展中国家的同行特别羡慕我们中国，他们是真心羡慕。我举个例子，2013年、2014年我还在北京的时候，请一位英国的教授来中国，我跟他说中国是最大的发展中国家，他非常严肃地告诉我说中国不是发展中国家，我问他为什么这么说。他说，你看看你们的机场，比我们英国的希思罗机场好多了。的确如此，当然这个讲的只是城市跟城市的对比。

我觉得取得脱贫攻坚的伟大成就真的是非常不容易，我们在2021年实现了脱贫攻坚的胜利，在2015年的时候，事实上我们还有5500万的贫困人口。世界银行对绝对贫困线的一个划分标准，就是如果每人每天的消费在1.9美元以下的话，那么就叫作绝对贫困，每人每天的消费在3美元以下就叫作相对贫困。我们是在1.9美元和3美元之间，我们现在说我们已经脱离了绝对贫困。我们可以看到当时中国的减贫曲线是一条非常陡的线，换言之，中国在早期阶段，当人均收入达到5000美元之前，这个线是特别陡的，也就是说减贫速度特别快，然后达到了5000美元，我们现在的人均收入是11000美元。这段线就比较平，意思就是说最后的这个阶段是最难的，所以可以看到在5000美元到1万美元之间的时候，我们的速度就特别慢。为什么特别慢呢？因为原来可以通过大水漫灌的方式使比较容易脱贫的人脱贫，但最后到了精准脱贫的时候就显得特别难。

我举个例子。有一户人家住在山上，他们不愿意下山，这就是没脱贫。这种情况怎么办？这就是最难的地方，当然我只是举一个极端的例子来说明这一点，说明脱贫是多么不容易，我们需要精准脱贫。为什么我们的脱贫攻坚能成功？这真的是我们的举国体制的优势，就是因为我们党有两件法宝。一件法宝叫作五级书记制度，第一书记挂帅。五级书记制度就是每个人都签责任书，一个一个地落实。我们和外国人一起开会的时候，外国人特别羡慕我们，但是他们学不来，因为他们的政府没有这么强的执行力，不能真正做到纵向到底、横向到边。所以，我们的举国体制优势就体现在这儿，而且体现得淋漓尽致。另一件法宝叫作对口帮扶。我特别自豪，我以前在北大国发院做书记的时候，我们国发院是北大唯一一个被评为脱贫攻坚先进机构的院系。因此，2021年，我去了人民大会堂聆听习近平总书记的讲话。那时大家都非常激动。其实我们并没做什么，我们只是对口支援了云南的一个最贫困的村，我们找各种各样的资源去支援那个村。所以，这就是我们的一个法宝，这是脱贫攻坚的第一阶段。

脱贫攻坚胜利之后，我们走的第二步叫作乡村振兴。我们现在的主要任务是什么？我们现在的主要任务就是防止规模性的返贫，请注意是防止返贫，而且还是防止大规模的规模性的返贫。也就是说，我们不能好不容易在2021年脱贫之后，2023年又回到原来的贫困状态，这个是绝对不行的。这要怎么办？答案是，我们要通过乡村振兴来达到目的。怎么样实现乡村振兴？我们通过什么方式、通过什么渠道来实现乡村振兴？我们的政策建议就是应该通过产业的发展来助力乡村振兴。刚刚我们讲的是现在大的国际形势，我们再来看国内的经济形势。我们可以看到我国沿海地区劳动力成本已经在上涨了，相对于越南、缅甸、柬埔寨这样的国家，我们沿海地区的劳动力成本没有任何的比较优势。因为成本高，你的生产率比孟加拉国高2倍，但你的工资比人家高4倍，请问你的比较优势在哪里？这样看你是没有比较优势的，对不对？

所以怎么办？有两个办法。劳动密集型的产业是不以人的意志为转移，是一定会转移出去的，这是大势所趋。就好像当时从一个全球发展的角度看，以前的劳动密集型产业从海外转到中国一样，再假以时日的话，劳动密集型产业一定会转移到东盟国家和非洲国家的，对吧？这是劳动密集型产业的必然趋势。当然这并不意味着说我们就没有希望，最关键的，我们要学习和借鉴广东各地“腾笼换鸟”的做法，这是我们应该做的事情。

另外，还有一些资本密集型的产业也在逐步向外移动。刚才讲的两句话，第一句话叫作劳动密集型产业向外转移，是不以人的意志为转移，这是趋势。第二句话是资本密集型的产业是不会转移出去的，请大家不要担心。为什么？因为资本密集型的产业，顾名思义它的投入中主要以资本为主，而不是以人工为主。因此，资本密集型产业最重要的是看这个行业有没有全产业链的配套，东盟国家或者其他国家有心无力，他们当然想有，但没有，所以这就是我们全产业链的优势。之前讲的资本密集型产业将会逐步向东北、中部以及西北各个地方转移，这是东北振兴的一个发力点。我们刚好有全产业链，我来到辽宁之后，我最大的收获是一种感受，前段时间大家可能已经看到我的关于“投资不过山海关”的评论，大家都很关注。其实我做的只是一个普通的访谈，没想到竟然有9000多万的阅读量。这说明了什么？说明大家都在关注东北，都在关注东北的振兴。

东北是大家都在关心的一个地方，我觉得我来到东北之后，我感受最深的就是“投资不过山海关”这句话就是对东北投资环境的一个最大的伤害。当然冰冻三尺非一日之寒，可能以前的确有这么一个状态的时候，但是我们现在正在做很大的改善。我们现在怎么样讲好东北的故事？我想来想去，用一句话来概括：“东北是个好地方！”为什么这么讲？其实东北的产业布局非常完整，它的交通设施也非常完善，是全国最好的地方。我们说东北有很多资源型城市，但东北的资源型城市跟某些省份是有区别的。某些省份可能只有一种资源煤或者铁，因为开发得多所以卖得便宜，以后难开采的话就没办法卖了，所以它的经济指标就下去了。而东北不是这样，东北具有各种资源，所以它不存在这种经济结构失衡的先天不足，所以是完全可以调整好的。因此，在这种情况之下，工业基础较好的东北大量地承接由东部沿海地区转移过来的资本密集型产业是有可能的。其实不只是东北，中部、西部也是一样，通过产业的转移、产业的发展来解决就业的问题，实现乡村振兴，授人以鱼不如授人以渔，讲的就是这个道理。

这个是我们讲的第二个方面即乡村振兴，我们现在共享的第三个方面即共同富裕。关于共同富裕，我再强调几点，共同富裕除了刚才讲的那些内容以外，还有一点，共同富裕的重点在于形成一个正态分布，正态分布在学术上被称作正态橄榄型分布。橄榄型是什么意思？两头小中间大。换言之，可以用六个字表述："提低、扩中、调高"，即提高低收入群体的收入，扩大中等收入的比重，调节高收入的比重。所以，这才是重点，其核心内容是扩中，即扩大中等收入群体。当然对东北地区来讲"提低"是非常重要的，所以我们要提高低收入群体的比重，对很多地方来说主要是扩大中等收入群体的比重。怎么扩大？等会儿我们讲到新发展格局的时候我再讲这个问题。所以，这个是我们的目标，我们的目标当然是实现共同富裕，这个是没有任何问题的。

最后跟大家讲五大新发展理念的开放。我们要对全球所面临的格局有一个经典的判断，有一个正确的判断。我们现在是不是处在一个全球化的进程中？是有是的应对方法，不是有不是的应对方法，但关键的是要做研判，即到底是不是全球化。这是非常清楚的，我们现在依然处在全球化的时代。为什么说我们依然处在一个全球化的时代？这是因为全球化的基本特征还存在。全球化有什么特征？判断是不是全球化，我们就看两个现象是否存在。这两个现象就是我们的产品有没有出现地区的专业化和贸易的多边化。地区的专业化，比如华为或者是iPhone，它的产品是不是有很多零部件？每个零部件是不是由不同的地方来生产？如果是的话就是地区的专业化，汽车也是一样。然后找到一个地方，不管是中国也好，柬埔寨也好，缅甸也好，把它加工包装成为一个成品卖到全球去。如果这两个特征依然作为一种广泛的存在的话，就意味着全球化作为一个基本的态势依然存在。我们看到美国或者其他一些国家，他们推行的贸易保护主义、贸易单边主义、贸易的霸凌行径，在某种程度上加大了贸易的成本，但并没有从根本上改变这个基本的格局，因此贸易的全球化依然存在。这是我要讲的很重要的一点，即贸易的全球化依然存在。

贸易的全球化依然存在，但我们同时也要看贸易的表现形式。现在全球贸易表现形式发生了深刻的变化，这体现在以前主要依靠以世界贸易组织（WTO）为核心的多边经贸合作的架构，现在多边经贸合作已经逐步让位给区域经贸合作。为什么会有这种变化？最核心的原因是WTO作为一个解决多边争端的机构，现在已经举步维艰，作用锐减。为什么这么讲？WTO比它的前身关贸总协定好的原因是它有一个机构，即争端解决委员会，比如委内瑞拉认为受到了美国的欺负，它可以去WTO告美国，说他这么做的话违反了WTO的规定，WTO的争端解决委员会收到告状之后，有义务在18个月内作出裁决，错的一方就得被罚关税，或者说赢的一方可以合理地征收高关税。这个机制很好，使得世界贸易稳定了很多年，全球化也因此得到特别好的推进。WTO的争端解决委员会有七名法官，裁决一个案件至少需要三名法官把关。由于美国的阻挠，WTO的争端解决委员会无法开启法官的“纳新”工作。美国不同意任命四个法官。为什么不同意？他说你要任命的话，就必须按照我的方案来改革，他的方案肯定是有损中国和其他发展中国家的，所以这个问题就一直搁浅下来。因此，现在只有三名法官。本来有三名法官也勉强能够维持，但问题是这三名法官中又有两个人已经做满两届，按照规定不能再做了，所以WTO现在只能处理那些老的案件。其实现在老的案件也处理得差不多了，但是不能接新的案件。这是从什么时候开始的？2019年12月11日。现在三年已经过去了，美国还是继续阻挠WTO的正常工作，所以基本上WTO的工作已经搁浅。搁浅之后大家怎么办？大家的做法是主要跟有关的几个重要的贸易伙伴进行协商，只要协商好了就可以了。因此，区域贸易协议如火如荼，这也是你在报纸上天天能看到《区域全面经济伙伴关系协定》（RCEP）、《全面与进步跨太平洋伙伴关系协定》（CPTPP）的原因。为什么之前你没看到而现在总能看到？就是这样的原因，这样的背景。因此，区域经贸合作就是在这样的大背景下如火如荼地展开了。

所以从全球的经贸格局上来讲，现在已经形成一个三足鼎立的状态。在中国加入世界贸易组织之前是两翼并行，即在2000年之前两翼并行，一个是以美国为中心节点的亚太经贸区（美国有两个最重要的核心的贸易伙伴是加拿大和墨西哥，之后延伸到日本、延伸到韩国），另外一个是以德国为中心节点的欧盟区，两翼并行。现在是三足鼎立，原来欧盟区还是欧盟区，但是现在亚太经贸区分成两块：一个是以美国为中心，因为《北美自由贸易协定》（MCA）就是特朗普搞的更新版的北美自贸区；另外一个就是因为《区域全面经济伙伴关系协定》（RCEP）的签署，事实上形成了一个以中国为中心节点的亚太经贸区。这就形成了三足鼎立，这是一个基本态势。我们说三足鼎立，并不是说三者是割裂的，三者实际上在寻求着彼此的联系。比如说亚太经济圈与北美自贸区正在谈判的一个协定，叫作CPTPP，即《全面与进步跨太平洋伙伴关系协定》。再比如说北美区跟欧盟区，他们的协定叫作TTIP，即《跨大西洋贸易投资与伙伴关系协定》。欧盟区跟中国区正在谈判的一个协定，大家也听说过，即《中欧全面投资协定》，所以它是这么一种三足鼎立的态势。三足鼎立态势并不能说三者是完全分裂的，而是三者正在寻求彼此更密切的联系，这正是我们的开放的格局。

现在只剩下20多分钟，我再跟大家讲讲新发展格局。言简意赅，新发展格局就是我们要做好双循环的工作。新发展格局有两句话最重要：我们的目标是形成一个充分发挥我国超大规模的市场优势和内需潜力，构建双循环为主体的新发展格局。两句话都重要，特别是前面这句话。对于“双循环”，大家听了很多，其实忽略了前面那句话，“构建一个超大规模的市场优势”“挖掘内需潜力”。比如说，我们为什么看好中国经济？以前你可以说因为中国劳动力成本比较便宜，现在已经不再便宜，对不对？你说你的核心竞争力在什么地方？千言万语，归根结底是能不能形成一个统一的国内大市场，然后充分发挥统一大市场的好处。比如说欧盟，其实单个国家的经济无足轻重，为什么他们抱团取暖之后就很厉害？就是因为他们形成了一个区域的统一大市场，这也正是我们要做的。因此，我认为工作虽然千头万绪，但重中之重，我们以后的对内改革就是要构建国内统一大市场，这是最终的工作，没有之一，一定要构建国内统一大市场。

接下来就说我们怎么样来构建国内统一大市场？其实可以从三个方面来展开。第一个方面是通过公开、公正、公平的原则推进社会主义的市场经济建设，完成要素市场的改革。这里面就涉及“两个毫不动摇”。一方面，我们要毫不动摇做大做强国有经济。我们的国有企业要昂起头来，全球任何一个国家，包括美国、德国、法国都有国有经济，有一些产业就必须靠国有经济，比如说水，比如说电，它的成本由一个企业做，就比由两个企业做成本要低。像这种企业我们就是要靠国有经济，因此我们要充分发挥国有经济的作用。做大做强国有经济，可以充分地实现国有经济的控制力、影响力、创新力，这是最重要的“三力”。另一方面，我们也要毫不动摇地做大做强民营经济，因为我们原来称民营经济为有益的补充，现在民营经济是国民经济重要的组成部分，这是不一样的定位。

大家也知道，有人说我们现在这段时间是“国进民退”，你就得问一下真的是这样子吗？数据是最好的证明，我们明明是“国退民进”，为什么这么说？因为在2001年的时候，中国的国有经济占了全国经济的2/3，现在占了1/2，2/3降到1/2，你为什么还说是“国进民退”？所以，我们明明是“国退民进”。这便意味着民营经济已经越做越大而且也非常重要了。有一个著名的“56789”现象，不知道大家听过没有？民营经济占了中国GDP的50%，占了税收的60%，占了创新的70%，占了就业的80%，占了企业数量的90%，这就是“56789”现象。我们现在1.3亿的市场主体，90%是民营经济，所以这也就说明了民营经济的重要性。

怎样才能更好地做好民营经济？那就是“两个毫不动摇”“两个健康发展”。一个是使民营经济更好地发展，另外一个是保护民营企业家的利益。在这里我们言简意赅地讲，对民营企业来说，最重要的一点是需要保证各种要素价格的均等。比如说土地，国企和民企拿地的价格一样吗？比如说贷款，民企和国企贷款是一样的吗？这就是我们要保证要素价格的均等。东北经济的发展尤为重要的是发展民营经济，当然一定要做大做强国有经济，这是毫不动摇的。做大做强国有经济有利于整个国家的发展，但从东北经济的发展角度来讲，我认为发展民营经济也一样重要。比如说，社会主义先行示范区在哪个省？在浙江省。为什么不在江苏省？不在其他省份？因为浙江的民营经济做得最好，藏富于民做得最好，所以我们可以看到浙江财税收入肯定比江苏高。这也给我们的发展提供了一个方向，这是第一点。

第二点就是我们要以改善营商环境来推进投资的便利化，以构建全面开放新格局来推进贸易的自由化。我们的重点工作是要实现六稳，我们的六稳非常重要。大家知道六稳是什么吗？六稳并不是一个简单的排列关系，而是一个层层递进的关系，这是我个人的理解。我们的起点是稳预期。稳预期是什么意思呢？稳预期有两层意思，第一层意思是指我们现在正处于百年未有之大变局，也就是说全球各个国家的经济状况都很难，我们去看国际货币基金组织（IMF）发布的数据，就知道中国其实在里面已经是最好的了，或者说是最好之一。比如说今年IMF上调了中国经济增长预期，去年年底是4.4%，2023年中国经济增速，现在上调至5.2%。世界都对我们这么有信心，在国内却有很多人在唱空，这是不对的。

刚才讲到我们的稳预期的第一层意思是我们现在正处于一个百年未有之大变局。第二层意思是说我们对未来经济充满信心。马克思讲过，经济危机总会到来。如果资本主义的经济危机总会到来，那么这一危机就会变成世界性的经济危机（因为现在很多国家实行的是资本主义制度），也就是说世界经济危机总会到来。关键是它什么时候会来？上次是2008年，那么下次会是什么时候呢？我们怎样来缓解它到来的时间，并化解它可能带来的危险、风险和危机？第二层意思就是我们要对经济有信心。如果大家对中国经济充满信心的话，很多事情都可以在发展中解决。

所以，我所讲的稳预期就是这个意思。那么，稳预期的最终目标是什么呢？它的最终目标就是稳就业。所有的一切都必须建立在稳就业的基础上，我们的经济才能发展。那么，怎样实现稳就业？这就要提到“四稳”，也就是说我们所说的稳外资、稳外贸、稳投资、稳金融，这是方式和手段。我们具体该怎么做？国务院办公厅印发了《关于做好跨周期调节进一步稳外贸的意见》（国办发〔2021〕57号）。这个文件特别重要，15条具体措施助力外贸发展，比如说出口信用担保，还有对外加工贸易的转型升级，设立加工贸易基金，等等。

下面，我们接着讲做好内循环的第二点，即改善营商环境。改善营商环境对全国都很重要，但对东北特别重要。我们需要通过“三化”来改善营商环境，也就是说要通过市场化、法治化和国际化来改善营销环境。对东北来讲，毫无疑问，当然是通过法治化改善营销环境最为重要。法治化就是要做到有法可依，有法必依，执法必严，这是一个目标。接着我们来讲怎样来实现营商环境的改善。我觉得最主要的是阳光化。另外，数字经济也是可以真正提升营商环境的，比如以前我们得去银行办业务，现在就可以不去银行也能办理业务了，这就是提升了营商环境。

我们接下来讲内循环的第三点，即构建国内统一大市场，我觉得这一点特别重要。我们的目标是统一各种要素来形成一个统一大市场。比如说资金、劳力、土地，还有能源，再加上数据，这五大要素形成一个统一大市场。统一是什么意思？统一不是计划的意思，统一是一个自由流动的意思。所以，我们的目标就是要打破阻拦，使它自由流动，进而最终形成商品和服务的统一，形成内外贸产品的“三同”，即同质同量同标。这是什么意思呢？比如说大家去国外买衣服，是不是发现同样一个品牌，国外卖的比中国卖的更便宜，质量更好？为什么会出现这种情况？因为它的产品在国外要跟其他品牌竞争，如果不便宜点不好一点的话，怎么竞争？我们的目标就是内外贸易产品要“三同”，即同条生产线，同等质量，同一个标准。

那么，如何构建国内统一大市场？构建国内统一大市场的重要路径就是要通过降低贸易成本，废除贸易壁垒，并降低各种交易成本。再有，怎样保障构建国内统一大市场？这就需要市场监管机构真正做到我刚才所讲的有法可依，有法必依，执法必严。市场监管机构就是构建国内统一大市场的保障。还有就是拉动内需，怎样来拉动内需？构建国内统一大市场需要拉动内需，我们必须通过制定积极的宏观政策来拉动内需。拉动内需是一个老话题，但其实是最不容易实现的，为什么？我们必须提升老百姓的恒久收入。那么问题又来了，我们怎样提升老百姓的恒久收入？我们至少有两个办法，如果要提升老百姓的恒久收入的话，那么首先必须保证就业，如果就业不保的话，再让大家扩大消费，那是不可能的事情。那么，怎样保证就业？我们就必须要创造就业主体，哪些是就业主体？刚才我们讲民营企业是主体。那么，怎么样保民营企业呢？过去的三年，民营企业举步维艰，疫情的冲击使得旅游、运输、酒店、餐饮等产业受到严重冲击。

所以怎么办？我们就必须通过稳健的货币政策来做保障。稳健的货币政策是什么意思呢？过去三年，中国的货币政策第一是服务实体经济，不做大水漫灌，做精准滴灌；第二是保证薄弱环节的产业。疫情之前，一般是大银行贷款给大企业，小银行贷款给小企业，现在最难的是中小企业，杀鸡就必须用牛刀，不管是大银行还是小银行，都要帮助中小企业渡过难关，这就叫作稳健的货币政策。

接下来，我们讲扩大消费还必须要做到的事情就是我们的可支配收入占我们收入的比重要上升，即要提高我们的可支配收入比重。那么，如何提高我们的可支配收入比重？这就要求政府要减税降费。这就出现问题了，我们如果减税降费的话，我们的利税就下降了。我们还要修路，还要修机场……减税降费之后我们政府的钱又不够了，怎么办？是不是会有很大的赤字财政？这就需要积极的财政政策。因为相对其他国家我们的赤字是可控的，而且还是比较稳健的，因此这就是积极的财政政策和稳健的货币政策相结合，以保证收入的可持续发展。

这是我们刚才讲到的关于内循环的问题，我讲了四个方面的内容，第一个是“两个毫不动摇”，第二个是构建国内统一大市场，第三个是投资的便利化和贸易的自由化，第四个是采用积极的宏观政策拉动内需促消费。还有几分钟的时间，我简单讲一下外循环。外循环涉及六个方面的内容：

第一，出口目的地多元化。出口目的地多元化就是说企业不要老是把出口的目标瞄准美国和欧盟，当然欧美市场比较容易做，因为欧美市场比较成熟，但问题是中美关系日趋复杂化，企业如果把所有的鸡蛋放在一个篮子里的话，对企业的转型升级是非常不利的。企业应该积极开拓东南亚市场，千万不要嫌弃它的市场小。这就叫作出口目的地多元化。

第二，扩大进口。我们并不希望有过多的贸易顺差，过多的贸易顺差其实对中国经济也是不利的，因为它是输入型的通货膨胀。中国有很大的国内市场，我们的目标是要扩大进口，因为如果扩大进口的话，我们老百姓会得到高质量的产品，我们的生活质量能够有更多的提升，用经济学的术语来讲叫作提高我们的消费者剩余，提高老百姓的幸福感、获得感、安全感。如果对企业通过降低关税扩大进口的话，便可以降低企业的成本，然后使企业获得更多的利润。

第三，服务贸易。我们特别强调的是我们的服务贸易做得还不够好，因为我们的服务贸易是服务贸易逆差，有大量的逆差，虽然我们不追求过多的顺差，但是过大逆差也是不利的。对于服务贸易，我们有9个字的建议，即扩总量、调结构、树特色，总量要扩大，结构要调整。就像现在的留学教育，中国有多少个家庭的孩子到海外去读书，外国有多少个家庭送孩子到中国读书？这么一比较，我们当然就是服务贸易逆差了。从这个方面说，我们要提升我们的教育水平，日韩留学生固然很重要，但我们还想吸引欧美的同学也来我们这里读书，这个也是我们的一个目标。我再举一个例子，关于“树特色”，为什么韩国的美容业做得那么好，而我们中国的中医产业好像做得不足？我们要找到自己的主导产业，才能够“打”出自己的特色。这就是服务贸易。

第四，企业走出去。中国的企业不只要走出去，还要走进去，走上去。我们现在是全球最大的出口国，也是最大的投资国。那么，“走上去”是什么意思呢？“走上去”的意思是说我们不要一味地到海外去买矿，买铁矿砂，买其他的什么，最重要的是要到美国、到欧盟，我知道很难，但我们必须朝这个方向发展，到那些地方去投资他们的市场。这就是我们要走上去。

第五，要切实推进“一带一路”倡议。我在不同的场合也讲，两条路都重要，海上丝绸之路和陆上丝绸之路都很重要，但陆上丝绸之路的重点是向东而不是向西。因为我很难想象，我们可以鼓励中国的企业去乌克兰投资，或者去阿富汗投资。我们可以把产品卖过去，但我们不可能鼓励企业到那里去投资的，所以这个便是向西。现在中韩的战略友好关系已经提到一个新的高度，这便是向东，我们应加大与日韩之间的合作，这是我的核心观点。陆上丝绸之路重点向东，海上丝绸之路的重点是向北，成功进入RCEP之后，如果要向南发展的话，就是跟中东合作建立自贸区，可以这样做，但作用不大。那么，我们为何不向北跟日韩合作建立自贸区？所以，我一直在推动建立中日韩自贸区。如果海上丝绸之路向北发展，陆上丝绸之路向东发展，那么连接点在什么地方？那就是我们东北。所以我说，如果中日韩自贸区一旦建成的话，辽宁或者东北自然是开放的前沿和桥头堡。正如加入RCEP使得广东很受益一样，中日韩自贸区如果建成的话，东北的对外开放、东北的整个经济就搞活了，我认为这就是辽沈战役中的一个关键的锦州战役。

第六，区域经贸合作。我们说推动CPTPP的签署固然重要，我们可以这么做，但近期内要成功很难，因为这需要11个国家的同意，在短期内要做到是不容易的。有的国家不管你做得多好，他就是反对你，所以你要问一下我们为什么要加入CPTPP？我们不是为了加入而加入，我们加入的目的是使我们的开放达到更高的水平。打蛇打七寸，这些国家中最重要的国家是哪一个呢？在这11个国家中最重要的国家就是日本，因此能够跟日本和韩国建立一个中日韩自贸区的话，我们为什么还要加入CPTPP？这才是曲线救国，这才是弯道超车的真正目的。所以我认为，中国对外经贸合作的重点就是推进中日韩自贸区的合作。

由于时间的关系，请允许我小结一下。我用了将近两个小时的时间跟大家讲授我自己对中国式现代化的思考：我们现在虽然处于百年未有之大变局中，但是中国经济已经进入了一个新的发展阶段，我们要完整准确全面理解和贯彻五大新发展理念，然后以双循环为开局，构建我们的全面统一大市场，构建我们的新发展格局，真正地尽快地实现中国式现代化，实现中华民族的伟大复兴。谢谢大家！

从十个维度看中国式现代化的壮阔前景

在中国共产党带领亿万人民推进现代化建设的漫漫征程中，新时代十年绘就浓墨重彩的篇章，为中国式现代化提供了更为完善的制度保证、更为坚实的物质基础、更为主动的精神力量。

2022年，党的二十大擘画全面建设社会主义现代化国家、以中国式现代化全面推进中华民族伟大复兴的宏伟蓝图。

2023年是全面贯彻落实党的二十大精神的开局之年。习近平总书记在学习贯彻党的二十大精神研讨班开班式上指出："中国式现代化走得通、行得稳，是强国建设、民族复兴的唯一正确道路"，强调推进中国式现代化必须抓好开局之年的工作。

全国两会前夕，新华社记者采访新一届全国人大代表和全国政协委员，大家从十个维度展望中国式现代化的壮阔前景。

品质中国

党的二十大报告指出："高质量发展是全面建设社会主义现代化国家的首要任务。"

"把高质量发展同满足人民美好生活需要紧密结合起来，推动坚持生态优先、推动高质量发展、创造高品质生活有机结合、相得益彰。"习近平总书记强调，走高质量发展之路，就要坚持以人民为中心的发展思想。

正值耕耘时节，神州大地正播撒高质量发展的新“种子”——

广东将推进20个战略性产业集群建设；山东强调绿色低碳、节约集约；吉林计划今年培育国家级、省级专精特新“小巨人”企业共300多家；重庆提出加快培育建设国际消费中心城市，支持“首店经济”“首发经济”发展……

“现代化的中国，必然是高质量发展的中国，必然是高品质的中国。努力做到稳增长与提质量并重，形成高质量发展的强大合力，才能不断筑牢实现中国式现代化的经济基础，夯实民族复兴的物质技术基础。”中共中央党校（国家行政学院）经济学教研部主任韩保江委员说。

最近，一名居住美国的博主在社交媒体感叹：十几年前家里的“中国制造”大多是衣服鞋帽，而现在是无人机和智能电视等。

从“中国制造”到“中国创造”，个体感受变化的背后，是中国发展由“量”向“质”的嬗变。

“推动经济实现质的有效提升和量的合理增长”……从“十四五”规划和2035年远景目标纲要，到党的二十大报告，再到去年的中央经济工作会议，始终锚定“高质量发展”，成为推进中国式现代化的关键之举。

“高质量发展就是要立足新发展阶段，完整准确全面贯彻新发展理念，推动质量变革、效率变革、动力变革。同时加快构建以国内大循环为主体、国内国际双循环相互促进的新发展格局。”辽宁大学校长余淼杰代表说。

新征程上，中国在高质量发展中书写现代化建设的新篇——

全社会研究与试验发展经费投入强度水平在世界主要国家排名中提升到第12位，风电、光伏发电等清洁能源设备生产规模居世界第一，京津冀、粤港澳大湾区、长三角等增长极加快崛起……

深入贯彻创新、协调、绿色、开放、共享的新发展理念，构建高水平社会主义市场经济体制，加快构建以国内大循环为主体、国内国际双循环相互促进的新发展格局……

一个个关键处落子、彼此连接成势，推动形成优势互补高质量发展的经济布局，为中华民族伟大复兴开辟广阔空间。

民建中央副主席周汉民委员说，高质量发展的中国式现代化道路，是人心所向，是时代所需，是大势所趋！

创新中国

党的二十大报告提出，“创新是第一动力”，“坚持创新在我国现代化建设全局中的核心地位”。

习近平总书记指出，加快科技创新是推动高质量发展的需要，是实现人民高品质生活的需要，是构建新发展格局的需要，是顺利开启全面建设社会主义现代化国家新征程的需要。

最近热映的电影《流浪地球2》，既展现天马行空的想象力，也带给观众强烈的真实感。片中的量子计算机、外骨骼机器人等许多科技产品，都是基于现有技术进行合理想象的产物。

中国科幻作家刘慈欣感慨，是中国的现代化进程，让“科幻”离我们更近。

天宫、蛟龙、北斗、天眼、墨子、大飞机……新时代以来，中国科技实力跃上新台阶，进入创新型国家行列，开启建设世界科技强国的新征程。

浩瀚太空，中国空间站已正式开启长期有人驻留模式。中国载人空间站工程正式进入应用与发展阶段，每年将发射2艘载人飞船、1至2艘货运飞船。

新一代载人运载火箭预计2027年前后完成首飞；2030年左右实施“觅音计划”，探测太阳系外是否有适宜人类居住的行星；预计2045年进出空间和空间运输的方式将出现颠覆性变革……

“逐梦太空的成就，见证着我国从航天大国迈向航天强国的奋进足迹，也折射出创新中国的澎湃动能。”中国运载火箭技术研究院院长王小军委员说，科技赋能成为我国高质量发展的显著标志，科技创新成为引领中国式现代化建设的重要动力。

在承载千年大计的“未来之城”雄安，现实中大规模开发建设的同时，“云上雄安”也在同步拔节生长；

在南京紫金山实验室，科研人员围绕6G关键技术集中攻关，不久前创下了6G传输速率全球最高纪录；

远程医疗、智慧物流等新业态蓬勃发展，“无人工厂”24小时不间断生产，工业互联网赋能“中国制造”、产业规模已破万亿元……

“实现高水平科技自立自强，进入创新型国家前列”，这是到2035年我国发展的总体目标之一，距离现在不过十余载。

新征程上，增强创新第一动力，把握人才第一资源，一系列举措已经或即将铺开——

实施基础研究十年规划；加大重要产品和关键核心技术攻关力度；“十四五”期间，全社会研发经费投入年均增长7%以上；全方位为科研人员松绑，拓展科研管理“绿色通道”；《数字中国建设整体布局规划》出炉……

“加快实现高水平科技自立自强，才能把发展的主动权牢牢掌握在自己手中。”30年来专注于铁路钢轨研发的攀钢集团研究院高级工程师邹明代表说，要充分发挥企业创新主体作用，把科技创新这一“最大变量”转变为推进中国式现代化的“最大增量”。

活力中国

“坚持深化改革开放”，这是党的二十大报告展望新征程时提出必须牢牢把握的重大原则之一，报告强调“着力破解深层次体制机制障碍，不断彰显中国特色社会主义制度优势，不断增强社会主义现代化建设的动力和活力”。

受益于河长制推行，村口的绿水青山换新颜；进博会、消博会举办，餐桌上有了更多进口美食；将更多医疗机构纳入医联体，促进优质医疗资源下沉……

“普通人身边具体而细微的变化，彰显深化改革取得的巨大成就，印证了‘改革开放是当代中国发展进步的活力之源’。”“95后”产业工人邹彬代表说，推进中国式现代化，必须坚持以深化改革激发新发展活力。

“数据二十条”发布，构建数据基础制度体系迈出重要一步；全面实行股票发行注册制正式实施……改革向深度挺进，激活资本、数据等要素，正打开经济活力“新阀门”。

新型城镇化建设敲定“十四五”施工图，提出放开放宽除个别超大城市外的落户限制，试行以经常居住地登记户口制度；深化医疗、医保、医药联动改革，“十四五”时期要实现基本养老保险全国统筹……改革有“温度”，社会有活力。

深化“放管服”改革，为市场主体松绑减负；国企改革三年行动收官，新一轮改革蓄势待发；营造公平竞争的市场环境，让国企敢干、民企敢闯、外企敢投……改革广度继续拓展，助力市场主体“青山常在、生机盎然”。

目前，我国市场主体总量已达1.7亿户。

“市场主体特别是民营企业预期和信心问题，不仅事关当前经济，更事关中国式现代化全局，要通过深化改革破除制度壁垒，把‘两个毫不动摇’不折不扣落到实处。”全国政协委员张连起表示。

北京大学光华管理学院教授龚六堂委员表示，无论从供给侧来看，还是从需求侧来讲，我国都具有显著而独特的优势条件。只要不断将改革推向深入，打通制约经济循环的关键堵点，就一定能够为中国式现代化注入不竭的活力和动力。

畅通中国

“十四五”规划和2035年远景目标纲要提出，统筹推进传统基础设施和新型基础设施建设，打造系统完备、高效实用、智能绿色、安全可靠的现代化基础设施体系。

习近平总书记指出，要加强基础设施“硬联通”、制度规则“软联通”，促进陆、海、天、网“四位一体”互联互通。

中国式现代化建设的是畅通中国。

俯瞰神州大地，中国已建成全球最大的高速铁路网、高速公路网、世界级港口群，航空航海通达全球，综合交通网突破600万公里。

2023年1月，伶仃洋，串联珠江东西两岸的世界级跨海工程——深中通道，完成最后一节海底隧道沉管主体浇筑。由32节海底沉管组成的海底隧道，长约6.8公里。

集“桥、岛、隧、水下互通”于一体的深中通道，全长24公里，将于明年建成通车。深圳与中山的车程，将从现在的2小时缩减为约20分钟。

不只南海之滨跨海通道建设繁忙。今年以来，全国各地重大交通项目建设马不停蹄——华北平原，高速公路加快成网；雪域高原，川藏铁路不断延伸……

到2025年，国家综合立体交通网主骨架能力利用率显著提高，实体线网里程达到26万公里左右；到2030年，主骨架基本建成，实体线网里程达到28万公里左右；到2035年，主骨架全面建成，为基本建成交通强国奠定基础。

届时，我们可以来一场“说走就走的旅行”。“全国123出行交通圈”——都市区1小时通勤、城市群2小时通达、全国主要城市3小时覆盖将基本实现。“怒江大峡谷沿岸多个县目前已建成美丽公路。我们交通人一定会全力以赴，为建成交通强国贡献自己的力量。”云南交投集团怒江美丽公路股份有限公司总工程师马健代表说。

我们的交通工具会更聪明。长期致力于交通研究的北京交通大学教授钟章队委员说，我国铁路在智能建造等方面走在前列，也在服务智慧出行、智慧平台建设领域加快探索。到2035年我国的智能列车、智能网联汽车等技术将达到世界先进水平。

我们的快递包裹将跑得更快。“全球123快货物流圈”——国内1天送达、周边国家2天送达、全球主要城市3天送达将基本实现。

今日神州，前所未有的“四横三纵”的国家水网主骨架和大动脉正在勾勒；建成全球电压等级最高、装机规模最大、资源配置能力最强的特大型电网；5G网络加快规模化部署，前瞻布局6G网络技术储备……

畅通中国，四通八达，人享其行、物畅其流！

美丽中国

中国式现代化是人与自然和谐共生的现代化。党的二十大报告提出，尊重自然、顺应自然、保护自然，是全面建设社会主义现代化国家的内在要求。

十四届全国政协新设置了“环境资源界”这一界别，这是全国政协界别30年来的一次重大调整。来自中国气象局的张兴赢委员正是其中一员。

“此次界别调整是应时之举、应有之义。”张兴赢委员说，处理好人与资源环境的关系，是走好中国式现代化道路的一道必答题。

10年来，“绿水青山就是金山银山”已成为全社会的共识和行动，中国探索出一条绿色发展之路。

2022年底，金沙江下游，总装机规模列世界第二的白鹤滩水电站全部机组投产发电。长江干流上的6座巨型梯级水电站“连珠成串”，构成世界最大“清洁能源走廊”。

中国传统“一煤独大”的能源结构正在改变。祖国西北部，成千上万块光伏板逐日追光；辽阔海面上，大风车耸立于碧海蓝天间化风为电……

改变的，不只是能源。

2022年，全国地级及以上城市优良天数比率为86.5%，重污染天数比率首次下降到1%以内，成为全球大气质量改善速度最快的国家；地表水优良水质断面比例已接近发达国家水平。

两年前，云南一群亚洲象的北上及返回之旅，吸引全球网民在线“围观”，让世界看到中国保护野生动物的成果。曾经“濒危”的大熊猫降为“易危”等级，“吉祥鸟”朱鹮初步摆脱灭绝的紧迫风险，“微笑天使”长江江豚追逐嬉戏……

重庆市生态环境局局长余国东是一名“老”委员了。他说，随着环境质量持续改善、人民群众幸福感越来越强，他正在关注如何加强生物多样性保护、高质量推进“无废城市”建设等，瞄准人与自然和谐共生的新课题。

展望未来，站在人与自然和谐共生的高度谋划发展，我们的家园必定愈发美丽可爱。

人们享受更多蓝天白云、清水绿岸、田园风光。到2025年，地级及以上城市细颗粒物（PM2.5）浓度下降10%，地表水Ⅰ-Ⅲ类水体比例达到85%，重污染天气、城市黑臭水体基本消除，土壤污染风险得到有效管控。

人们的生产、生活将更加绿色、更可持续。“十四五”末，单位国内生产总值二氧化碳排放比2020年下降18%，非化石能源消费比重提高到20%左右。

人与自然的关系将更加和谐。到2025年，森林覆盖率达到24.1%，湿地保护率达到55%。到2035年，将基本建成全世界保护规模最大、保护生态类型和生物多样性最丰富、惠及面最广的国家公园体系。

美丽中国的画卷，正在我们手中描绘。

共富中国

中国式现代化是全体人民共同富裕的现代化。党的二十大报告指出："我们坚持把实现人民对美好生活的向往作为现代化建设的出发点和落脚点"。

2023年初，高质量发展建设共同富裕示范区浙江的一组数据引人关注：

2022年，浙江农村居民人均可支配收入37565元，城乡居民收入比从2012年的2.37下降到2022年的1.9。十年间，全国的这一数字从2.88下降到2.45。

"城乡居民收入比倍差越小，城乡贫富差距越小。零点几个百分点的微差别，见证着城乡居民收入的大变化。"中国社科院工业经济研究所党委书记曲永义委员说。

中国式现代化，追求的不只是"富裕"，而是"全体人民共同富裕"。

到2035年，我国发展的总体目标之一，即人的全面发展、全体人民共同富裕取得更为明显的实质性进展。

今天的中国已站上新的起点：7.7亿农村贫困人口摆脱贫困，中等收入群体超过4亿，居民人均可支配收入超3.5万元，10年间翻番。

迈向共富中国，一个更美好的图景正在不断展现——

收入再上新台阶。到2035年，人均国内生产总值达到中等发达国家水平；更多高校和职业院校毕业生、技能型劳动者、农民工收入得到提升；中等收入群体在未来15年超过8亿。

人的发展更全面。到2025年，劳动年龄人口平均受教育年限将提高到11.3年；基本养老保险参保率将提升至95%；到2035年，养老、健康服务产业进一步扩大，更多数字化、智能化图书馆、博物馆将丰富人们生活。

“全面建设社会主义现代化国家，最艰巨最繁重的任务仍然在农村。”习近平总书记强调。今年中央一号文件用大篇幅部署推动乡村产业高质量发展，更多乡村发展有望迎来新模样。

“我眼中的未来乡村，人与自然和谐，人与人也和谐。乡村处处是美景，还可以‘点绿成金’。”浙江省安吉县余村村党支部书记汪玉成代表说，这也是余村努力的方向。

距余村200多公里的浙江省淳安县下姜村，先富起来的“小下姜”正带领周边20多个村子组成的“大下姜”一起努力，共同奔向美好生活。

圆梦共同富裕，需要每个人的勤劳付出。征途漫漫，惟有奋斗。你我勠力同心，一起拼搏，共富中国一定能早日实现！

文明中国

中国式现代化是物质文明和精神文明相协调的现代化。习近平总书记指出，中国式现代化，“深深植根于中华优秀传统文化”，“借鉴吸收一切人类优秀文明成果，代表人类文明进步的发展方向”。

近日，传承中华文明的两项工程，迎来“关键时刻”：

——北京西北五环外，故宫博物院北院区破土动工，预计2025年故宫博物院建院100周年时全面建成，成为集文物展示、修复、保存和文化传播等功能于一体的现代化博物馆。

——《北京中轴线保护管理规划（2022年—2035年）》实

施，首次明确北京中轴线遗产区、缓冲区具体范围边界，标志着北京中轴线申遗保护工作迈上新台阶。

故宫博物院党委书记都海江委员说，故宫北院的建设将“更好传承弘扬中华优秀传统文化，满足人民日益增长的精神文化需求”。

多位代表委员表示，重大文化工程既守护中华文脉，传承灿烂的中华文明，也将镌刻中国式现代化的辉煌。

今日中国，传承厚重的中华优秀传统文化，文化自信正在为实现中华民族伟大复兴提供源源不断的精神动力——

良渚、殷墟等遗址考古取得重要进展，中华文明探源工程、“考古中国”成果丰硕；

中国国家版本馆开馆等重大文化工程护文明之火种，传永续之文脉；

从首届全民阅读大会召开到“时代楷模”不断涌现，文明之光点亮群众生活，引领时代风尚。

全面建设社会主义现代化国家，比以往任何时候都更加需要思想的引领、文化的滋养、精神的支撑。

“坚持把马克思主义基本原理同中国具体实际相结合、同中华优秀传统文化相结合。”当中华优秀传统文化同科学理论相结合，必将在推动中华民族伟大复兴的同时，推动中华文化实现更加繁荣的发展。

新征程上文化建设步履坚实。“到2025年银幕总数超过10万块”“各艺术门类创作活跃，精品迭出，逐步实现从高原到高峰的跨越”……中国人将享受更加充实、更为丰富的精神文化生活。

中国文保机构与多国开展古迹保护修复合作，中国原创电影日益受到外国观众欢迎……中华文明不断走向世界，与其他文明交流互鉴中不断焕发新的生命力。

中国式现代化，展现了不同于西方现代化模式的新图景，是一种全新的人类文明形态。

安全中国

习近平总书记一再强调，必须坚定不移贯彻总体国家安全观，把维护国家安全贯穿党和国家工作各方面全过程，确保国家安全和社会稳定。

党的二十大报告设置专章，部署推进国家安全体系和能力现代化，坚决维护国家安全和社会稳定。

中国式现代化建设的必将是一个安全的中国。

粮稳天下安。2022年，面对疫情、灾情等多重挑战，我国粮食生产再夺丰收，连续8年保持在1.3万亿斤以上。

2023年中央一号文件部署一系列“硬指标”，要求实施新一轮千亿斤粮食产能提升行动。

中国科学院院士钱前代表表示，我国人多地少，粮食增产难度大，保障粮食安全要切实落实“两藏”战略。

藏粮于地。坚决守住18亿亩耕地红线，逐步把15.46亿亩永久基本农田全部建成高标准农田，加强黑土地保护和坡耕地综合治理。

藏粮于技。推动农业关键核心技术攻关，实施种业振兴行动，聚焦提高单产，向科技要产量、要产能。

能源被喻为工业的粮食。中广核集团董事长杨长利委员说，能源安全是国家安全体系和能力现代化的重要组成部分，未来要更加重视。

向高处攀登——海拔4600米，全球最大的水光互补电站柯拉光伏电站火热建设；

向深海进军——我国首个自营超深水大气田“深海一号”二期工程，向5000米的海底挺进；

向自立自强迈进——广东惠州，采用我国自主研发的第三代核电技术“华龙一号”的核电机组进入设备安装高峰期……

一项项重大工程项目不断夯实能源安全基础，为现代化建设加“油”、打“气”、充“电”。

为提升产业链供应链韧性和安全水平，我国持续推进锻长板补短板、稳定工业生产、优化产业布局等工作。

安全，更是每个人实打实的感受。

我国新冠死亡率保持在全球最低水平，创造了人类文明史上人口大国成功走出疫情大流行的奇迹；群众安全感提升至98.62%；长期处于全球命案发案率最低国家行列……

拥有长期安全稳定发展环境的中国，更好统筹发展和安全，有信心、有条件、有能力在推进现代化中，实现高质量发展和高水平安全的良性互动。

开放中国

中国式现代化是走和平发展道路的现代化。习近平总书记指出，要不断扩大高水平对外开放，深度参与全球产业分工和合作，用好国内国际两种资源，拓展中国式现代化的发展空间。

累计开行1410列——2023年首月，被称为“钢铁驼队”的中欧班列实现“加速跑”，实现连续33个月单月开行千列以上，为“一带一路”建设注入新动能。

让东非有了第一条高速公路，让马尔代夫有了第一座跨海大桥……即将迎来10周年的“一带一路”倡议，已成为中国扩大高水平开放、推进现代化进程的鲜明标识。

在德勤中国主席蒋颖委员看来，“一带一路”倡议让全球更广阔地区间实现互联互通，造福了更多国家人民，中国全面实现现代化将让世界受益匪浅。

今日之中国，与世界深度融合——

1分钟，价值约8000万元的货物在中国与世界间吞吐；

1小时，中国对外直接投资约1.12亿元；

1天，价值约33.77亿元的外商投资流入中国……

今日之中国，以更开放胸怀拥抱世界——

新版鼓励外商投资产业目录正式实施，外资准入门槛进一步降低，稳步扩大制度型开放，向世界展示开放诚意；

打造消博会、进博会、广交会、服贸会等国家级“展会矩阵”，与世界分享共赢机遇；

与26个国家和地区签署19个自贸协定，自贸伙伴覆盖多个大洲，深度融入国际市场……

未来的中国，也是世界的中国。

扩大更多优质产品进口；更多中高端制造和现代服务业向外资敞开大门；拓展和深化中外联合科研；破解世界难题中将听到更多中国声音和智慧……

“高水平开放，是中国式现代化的必由之路。”上海社会科学院党委书记权衡代表说，上海举办进博会的外溢效应证明，一个更加开放的中国，既为自身发展注入强劲动力，也为世界带来更多合作共赢机遇。

"中国式现代化不仅为中国未来发展开启众多全新可能性，也将为世界提供新理念、新思维和新目标。"英国著名学者、中国问题专家马丁·雅克说。

奋斗中国

习近平总书记指出："全面建设社会主义现代化国家，必须充分发挥亿万人民的创造伟力。"

开年以来，从南到北的春耕备耕忙，重大工程开工建设，工厂开足马力生产，快递物流加速"奔跑"……各行各业"拼"的精神、"闯"的劲头、"实"的作风，正是推进中国式现代化各项工作应有的样子。

中国式现代化是人口规模巨大的现代化。我国14亿多人口整体迈进现代化社会，规模超过现有发达国家人口的总和，艰巨性和复杂性前所未有。

多位代表委员表示，我们既要稳增长，又要推进绿色转型。我们在一些优势产业领先，但在关系安全发展的一些领域还有短板亟待补齐。这些挑战必须通过接续奋斗解决。

推进中国式现代化是一个探索性事业，许多未知领域需要在探索奋斗中实现赶超。

从青年人的样子，可以看到中国式现代化的样子。

"嫦娥"探月、"天问"探火……逐梦九天的背后，有一群平均年龄不到35岁的年轻人托举"神舟"、牵引"玉兔"、驾驶"祝融"，心有苍穹，目尽星河；

数百万青年学生参与"三下乡"社会实践活动，为巩固脱贫攻坚成果和乡村振兴注入新力量；

杨倩、苏翊鸣、吴易昺……越来越多“95后”“00后”走上世界舞台，展现中国年轻人的奋斗模样……

每个人在自己的岗位上挥洒奋斗，将个人的“小目标”融入党和国家事业的“大蓝图”，为国家发展提供坚实支撑，推动中华民族伟大复兴进入不可逆转的历史进程，也必将让中国式现代化的目标如期实现！

2023年全国两会即将启幕。这次盛会将通过法定程序，将党的主张转化为国家意志，把中国式现代化的宏伟蓝图转化为开局之年的具体奋斗目标。

到2035年，基本实现社会主义现代化；从2035年到本世纪中叶，再奋斗15年，把我国建成富强民主文明和谐美丽的社会主义现代化强国。

向着新的奋斗目标，出发！

来源：新华社　2023年3月1日

记者　熊争艳　王　希　于佳欣　高　敬　王雨萧

从十个维度看2023中国发展新愿景

迈入全面贯彻党的二十大精神的开局之年，即将启幕的全国两会将亮出全年发展新目标，这吸引着全世界期待的目光。

踏上全面建设社会主义现代化国家新征程，以高质量发展绘就未来新图景，这一年的谋划与部署、改革与奋斗、希望与憧憬，都将对中国长远发展影响深远。

全国两会前夕，新华社记者采访新一届全国人大代表和全国政协委员，大家从十个维度畅谈2023年中国发展新愿景。

让经济运行整体好转，实现质的有效提升和量的合理增长

2022年中央经济工作会议在定调2023年经济工作时强调：推动经济运行整体好转，实现质的有效提升和量的合理增长，为全面建设社会主义现代化国家开好局起好步。

全国两会临近，兰州兰石集团有限公司董事长阮英委员更忙了：既要带领企业开足马力赶订单稳增长，又要和新能源新材料行业企业对接合作，还要协调推进兰州环球港项目建设事项。

“之前在疫情下企业也曾面临困难，但通过下决心攻克技术难题，打造高端能源装备，去年新增订单同比增长近五成，今年

势头很好。”阮英说。

开年伊始，伴随疫情防控转段，企业的“忙碌指数”传递经济复苏暖意。1月份制造业采购经理指数重返扩张区间，新增4.9万亿元信贷创单月历史新高，中小企业发展指数止跌回升……一系列经济指标也印证经济景气水平的提升。

我国经济韧性强、潜力大、活力足，长期向好的基本面没有变，资源要素条件可支撑。

在这一背景下，上调，成为近期国际机构对中国经济增长预期不约而同的判断。

联合国报告预测，在2023年世界经济增速将降至1.9%的背景下，中国经济增速将达到4.8%。国际货币基金组织将2023年中国经济增长预期上调至5.2%，高出此前预测值0.8个百分点。

辽宁大学校长余淼杰代表说，我国社会生产生活秩序加快恢复，经济增长内生动力积聚增强。今年经济运行将实现整体好转，增速达到正常水平是大概率事件。

但也要看到，外部挑战带来更多不确定性因素，国内需求收缩、供给冲击、预期转弱三重压力仍然较大，我国发展仍面临诸多两难多难问题。

稳中求进，“质”“量”双升，是今年经济的发展要求。

不久前的地方两会上，各地都设定经济增长目标，多地将“稳增长”和“高质量发展”作为贯穿全年工作部署的关键词。

中国社科院工业经济研究所党委书记曲永义委员说，这充分体现了一种新的发展态势，即强调践行新发展理念，着力从提高全要素生产率来提高GDP成色。

让创新动能更澎湃，推动实现高水平科技自立自强

今年1月31日和2月21日，中共中央政治局的两次集体学习，都强调了“科技自立自强”，分量之重不言而喻——聚焦加快构建新发展格局，强调要加快科技自立自强步伐，解决外国“卡脖子”问题；聚焦加强基础研究，提出要强化基础研究前瞻性、战略性、系统性布局。

科技创新能力是综合国力竞争的重要因素。

3年前，三一重工北京桩机工厂内，800多个工人爬上爬下、油污满身，月产能只有150台桩机。如今，工人只需轻点屏幕，就可指挥机器人包揽大部分的脏累重活。“脱胎换骨”的工厂生产节奏大幅加快，月产能增至300台桩机。

三一重工股份有限公司董事长向文波委员说，三一正大力布局新能源产业，全面推动数智化、电动化和国际化转型。

制造业技术变革事关国家创新力的竞争。

一些端倪背后，趋势性的变化令人瞩目：

——基础研究的源头地位更加凸显，以科技创新开辟发展新领域新赛道。

我国基础研究经费从2012年的499亿元增长到2022年的1951亿元，年均增长近15%，接近全社会研发投入增长速度的2倍，建成了FAST、稳态强磁场、散裂中子源等一批“国之重器”。

2023年，载人空间站转入常态化运营模式，全面推进探月和行星探测工程，长征六号丙运载火箭首飞，加快国产大飞机产业化发展，全面推进6G技术研发……一系列重大创新项目的推进，

将助推中国科技实力从量的积累迈向质的飞跃。

来京前，中国科学院量子信息重点实验室副主任郭国平代表还在埋头加紧测试自主研发生产的量子芯片。他说，当下量子计算已经发展到了性能提升、生态建设、习惯培养、应用拓展并重的阶段。今年两会上，他将围绕高层次量子科技人才体系化培养建言献策，期待出台更多政策助力以量子科技为代表的未来产业跑出“加速度”。

——企业创新主体的地位日渐强化，更多“科里科气”的企业支撑起经济的高质量发展。

我国高新技术企业数量已从2012年的4.9万家增加至33万家，增长5.7倍。2022年企业研发投入占全社会研发投入已超过四分之三。

把企业明确为科技创新的主体，是建设科技强国的必然要求。工信部日前提出，力争到2023年底全国专精特新中小企业超过8万家、“小巨人”企业超过1万家。

——教育、科技、人才的基础性、战略性支撑力日趋明显。

党的二十大提出“教育、科技、人才作为全面建设社会主义现代化国家的基础性、战略性支撑”，并首次进行专章部署。未来加强科教协同和人才工作的三位一体、融会贯通，意味着以教育强、人才强、科技强达到产业强、经济强、国家强。

中国石化集团公司副总工程师韩峰代表认为，科技创新应持续加大高层次、专家级人才引进力度。提高企业与科研机构的关联度，推动创新链、产业链、资金链、人才链深度融合，推动创新要素集聚，为高质量发展提供不竭动力。

让消费引擎担当主力，国内国际双循环更畅通

受疫情影响明显的消费市场如何稳步复苏，备受关注。

消费的后劲，在癸卯年春节可见一斑。国内旅游出游3.08亿人次，揽收快递包裹量超7亿件，春节档电影票房取得影史春节档第二的成绩……

着眼激发内需活力，从中央到地方作出了一系列部署。

2022年中央经济工作会议强调“要把恢复和扩大消费摆在优先位置”，部署支持住房改善、新能源汽车、养老服务等消费。

“2023年实现经济稳增长更多要依靠内需驱动，特别是消费将起到至关重要作用。”上海社会科学院党委书记权衡代表说，随着更多扩内需政策的落地，消费有望早日恢复成为经济增长的主拉动力。

随着当前经济回暖和消费复苏，中国超大市场正释放出对内对外双重强大“磁力”。

春节刚过，大众汽车集团管理董事会主席奥博穆就安排了中国行程，实地走访长春、上海、合肥等地。开年以来，全球高管密集来华，对投资中国市场表现出明显意愿。

作为全球第二大消费市场和第一大货物贸易国，中国是世界经济大循环的关键枢纽。

在德勤中国主席蒋颖委员看来，中国超大规模市场和不断开放的务实举措，是外资看好中国的重要原因。随着消费元气逐步恢复，以及鼓励外资研发中心发展等开放新政策落地，新一年将有更多外企加码投资中国。

让国企民企同发展，激发市场主体释放更强活力

1.7亿，这是市场监管总局最新统计的我国市场主体数量。作为经济运行的细胞，市场主体有活力，经济肌体更健康。

2022年中央经济工作会议释放了一个明确信号：要从制度和法律上把对国企民企平等对待的要求落下来，引导双方通过发挥各自优势，共同为高质量发展贡献力量。

国有企业是经济运行的关键所在。

三年国企改革带来了活力之变、效率之变、气象之变。2022年，中央企业累计实现营业收入39.4万亿元、净利润1.9万亿元，较三年行动启动的2020年分别增长30.03%、35.71%。

日前，新一轮国企改革深化提升行动启动，明确了下一步改革的任务：围绕抓好加快优化国有经济布局结构，增强服务国家战略的功能作用；加快完善中国特色国有企业现代公司治理，真正按市场化机制运营；加快健全有利于国有企业科技创新的体制机制，加快打造创新型国有企业等。

民营企业是推动经济社会发展的重要力量。

“中央释放了鲜明的支持民营企业发展的信号，让我们备受鼓舞。”传化集团董事长徐冠巨代表说，面对新形势新挑战，传化将坚定信心、创新求变，加大对新能源、新材料、生物技术等投资布局，科技投资将保持年增长50%。

多地多部门对民企发展也释放了强有力的支持信号：继续打破各种形式的市场准入不合理限制和隐性壁垒，推动民营企业参与国家重大战略；加大纾困帮扶力度；用好普惠小微贷款支持工具，进一步丰富民营企业融资渠道……

“我们学院今年一份开年调查显示，在疫情防控政策优化调整后，84%的小微经营者表示对今年生意有信心。”北京大学光华管理学院教授周黎安委员说，营造市场化、法治化、国际化的一流营商环境，将有利于广大企业增强长远发展信心，为稳住经济释放更大活力。

让传统基建与新基建双驱动，为经济社会发展筑牢根基

基础设施建设水平攸关国民经济体系整体效能。在大国基建的新规划蓝图上，传统基建与新基建两大板块交相呼应，熠熠生辉。

——传统基建不断夯实、拓展。

亚洲最大海上互通枢纽——杭甬复线高速公路宁波一期项目全面复工，预计年内建成；秦岭深处，西安至十堰高铁陕西商洛段建设正酣；长沙机场改扩建工程T3航站楼施工现场，19台林立的塔吊不停运送着建筑材料……今年以来，一批重大项目建设捷报频传。

剑鱼标讯平台全国项目中标数据分析显示，2023年1月全国项目中标量同比增速达到32.2%的较高水平，9个省份项目中标量同比增速超过50%，交通、能源化工、水利水电等领域中标量同比增速达25%以上。

“全国多地重大项目建设‘加速起跑’，一批既利当前、又利长远的重大基础设施项目建设，助力增强投资对优化供给结构的关键作用，为推动高质量发展提供有力保障。”南方科技大学副校长金李委员说。

贵南高铁，济郑高铁山东段，成兰铁路成都至川主寺段，滇

藏铁路丽江至香格里拉段……一条条有望今年年内开通的铁路，让相邻大中城市间1至4小时、城市群内半小时到两小时的交通圈不再是梦想。2023年，全国铁路预计投产新线3000公里以上，其中高铁2500公里。

——新基建突飞猛进。

去年2月，“东数西算”工程正式全面启动。目前，我国在用的数据中心机架总规模已经超过650万标准机架，服务器规模超过2000万台，算力总规模位居全球第二。

截至2022年底，我国累计建设开通5G基站231万个，实现“县县通5G”“村村通宽带”，已建成全球规模最大、技术领先的网络基础设施，千兆接入能力覆盖所有地级市。工信部表示，引导各地、各企业加快建设投资力度，加快5G、千兆光网的深度覆盖，研究制定算力基础设施发展行动计划，加强工业互联网基础设施建设。

2月27日，中共中央、国务院印发的《数字中国建设整体布局规划》正式对外公布。瞄准到2035年数字中国建设取得重大成就目标，规划提出要“打通数字基础设施大动脉”，加快5G网络与千兆光网协同建设，深入推进IPv6规模部署和应用，推进移动物联网全面发展，大力推进北斗规模应用。

传统基建补短板、强弱项，新基建增后劲、塑优势，大国基建双擎驱动、协同发力，将为实现经济高质量发展筑牢根基。

让绿色成为发展的普遍形态，促进人与自然和谐共生

今年，环境资源界别将首次亮相全国政协大会。

这是全国政协自1993年增设经济界别以来，首次增加新的界

别。新设环境资源界别有80余人，成员包括环境资源领域党政领导干部、生态文明建设领域科研专家、能源资源领域企业负责人等。

党的二十大报告提出，推动经济社会发展绿色化、低碳化是实现高质量发展的关键环节。

国家电网福建省电力有限公司董事长阮前途委员说，当前，在国家发展大局中，“经济-能源-环境”三方关系正在向“绿色产业-清洁能源-碳达峰碳中和”目标同步演化。

——加快培育绿色产业。

梳理地方两会公布的发展蓝图可以发现，各地正加紧布局新能源、新材料等绿色低碳领域，打造节约资源和保护环境的产业结构。

新疆提出，要大力发展新能源新材料等战略性新兴产业集群，大力发展硅基新材料产业；甘肃强调，要大力发展新能源、新材料、先进装备制造业，打造全国重要的清洁能源基地……

在宁夏宁东能源化工基地，一座煤制油的高端产业新城正在崛起。国家能源集团全球单体规模最大的煤制油项目便坐落于此。

“我们每年可煤制油400多万吨，通过数十项节能降耗措施，每年节约原煤40万吨，减少二氧化碳排放近90万吨。”国家能源集团宁夏煤业有限责任公司董事长张胜利代表说，瞄准减碳增效、绿色发展的目标，宁东能源化工基地正在向现代能源经济示范区转型。

——推动能源行业清洁低碳转型。

能源行业碳排放占全社会总量的80%以上，是最大的碳排放源，而电力行业占能源行业碳排放比重超过40%。因此，实现

"双碳"目标，能源是主战场，电力是主力军。

国家能源局表示，我国风电光伏年新增装机1亿千瓦以上、年发电量1万亿千瓦时以上已成为新常态。2023年，要围绕实现碳达峰碳中和目标，积极推动可再生能源重大工程建设。

——倡导绿色消费成为新时尚。

刚刚过去的2022年，新能源汽车产销量分别完成705.8万辆和688.7万辆，同比增长均超过90%。

值得关注的是，"大力倡导绿色低碳消费"被写入中共中央、国务院印发的《扩大内需战略规划纲要（2022—2035年）》，从积极发展绿色低碳消费市场和倡导节约集约的绿色生活方式两方面进行全面规划。

加快绿色转型，推动绿色消费，促进绿色发展，这不仅是中国对实现"双碳"目标的有力实践，更是一个发展中大国着眼长远发展的责任和担当。

让区域发展更加协调，开辟中国发展新空间

推进高质量发展，亟待破解的一个难题就是发展的不平衡不充分问题。

"区域协调发展不是要求各地区实现发展模式和发展水平的整齐划一，而是要根据各地区的资源禀赋条件，走合理分工、优势互补的路子，在发展中促进相对平衡。"上海交通大学安泰经济与管理学院特聘教授陆铭委员说。

打开中国经济发展版图，新一轮的谋划布局正在铺展：

——以京津冀、长三角、粤港澳大湾区为龙头，打造引领高质量发展的第一梯队。

京津冀协同发展9年来，交出一份沉甸甸的成绩单。2022年，北京、天津、河北经济总量突破10万亿元，区域整体实力迈上新台阶，高质量发展蹄疾步稳。

中国中化、中国华能总部开工建设，中矿集团完成选址，雄安新区城市建设“四大体系”基本形成……随着雄安新区“拔节生长”，疏解北京非首都功能、推进京津冀协同发展的历史性工程正从蓝图一步步变为现实。

东部，《长三角生态绿色一体化发展示范区国土空间总体规划（2021—2035年）》刚刚获批，成为党的二十大以后全国首个获批实施的跨省域国土空间规划。横跨沪苏浙皖的长三角地区，正以“不搞集中成片、大规模、高强度开发建设”的绿色低碳发展决心，在新征程上为推进高质量发展引领示范。

南部，《关于金融支持横琴粤澳深度合作区建设的意见》和《关于金融支持前海深港现代服务业合作区全面深化改革开放的意见》对外发布，一系列支持横琴、前海的金融改革创新举措相继出台。

——抓好“江河战略”，谋中华民族永续发展。

2023年4月1日，黄河保护法将正式施行。坚定实施长江十年禁渔，强化河湖长制，持续强化长江水生生物保护，把黄河生态修复和保护放在首位……

“长江水生生物资源恢复向好态势十分明显，珍稀鱼类活动范围、种群数量都在逐年增加。”重庆南岸区委书记许洪斌代表说，“江河战略”将进一步推动长江、黄河两条“母亲河”流域地区走上生态优先、绿色发展的道路。

——促进区域优势互补协调发展。

推动西部大开发形成新格局，推动东北全面振兴取得新突破，促进中部地区加快崛起，鼓励东部地区加快推进现代化，支持革命老区、民族地区加快发展，加强边疆地区建设……

“作为首批国有投资公司，我们围绕国家重大区域发展战略部署，在京津冀、长三角、粤港澳大湾区等重点区域，重点投资了智能制造、新能源智能汽车、生命科学、信息和通信技术等领域。”国家开发投资集团有限公司董事长付刚峰委员说，未来国投将继续围绕国家区域发展战略加大战略性新兴产业投资力度，助力相关产业迈向全球价值链中高端。

让乡村更美更宜居宜业，书写振兴新篇章

2月13日发布的中央一号文件，围绕加快建设农业强国，明确了抓紧抓好粮食和重要农产品稳产保供、巩固拓展脱贫攻坚成果等9方面33条任务安排。其中一些关键议题令人瞩目：

——保障粮食和重要农产品稳定安全供给，始终是建设农业强国的头等大事。

农业农村部表示，2023年要确保粮食面积稳定在17.7亿亩以上、力争有增加，确保粮食产量继续保持在1.3万亿斤以上、力争多增产。

——发展农业多元产业形态。

河南省辉县市张村乡裴寨村党支部书记裴春亮代表，前不久一直忙着推进红薯深加工特色产业新项目，调研大力发展农业多元产业形态，要把乡亲们的心声带到北京。

“土特产”可以做成大文章。据初步统计，到2021年底，我国特色产业一产总产值达到9.7万亿元，有效带动农民增收。根据部署，今年农业部门将指导各地依托农业农村特色资源，开发

农业多种功能、挖掘乡村多元价值，推动乡村产业全链条升级。

——强化农业科技和装备支撑。

来自江苏镇江“80后”全国人大代表魏巧，几年前和丈夫分别辞去中国科学院和北京大学的科研岗位，转身向农，如今经营着2万亩高标准农田，实现每人管500亩田、产500吨粮的效益。

“把在科研院所掌握的知识带到田间地头，发展种养循环农业，改善农业生态系统，实行数字化管理，通过科技赋能，增强农业‘硬实力’。”她说。

——培养新型职业农民。

人才是全面推进乡村振兴的基础性、战略性支撑。从全球范围看，乡村振兴通常伴随着城乡之间的双向流动。

“加强乡村人才队伍建设，需要打通城乡人才交流通道，推动企业家、技能人才、农民工返乡投资兴业，着力培养造就新型职业农民队伍，激发乡村振兴内生动力。”金李委员说。

守牢粮食安全底线，抓住科技和改革这个关键，绘好宜居宜业和美乡村画卷，全面推进乡村振兴、加快建设农业强国前景可期。

让民生福祉实现新提升，创造高品质美好生活

中国的发展既着眼星辰大海，又关切柴米油盐。

今年以来，各地各部门聚焦民生关切、直击民生痛点，努力让百姓有更强的社会发展获得感。

“实施就业优先战略”“健全社会保障体系”“推进健康中国建设”……党的二十大报告中提出的一系列民生政策和举措，转化为政府部门的一张张“民生清单”，再逐步落地为一件件民生

实事。

新春开局，“2023年春风行动暨就业援助月”专项服务活动在全国开展，预计将为劳动者提供3000万个就业岗位。

医卫领域持续挤压药品耗材虚高价格水分，今年将实现国家和省级集采药品数合计达450个；教育领域今年继续把“双减”摆在突出位置来抓，学前教育、特殊教育突出“普惠发展”；住建领域今年将新开工改造城镇老旧小区5.3万个以上；养老领域今年支持一批项目地区建设10万张家庭养老床位。

从健康、养老到未成年人保护，履职5年来，太平洋医疗健康管理有限公司副总经理周燕芳代表始终记挂着民生冷暖。这次两会，她的建议依旧与民生相关——希望大力推动商业保险与健康管理融合，推动康复医疗服务的全病程管理。

城乡融合发展是大势所趋。在大量走访的基础上，奥盛集团有限公司董事长汤亮代表观察到，越来越多的城里人愿意“去乡村度假”。他建议各级政府抓住这股消费新趋势，加快新农村建设，培育“高品质民宿”，既满足城市居民需求，又改善农村生产生活条件，让农民就地过上现代文明生活。

让改革开放向纵深推进，为经济社会发展注入强大生机与活力

2月28日，中国共产党第二十届中央委员会第二次全体会议公报指出：审议通过了在广泛征求意见的基础上提出的《党和国家机构改革方案》。全会同意把《党和国家机构改革方案》的部分内容按照法定程序提交十四届全国人大一次会议审议。

改革开放，是决定当代中国前途命运的关键一招。

新年伊始，重大改革动作不断推出：全面实行股票发行注册制改革于2月17日正式落地实施；新一轮国企改革深化提升行动启动；科技领域开展深化人才评价改革；中办、国办印发《关于进一步深化改革促进乡村医疗卫生体系健康发展的意见》……

金融改革创新是申万宏源证券研究所首席经济学家杨成长委员一直关心的话题。工作之余，他隔三差五要去大街小巷的商铺转转，了解微观主体对宏观政策的感受。

杨成长委员认为，相关部门应该制定“一站式”扶持政策，引导金融机构进一步优化对中小微企业的服务，帮助市场主体提高活力。

新的一年，一系列向深水区迈进、“啃硬骨头”的新举措正不断落地，全面深化改革不断冲破思想观念束缚、突破利益固化藩篱，激发市场活力和社会创造力。

今年以来，中国坚定不移地推进高水平对外开放：

1月1日起，对1020项商品实施低于最惠国税率的进口暂定税率；新版鼓励外商投资产业目录正式实施，范围继续扩容；沈阳、南京等6地获批开展服务业扩大开放综合试点，服务业对外开放按下快进键……

新的历史起点上，在以习近平同志为核心的党中央坚强领导下，亿万人民一往无前、顽强拼搏，明天的中国一定更美好。

来源：新华社　2023年3月3日　记者　韩　洁　于佳欣　何欣荣　魏玉坤　戴小河　潘　洁　何宗渝　杨玉华

中国如何驱动经济高质量复苏的“火车头”？

中新社北京3月2日电　题：中国如何驱动经济高质量复苏的“火车头”？——专访十四届全国人大代表、辽宁大学校长余淼杰

今年全国两会召开在即。在全球经济复苏前景依然黯淡的背景下，外界热切关注中国经济。当前，拉动中国经济高质量复苏的“火车头”有哪些？这些“火车头”又该如何有效驱动？中新社“两会·面对面”邀请十四届全国人大代表、辽宁大学校长余淼杰进行解读。

访谈实录摘编如下：

中新社记者：有观点认为，在地缘政治冲突、贸易保护主义等多重因素影响下，今年全球经济能否走出“低利率、低通胀、低增长”的局面仍存在很大不确定性，外需或将持续走弱，中国需要寻找新的经济增长点。您如何看待这一观点？

余淼杰：对此我有不同看法，今年出口仍是拉动中国经济高质量复苏最重要的“火车头”之一。近期对外需的悲观情绪主要有两方面原因。

一是担心欧美国家出现经济危机，从而大幅减少购买中国产品。但实际情况已发生变化，美国与欧洲国家的购买力依然

强劲。

二是担心中国供应链、价值链尚未恢复，供给能力不足。如果中国供给端只是徘徊在低水平供给，出口确实会面临挑战。但今年中国已经有了明确目标：通过高质量的供给来创造消费场景，甚至是重新定义消费，为出口提供强力支撑。据此我判断今年中国出口依然强劲，可能出现5万亿元人民币贸易顺差。

中新社记者：您认为今年政策将如何发力，更好地驱动“出口”这一重要的“火车头”？

余淼杰：驱动枢纽在于通过高质量的供给创造有效需求。举个例子，就像手机产业在2007年的时候已基本饱和，当时传统手机已经做到了极致。但是智能手机的出现重新定义了手机，它不再只是一个通信工具，同时也是一台功能丰富的掌上电脑，进而重新打开市场空间，我们也见证了手机消费潜力大幅提升。换言之，中国要通过高质量发展在供给端实现更多类似的创新，创造更多的有效需求。

在高质量供给中，中国数字技术的对外供给至关重要。近年来中央和地方政府都在大力推进数字产业化与产业数字化，通过智能制造、数字制造来刺激经济发展。今年要继续鼓励在高、新、特、精领域攻坚，争取通过数字经济和数字技术的赋能在供给端实现弯道超车。

当然，出口目的地多元化布局也很重要，不能仅限于欧美等成熟市场。因为从长远来看，美国市场逐渐收缩是必然趋势，发展中国家与新兴经济体应该成为重点发展目标，政府要做好政策配套，提前规划，稳步推进。

中新社记者：我们注意到，去年底中央经济工作会议将“着力扩大国内需求”放在今年经济工作的首要位置，您认为内需与消费将对中国经济高质量复苏起到怎样的作用?

余淼杰：消费是今年中国经济另一个重要“火车头”。中国实施扩大内需战略是应对国际环境变化的必然要求，是以不变应万变之策。“把实施扩大内需战略同深化供给侧结构性改革有机结合起来”这句话非常关键，扩大内需与供给侧结构性改革的结合点其实就是通过更多高质量供给创造有效需求，这一点我们已经讨论过，也是扩大内需战略的根本支撑。

中新社记者：在您看来今年中国为进一步恢复和扩大消费会有哪些新举措?

余淼杰：从宏观角度来看，中国要更好地保障居民收入，保障就业，保障好创造就业的市场主体。当下的情况是，过去三年中国经济受到了影响与冲击，我们要通过稳健的货币政策，以资金辅助、支持实体经济。其中，银行业尤其要着力转变过去大银行扶持大企业、小银行扶持小企业的局面，现在是不管大小银行都应该扶持中小企业，因为疫情之下中小企业是最困难的，同时重点突出对受影响比较严重产业的帮扶，如餐饮、旅游、酒店、交通等。

但是保住就业并不意味着一定能扩大消费，因为这还取决于居民可支配收入能否有效提升，这就是我要说的第二点：有效提升可支配收入占居民总收入的比重，这就要求政府继续减税降费。此外，政府还要加大对基础设施的投资，但这意味着政府收入可能下降，因此还必须通过积极的财政政策来为进一步的减税降费提供基础。

需要注意的是，实施扩大内需战略也是建立在进一步扩大对外开放基础上的，当前中国必须全面构建对外开放新格局，积极引进国外资金、技术与管理经验，才能回过头来进一步刺激中国超大规模的市场优势和内驱潜力，挖掘内生动力。

中国经济形势总体乐观

中新社记者：每年中国两会对外公布的经济增长目标都是外界关注焦点。我们也注意到今年各地对经济增长目标设置相对稳健，大多集中在5%~6%之间。您认为今年中国整体经济增长保持怎样的区间之内是比较合理的？

余淼杰：今年中国经济形势总体比较乐观，可能实现6%甚至更高的国内生产总值（GDP）增速。有两点依据能支撑这一判断。

从外部环境来看，今年国际社会普遍调高了对中国经济的预期。国际货币基金组织（IMF）2月3日表示，由于中国早于预期的优化调整出入境政策带来的私人部门消费反弹，中国2023年经济增速将从2022年的3%增长至5.2%，这比IMF去年10月的预测高出0.8个百分点。但我个人认为5.2%还是比较保守的。

从内部潜力来看，最重要的一个支撑点是去年未能兑现的经济增长潜力将在今年充分释放。在疫情等因素冲击下，2022年中国仅实现3%的GDP增速，还有1%~2%的经济增长潜力是没有充分兑现的。今年，中国经济在过去一个月已展示了足够的活力与生机，按照目前形势，完全能将去年1%~2%的增长“补回来”，加上外界预估的5%左右增长，6%甚至更高的GDP增速是很有可能实现的。

来源：中国新闻网　2023年3月2日　记者　郑嘉伟

出口是今年拉动中国经济高质量复苏的“火车头”之一

【解说】2023年全国两会即将开幕。在全球经济复苏前景依然暗淡的背景下，外界普遍看好中国经济，期待中国两会释放更多积极信号。全国人大代表、辽宁大学校长余淼杰表示，出口是今年拉动中国经济高质量复苏的“火车头”之一。

【同期】全国人大代表、辽宁大学校长　余淼杰

今年拉动中国经济增长真正的“火车头”之一，我认为依然是出口。有些朋友对此相对比较悲观，是因为他们认为外需疲软、供给不足。之前我们就担心欧美经济发生经济危机，目前来看，其实并不需要太担心，它的购买力还是比较强劲的。过去我们的价值链也好，我们的生产链也好，也受到一定的冲击，中央经济工作会议也给我们指明了一个方向：通过高质量的供给创造有效的需求。我的判断是今年的出口最后还是能够实现差不多5万亿元顺差。

【解说】如何更好驱动出口这一重要的“火车头”？余淼杰认为，驱动枢纽在于通过高质量的供给创造有效的需求。

【同期】全国人大代表、辽宁大学校长　余淼杰

我举个例子，在2007年的时候，手机产业其实已经饱和，当时传统手机已经做到极致了。但是因为智能手机的出现，它重新

定义了手机，因此手机的消费潜力大幅提升。所以中国经济能否得到更好发展，要靠高质量的供给创造有效的需求。

【解说】去年底中央经济工作会议将“着力扩大国内需求”放在2023年经济工作的首要位置。余淼杰表示，扩大内需战略是应对国际环境变化的必然要求，是以不变应万变之策。

【同期】全国人大代表、辽宁大学校长　余淼杰

怎么样来实现这点，我觉得有两个方面。一方面我们必须充分地保障就业，保障创造就业的市场主体。我们现在创造就业的市场主体主要是民营经济，我们要通过稳健的货币政策，以资金辅助、支持实体经济。我们的银行不管是大银行还是小银行，都应该扶持中小企业。另一方面我们应有效提升可支配收入占总收入的比重，这就要求政府减税降费。我们要通过积极的财政政策和稳健的货币政策，一同发力来促进内需。

来源：中国新闻网　2023年3月2日　记者　董泽宇　郑嘉伟

全国两会将如何解题中国式现代化？

国际社会热切关注今年的中国两会。未来五年，是中国全面建设社会主义现代化国家开局起步的关键时期。中共二十大报告指出："中国式现代化的本质要求是：坚持中国共产党领导，坚持中国特色社会主义，实现高质量发展，发展全过程人民民主，丰富人民精神世界，实现全体人民共同富裕，促进人与自然和谐共生，推动构建人类命运共同体，创造人类文明新形态。"习近平总书记不久前亦强调，推进中国式现代化必须抓好开局之年的工作。

开局之年逢换届，今年两会不仅是了解中国内政外交的重要窗口，还是观察新阶段下全面推进中国式现代化如何定向、开局、落棋的关键风向标。

经济高质量复苏稳预期

在外界诸多关切中，中国经济形势可谓重中之重。受新冠疫情等多方面因素影响与冲击，当前中国经济仍面临较大下行压力，发展不平衡不充分的问题依然突出。

清华大学国情研究院副院长鄢一龙对中新社记者表示，推进中国式现代化关键在于通过经济高质量复苏稳预期、强信心。经济高质量复苏不仅意味着经济增速要保持在合理区间，还蕴含物质文明与精神文明协调发展、人与自然和谐共生等衡量标尺，符合中国式现代化的特征与要求。

去年底中央经济工作会议为今年定下“发展必须是高质量发展”的基调。当下，加快产业结构、科技结构、消费结构、城乡结构、能源结构、贸易结构等转型升级，释放增长潜力与发展动能，已成为各界共识。各方期待，今年政府工作报告围绕扩大内需、贯彻新发展理念、构建“双循环”格局等，做出进一步规划。

共同富裕重点“扩中”“提低”

作为中国式现代化中的本质要求，共同富裕同样备受外界关注。中国在浙江省开展的共同富裕先行先试，已经取得了直观成效：老百姓收入更高了，精神文化生活更丰富了，绿水青山更美了，民众就医、办事、入学更便捷了。继浙江后，中国其他省份也相继出台各自的方案，开展形式多样的尝试，助力共同富裕。今年中央一号文件继续强化稳定完善帮扶政策，要求落实巩固拓展脱贫攻坚成果同乡村振兴有效衔接政策。

十四届全国人大代表、辽宁大学校长余淼杰对记者表示，开局之年要进一步保障和改善民生，统筹兼顾效率与公平，努力为更多人创造参与经济活动的机会，重点“扩中”和“提低”，这是共同富裕的中国式现代化题中应有之义。经受了三年疫情，民众有许多美好生活期许有待今年全国两会回应。

绿色发展谋求共建共享

当下，中国经济发展翻开了人与自然和谐共生的绿色新篇章，中国式现代化之路，也是一条与全球共享成果的绿色发展之路。

俄罗斯卫星通讯社注意到中国式现代化进程中促进人与自然和谐共生的做法，并援引俄罗斯中国分析中心主任谢尔盖·萨纳科耶夫的话称，中国是生态文明建设的引领者，正采取切实行动改善环境。近年来中国在清洁能源领域的投资力度不断加大，还与许多国家就绿色发展开展广泛合作，在多个全球生态治理平台积极斡旋，发挥影响。

除了绿色发展的机遇，今年还是共建“一带一路”倡议提出十周年，中国将举办第三届“一带一路”国际合作高峰论坛。分析人士认为，今年全国两会将围绕推进“绿色丝绸之路”建设，更有效地参与全球生态环境治理以及构建人与自然和谐共生、经济与环境协同共进的地球家园展开更多部署。

新的一年，世界依然动荡不安，乌克兰危机全面升级已逾一年，多重因素叠加下，全球治理赤字有加重之势。有评论认为，地缘政治冲突、世界经济增速放缓、发达经济体与新兴经济体增长前景日趋分化等难题，都向中国提出新的期许。可以确定的是，在重要历史节点召开的这次中国两会将多维立体地为中国式现代化定好向、开好局、落好棋，值得世界关注、民众期待。

来源：中国新闻社　2023年3月2日　记者　郑嘉伟

2023年中国经济走势如何？

2023年中国经济怎么走？经济发展信心在哪？全国两会开幕前夕，全国人大代表、辽宁大学校长、著名经济学家余淼杰在接受封面新闻专访时表示，今年他的建议概括为“对外改革，对内开放”，在构建全面开放新格局中做好改革，积极推进中日韩自贸区的建设；构建国内统一大市场，充分发挥我国超大规模的市场优势和内需潜力。

对中国经济面临的机遇和挑战，余淼杰表示，在世界未有之大变局下，要坚定信心，守住预期，稳住预期，通过高质量供给来创造有效需求，来应对中国经济面临的挑战。

人大代表履职“初体验”
将主要提出经济、民生方面的建议

封面新闻：您今年担任人大代表，主要关注哪些方面的话题，将会提出哪些建议？

余淼杰：我提出的主要是经济、民生方面的建议，用一句话概括叫作“对外改革，对内开放”。对外改革，就是建议在构建全面开放新格局中做好改革，发力点就是要积极推进中日韩自贸区的建设，实现全面开放新格局，实现更大范围、更宽领域、更

深层次的发展。对内开放，就是更充分发挥我国超大规模市场优势和内需潜力，推动交通运输设施跨区一体化发展，关键就在于构建国内统一大市场，打破各个地区的小循环，有效降低贸易成本，废除地区贸易壁垒。

封面新闻：在您看来，如何推动中日韩自贸区建设？

余淼杰：探索建立中日韩三国的自贸区框架。借助《区域全面经济伙伴关系协定》（RCEP）框架，中日韩在关税减让、市场准入、区域供应链等方面进行自由贸易的尝试，RCEP已为中日韩自贸协定谈判奠定了一个坚实基础。针对贸易壁垒和贸易摩擦，可通过建立互信机制和协调机制，加强政府间的沟通和合作。

此外，鼓励三国企业之间投资和合作。中日韩在优势产业上具有较强互补性，加强三国之间的技术交流和人才合作，鼓励企业相互投资，进行技术合作、工程劳务合作、多边合作等，有助于推动产业升级和技术创新，提高企业国际化程度和市场竞争力，促进经济发展。特别是要发挥东北尤其是辽宁的作用，辽宁是东北地区沿海省份和出海大通道，与日韩两国隔海相望，并且工业门类齐全、产业优势明显。

“三驾马车”哪个强？
外贸将成拉动增长的“火车头”

封面新闻：当前，我国经济社会发展仍处于外生冲击下的恢复阶段，经济环境整体向好，推动经济稳步回升。在您看来，中国经济发展的信心体现在哪些方面？

余淼杰：从消费来说，预估一季度要比去年同期增长6%~

7%。消费，第一季度比较稳定且积极。此外，对今年的外贸充满信心，并不认为会像某些评论所说今年出口会特别难。去年11月乃至今年1月的外贸情况之所以不乐观，有两方面原因：一是去年供给受到一定冲击；另一方面，去年年底外企有所疲软，但现在来看并没有想象中那么困难。

今年，外贸依然是拉动经济增长最重要的“火车头”，进出口总额保守估计将接近50万亿元，贸易顺差达6万亿元。增长亮点源于“一带一路”合作，“一带一路”沿线贸易从今年开始甚至未来相当长的时间都会稳定在三分之一左右。防疫政策优化后，中国供给的发动机已开始全部启动。我认为，今年外贸会成为拉动经济增长强劲的“火车头”。

如何“扩内需促消费”？财政政策和货币政策双发力

封面新闻：去年年底，中央经济工作会议将“着力扩大国内需求”放在今年经济工作的首要位置，今年也将开展“消费提振年”系列活动，增强消费信心和活力，哪些举措可以助力激发市场活力？

余淼杰：扩内需、促消费，要采用积极的宏观政策，具体来讲就是积极的财政政策和稳健的货币政策。扩内需，首先要保证老百姓持久收入的上升，确保收入持续稳定。收入持久稳定需要保障充分就业，充分就业需要经营主体稳定，稳定经营主体就要帮助疫情冲击之下的困难产业存活下来，取得良性发展。这就需要稳健的货币政策来扶持实体经济，特别是让中小微企业能更好发展。

另一方面，要提升可支配收入占总收入的比重，通过进一步减税降费，来保证老百姓的可持久收入充分上升。因此，我认为积极的财政政策和稳健的货币政策是促进内需拉动消费的必要条件。

封面新闻：2023年中国经济发展面临哪些挑战，如何应对？

余淼杰：面临的挑战有三方面：第一是需求的疲软，目前看来有所缓解，但还是要做好积极应对；第二是供给的冲击，我们的产品必须努力向中高端上游爬升，通过高水平的供给来创造有效的需求；第三是预期的减弱。

发展经济很重要的一个方面就是提升实体经济和制造业，运用积极的宏观政策靠前发力，这里包括积极的财政政策、稳健的货币政策等等。我们应该深刻认识到，在全球未有之大变局下，各国经济形势严峻复杂，中国经济已经是一枝独秀。所以，对中国经济充满信心是有道理的。未来要守住预期，稳住预期，通过高质量供给来创造有效需求，应对中国经济所面临的挑战。

来源：封面新闻　2023年3月4日　记者　粟　裕
实习生　黄艺南

向上向好，中国经济稳步前行

突破120万亿元，中国经济总量再上新台阶！

过去一年，面对国内外多重超预期因素冲击，中国经济顶住压力，发展质量稳步提升，社会大局保持稳定，经济实力、综合国力进一步增强。

成绩得来殊为不易，代表委员纷纷点赞；新的一年发展向上向好，代表委员满怀信心。

总量跃升韧性强

今年全国两会召开前夕，《2022年国民经济和社会发展统计公报》发布。许多代表委员认真研读统计公报并表示，2022年中国经济在持续承压中砥砺前行，展现强劲韧性。

“去年中国国内生产总值达到121万亿元，这是继2020年、2021年连续突破100万亿元、110万亿元之后，再次跃上新台阶，成绩难能可贵。”全国人大代表、辽宁大学校长余淼杰注意到，去年中国经济答卷有不少看点——货物进出口总额首次突破40万亿元大关，达到42.1万亿元；制造业增加值达33.5万亿元，继续保持世界第一制造大国地位；居民消费价格指数全年上涨2%，大幅低于美国、欧元区等发达经济体。

全国政协委员、中国工程院院士单杨表示，去年面对新冠疫情多点散发、破纪录北方秋汛、农资价格高位运行等多重困难，中国压紧压实粮食生产责任，加大支农惠农政策力度，全年粮食产量达到13731亿斤，增产74亿斤，再创新高，为稳预期、稳物价、稳经济大盘提供了基础支撑。他说："国家还大力推进产业振兴，发展农产品产地初加工和精深加工，促进乡村产业健康发展，带动了更多农民增收致富。"

"过去一年，国际能源市场波动。中国强化国内煤炭兜底保障和油气增储上产，统筹做好煤电油气运保障供应，有效应对国内极端高温干旱等严峻挑战，全国生活生产用能得到了较好保障。"全国人大代表、国家能源集团朔黄铁路公司董事长丁茂廷表示，"根据我国'富煤缺油少气'的资源禀赋情况，我们着力抓好煤炭资源布局接续和增储增供，积极释放优质先进产能。同时坚持以煤电保电力稳定，建设了一批支撑保障性电源项目，在助力能源保供、促进经济社会发展中发挥了积极作用。"

创新驱动质量升

观察一国经济，要看量的走势，更要看质的变化。一年来，中国坚定实施创新驱动发展战略，加大企业创新激励力度，国家战略科技力量持续增强，发展新动能不断成长。

"国家大力倡导科技创新并为创新创业厚植土壤，极大增强了企业发展信心。"全国人大代表、中国石化集团公司副总工程师韩峰说，去年公司在特深层油气勘探开发、页岩油气地质工程一体化、规模化绿电制绿氢等关键核心技术攻关上取得不少新进展，成为推动企业发展的重要力量。

全国人大代表、齐鲁制药集团总裁李燕表示，聚焦创新发展，集团在上海、济南以及美国建成多个创新研发中心，研发人员超过3000名，目前在研1类新药超过90个，位居行业前列。“正是因为有创新成果，公司产品不仅进一步满足国内市场需求，而且远销海外，2022年实现产品出口9.2亿美元，增长超过20%。”

从拼数量到拼质量，全社会创造潜能充分涌流，科技成果加快向现实生产力转化，产业数字化和数字产业化趋势加快，为经济发展注入新的源头活水。数据显示，中国已建成全球规模最大、技术领先的网络基础设施，工业互联网应用于45个国民经济大类，去年产业规模超万亿元。

全国人大代表、海尔集团董事局主席周云杰认为，工业互联网为企业数字化转型提供了新路径，为产业生态构建提供了新可能，在加快推进新型工业化、做强做优做大实体经济上发挥着关键作用。目前，海尔卡奥斯工业互联网平台已链接企业90万家、服务企业8万多家，显著降低了企业尤其是中小企业数字化转型成本。

加快复苏活力足

进入新的一年，各行各业抢先机、拼经济，中国处处迸发蓬勃生机。

1月，新增信贷4.9万亿元、创下单月历史新高，中小企业发展指数止跌回升；春节假期，全国实现国内旅游收入3758.43亿元、同比增长30%，电影票房突破67亿元、位居影史同期第二；2月，义乌中国小商品城兔年开市首日客流量超过22万人次，制造业采购经理指数（PMI）升至52.6%、连续2个月位于扩张区间……经济回稳向好态势中透着浓浓暖意。

"随着市场潜力加快释放，中国经济向好发展的底气将更足。"全国政协委员、上海市社会主义学院院长周汉民认为，今年经济工作应从改善社会心理预期、提振发展信心入手，特别是着力扩大国内需求，把恢复和扩大消费摆在优先位置。其中，在服务类消费上支持文化和旅游业发展，既吸引消费者"纷至沓来"，也让其"流连忘返"；在汽车、家电、住房、建材等领域，绿色消费也有很大空间。

经济复苏在提速，政策支持更给力。从货币政策加大向民营企业倾斜力度、进一步丰富融资渠道，到在专项债投资拉动上加力、适当扩大投向领域和用作项目资本金范围，再到明确更大力度吸引和利用外资、提升贸易投资合作质量和水平……一系列政策措施加快出台落地，代表委员对此纷纷表示受鼓舞、干劲足。

全国人大代表、通威集团董事局主席刘汉元说，当前，国家明确切实落实"两个毫不动摇"，鼓励支持民营经济和民营企业发展壮大，这极大提振了民企发展信心。"2月底，通威太阳能四川眉山基地三期项目全面投产，今年产能将达到7000兆瓦。接下来，我们更要练好内功，做精做专，推动实现可持续发展。"

"我们将积极抢抓《区域全面经济伙伴关系协定》（RCEP）机遇，推动相关合作走深走实。"全国政协委员、广西国际博览事务局局长韦朝晖表示，要继续深耕东盟市场，把广西和东盟海陆相连这一独特区位优势转化为开放发展红利，推动广西外贸高质量发展迈出新步伐。

来源：《人民日报海外版》 2023年3月5日

记者 廖睿灵 孔德晨

GDP增长5%非常稳健 今年中国外贸会先低后高 | 连麦读报告

【大河财立方记者　唐朝金】　3月5日上午，十四届全国人大一次会议在人民大会堂开幕，国务院总理李克强作政府工作报告。

今年的政府工作报告有哪些亮点？背后有何深意？上午11时，大河财立方2023年全国两会特别策划微博连麦读报告准时开启。多名国内知名经济学家、全国人大代表从不同角度第一时间解读报告。

全国人大代表、辽宁大学党委副书记、校长余淼杰在做客大河财立方“专家代表连麦读报告”微博直播间时表示，现场聆听政府工作报告，深受鼓舞、倍感振奋。

同时，余淼杰表示，将GDP增速定在5%左右，是一个非常稳健的数据，今年中国的外贸会保持先低后高的态势。

GDP增速定在5%左右，非常稳健

“聆听总理的政府工作报告，我深受鼓舞，倍感振奋！特别是过去的2022年，中国在风高浪急的国际环境和兼具疫情防控的国内发展改革大背景下，依然取得了这样的成就，可以说来之不易。”3月5日，余淼杰做客大河财立方“专家代表连麦读报告”微博直播间时表示。

“政府工作报告提到，国内生产总值增加到121万亿元，五年年均增长5.2%，十年增加近70万亿元、年均增长6.2%。在高基数基础上实现了中高速增长、迈向高质量发展。此外，外贸总额达42万亿元，外汇储备稳居3万亿美元以上。这些数字让我感到特别振奋。”余淼杰说。

而尤其让他感到印象深刻的是2022年中国的基建和创新。

政府工作报告提到，过去五年，中国高速铁路运营里程从2.5万公里增加到4.2万公里，高速公路里程从13.6万公里增加到17.7万公里。在创新方面，过去五年全社会研发经费投入强度从2.1%提高到2.5%以上。

“这些数据都让人感到振奋。尤其是创新研发的强度，中国已经接近或者达到OECD国家的平均水平。”余淼杰表示。

政府工作报告提到，今年发展主要预期目标是：国内生产总值增长5%左右；城镇新增就业1200万人左右，城镇调查失业率5.5%左右；居民消费价格涨幅3%左右，赤字率拟按3%安排。

“首先，将GDP增速定在5%左右，是一个非常稳健的数据。可以说，今年GDP达到5%以上的增速应该说是没有悬念的。其次，今年赤字率拟按3%安排，CPI涨幅3%左右，这些都是比较稳健科学的数据，所以我们对未来经济的发展充满信心。”余淼杰说。

今年中国外贸形势相对乐观　整体呈现先低后高态势

政府工作报告提到，针对有效需求不足的突出矛盾，多措并举扩投资促消费稳外贸。帮助外贸企业解决原材料、用工、物流等难题，提升港口集疏运效率，及时回应和解决外资企业关切，货物进出口好于预期，实际使用外资稳定增长。

在余淼杰看来，尽管在一季度尤其是一二月份一些地方出现了外贸的下滑，但总体来看，今年中国的外贸会保持先低后高的态势。

“在外贸方面，我对中国今年的外贸判断是相对比较乐观的。数据上看，今年的外贸保守预计将会达到48万亿元，甚至有可能达到50万亿元，贸易顺差保底将超过5万亿元。”余淼杰说。

在余淼杰看来，去年年底，大家一个普遍的看法是全球经济将进入衰退期。但从目前全球主要经济体，尤其是欧美经济体的情况来看，基本上已经进入稳健区间，或者说已有向上发展的势头。而近期国际货币基金组织已经将欧美等经济体今年的经济预期进行了上调。

“从这个角度上来讲，我觉得我们的外需并没有想象中那么疲软，如果在未来的改革中，我们能够通过高质量的供给创造有效的需求，我其实觉得我们这边的挑战并没有想象中那么大，完全可以不用太悲观，所以我对外贸的发展还是很有信心的。”余淼杰表示。

两会带来8个建议　事关改革和开放

作为新一届全国人大代表，今年的两会，余淼杰带来了8个建议。

“主要是经济、民生方面的建议，用一句话概括叫作‘对外改革，对内开放’。对外改革，就是建议在构建全面开放新格局中做好改革，发力点就是要积极推进中日韩自贸区的建设，实现全面开放新格局，实现更大范围、更宽领域、更深层次的发展。对内开放，就是更充分发挥我国超大规模市场优势和内需潜力，推动交通运输设施跨区一体化发展，关键就在于构建国内统一大市场，打破各个地区的小循环，有效降低贸易成本，消除地区贸易壁垒。”余淼杰说。

余淼杰认为，随着全球经济发展格局的演变，逆全球化思潮抬头，单边主义、保护主义明显上升，当前世界贸易组织（WTO）的争端解决委员会陷入瘫痪状态，全球化呈现出以区域经贸合作为主要表现形式的特征。

在这样的背景下，余淼杰表示，扩大中日韩经贸合作，推动中日韩自贸区建设，有助于进一步提升贸易和投资发展水平，助力国内国际双循环，同时有效促进区域经济一体化，为区域和全球贸易投资增长注入更多动能。

“在经济和贸易方面，中日韩三国在亚太地区又都是经济实力强劲、互补性强的国家，本身就具备充分的国际贸易基础。”余淼杰还指出，同时，日本拥有相对丰厚的资本和尖端科技，韩国是新兴工业化国家，而中国则是制造业大国，三国经济产业存在互补空间，产业链高度融合，打造自贸区可以实现多方共赢。

因此，余淼杰建议，应当积极把握时机，重点推进中日韩自贸区协定谈判，在扩大开放方面实现曲线超越和弯道超车。

政府工作报告建议，依法保护民营企业产权和企业家权益，鼓励支持民营经济和民营企业发展壮大，支持中小微企业和个体工商户发展，构建亲清政商关系，为各类所有制企业创造公平竞争、竞相发展的环境，用真招实策提振市场预期和信心。

而在余淼杰带来的建议当中，就有“推动民企、国企生产要素价格获得均等化”的建议。

余淼杰认为，虽然近年来我国生产要素质量和配置水平显著提升，但民营企业生产要素价格偏高的现象依然突出。在融资方面，民营企业相比国有企业存在较大劣势。调研发现，民营企业“融资难”问题普遍存在，主要表现为融资渠道少、融资金额小、融资期限短和融资利率高等。在用地方面，各级政府在招商引资过程中偏重于国有企业承担的重点工程和大项目，承接中小企业动力不足。“因此，推动民营企业、国有企业生产要素价格获得均等化有助于打破民营经济的制约因素，促进民营经济发展壮大。”

同时，余淼杰还表示，推动民营企业平等获取生产要素有助于扩大内需战略的实施。“扩大内需主要表现为‘企业敢投资、居民愿消费’，其根本在于企业能获得利润从而扩大经营，居民能实现就业从而保障收入。”余淼杰说，由于民营企业长期面临“融资难”和“用地严”等问题，推高了生产经营成本。

余淼杰强调，要培育壮大内需市场，就要从保障民营企业、国有企业生产要素价格获得均等化入手，通过深化要素市场化配置改革，切实降低民营企业生产经营成本，提升民营企业盈利能力。

因此，余淼杰建议，从资本、土地、劳动力、数据四个方面，推进民营企业、国有企业生产要素价格获得均等化。

此外，在今年的全国两会上，余淼杰还带来了《关于建设高效先进的数智化社会供应链的建议》《关于推进东北亚海陆大通道，促进“一带一路”的海陆连接的建议》《物流通则循环畅，建议取消省际冗余检查站》等建议。

来源：大河财立方　2023年3月5日　记者　唐朝金

听见中国强音 | GDP、赤字率、CPI……解读政府工作报告中的经济数字

央广网北京3月5日消息（记者　万玉航　杨柳青　马文静）2023年是全面贯彻落实党的二十大精神开局之年，也是实施“十四五”规划承上启下关键之年，经济目标的设定情况备受关注。3月5日出炉的2023年政府工作报告明确，今年GDP预期增长5%左右，赤字率拟按3%安排，CPI涨幅在3%左右。如何看待这些经济目标？央广网记者联系全国人大代表、专家学者进行了解读。

GDP目标增速5%左右　“稳中求进”一以贯之

政府工作报告指出，过去一年是党和国家历史上极为重要的一年。经过艰苦努力，当前消费需求、市场流通、工业生产、企业预期等明显向好，经济增长正在企稳向上，我国经济有巨大潜力和发展动力。

政府工作报告明确，今年国内生产总值增长5%左右。报告指出，“要坚持稳字当头、稳中求进，保持政策连续性针对性，加强各类政策协调配合，形成共促高质量发展合力。”坚持稳中

求进工作总基调，这也是五年来政府工作一以贯之的关键词。

如何看待“5%左右”的GDP增长目标？植信投资首席经济学家连平在接受记者采访时表示，这一目标充分考量了我国宏观经济运行环境，统筹兼顾了我国经济长期发展目标，既积极又合理。“在疫情冲击下，2022年我国经济实现了3%的增长。2023年，经济增速应该会有较大回升。”连平说。

全国人大代表、辽宁省人大常委、辽宁大学校长余淼杰在接受采访时也表示，当下国际环境风高浪急，国内全面深化改革的任务也十分紧迫，在这样的背景下，我们实事求是地制定了5%左右的GDP增长目标，体现了稳健发展的信心和决心。

中央财经大学副教授刘春生同样认为，“这个目标是恰当的。结合我们去年的GDP增长基数，以及今年国内外经济形势，应该说有比较大的发展空间。”

刘春生在采访中提到，此前，包括世界银行、国际货币基金组织等机构，对今年的世界经济以及中国经济都曾作出预测，大致与今年政府工作报告中提到的5%左右的增长目标相符。

今年年初，国际货币基金组织（IMF）将中国经济增长预期上调了0.8%至5.2%。3月3日，IMF亚洲太平洋部主任克里希纳·斯里尼瓦桑（Krishna Srinivasan）在国际金融论坛（IFF）线上全球经济高端对话中说，“中国经济的快速反弹将对亚太地区整体经济复苏产生巨大推动。”

赤字率3%　积极的财政政策要加力提效

政府工作报告提出，积极的财政政策要加力提效。赤字率拟按3%安排，相比去年2.8%左右的赤字率有所上升。

在国务院新闻办公室3月1日举行的“权威部门话开局”新闻发布会上，财政部部长刘昆表示，“加力”，就是要适度加大财政政策扩张力度；“提效”，就是要提升政策效能。

据悉，在2022年全国一般公共预算支出26.06万亿元的基础上，今年我国将统筹财政收入、财政赤字、贴息等政策工具，适度扩大财政支出规模。持续增加中央对地方转移支付，向困难地区和欠发达地区倾斜，兜牢兜实基层“三保”底线。

专家普遍认为，无论是助企纾困还是民生社会保障方面，积极的财政政策都将发挥重要作用。连平表示，去年全国财政支出70%以上用于民生，今年将继续加强重点民生支出保障，支持就业、医疗、教育、养老、污染防治与农村环境整治等领域，着力提高居民收入，持续改善人民生活。

此外，政府投资和政策激励要有效带动全社会投资，今年拟安排地方政府专项债券3.8万亿元，加快实施“十四五”重大工程，实施城市更新行动，促进区域优势互补、各展其长，鼓励和吸引更多民间资本参与国家重大工程和补短板项目建设，激发民间投资活力。

CPI涨幅3%左右　推动消费持续恢复

政府工作报告提出，今年CPI涨幅的预期目标是3%。刘春生认为，对比去年全年2%的CPI涨幅，在经济增长恢复的预期下，今年物价水平的小幅回升是正常的。结合国际能源价格飙升等因素的影响，这一预期目标也在合理范围内。

在今年的工作重点中，政府工作报告提出要着力扩大国内需求，把恢复和扩大消费摆在优先位置，多渠道增加城乡居民收入。稳定大宗消费，推动生活服务消费恢复。

推动消费要和提升居民收入紧密结合。刘春生说，“要推动居民收入和消费恢复形成良性循环，在促进就业、加强社会保障体系建设方面，也要做好一系列的工作。”此外，各地还可以采取发放消费券等方式促消费，例如在耐用消费品、新能源车等方面发放消费券，将起到很好的效果。

余淼杰则认为，努力提升中低收入群体的可持续收入，消费才能实现有效上升。同时，要着力优化消费环境，做好打造居民社区便民商业，提升物流配送保障等方面的工作。

来源：央广网客户端　2023年3月5日

记者　万玉航　杨柳青　马文静

增速目标设为5%，是对高质量增长的强调

3月5日上午，第十四届全国人民代表大会第一次会议在人民大会堂举行开幕会。

根据政府工作报告，今年发展主要预期目标是：国内生产总值增长5%左右；城镇新增就业1200万人左右，城镇调查失业率5.5%左右；居民消费价格涨幅3%左右；居民收入增长与经济增长基本同步；进出口促稳提质，国际收支基本平衡；粮食产量保持在1.3万亿斤以上；单位国内生产总值能耗和主要污染物排放量继续下降，重点控制化石能源消费，生态环境质量稳定改善。

此外，对于今年工作重点，政府工作报告提出了“着力扩大国内需求”“更大力度吸引和利用外资”等几项重点。怎样理解今年5%的GDP增长目标？当前恢复和扩大消费有哪些重点？如何提高利用外资的质量和水平？围绕上述问题，南财集团全国两会报道组记者对全国人大代表、辽宁大学校长余淼杰进行了专访，对今年政府工作报告进行深入解读。

余淼杰认为，今年政府工作报告把经济目标定在5%就是更加强调，要以高质量增长为目标。“也就是说，经济保持一定增速固然重要，但实现经济的高质量发展才更是当前经济工作重中之重。”对于吸引和利用外资，他则提出，一方面是要采用更加

宽松的营商环境的准入规定，放松准入要求，另一方面要努力缩减负面清单的数量和种类。

作为第十四届全国人大代表，余淼杰此前就在其提交的议案中建议，以数字化、阳光化推进营商环境一体化建设，“要加强市场准入制度建设，降低企业运营成本，减轻企业税费负担；推进行政审批制度改革，加强知识产权保护；推进跨境贸易便利化，促进跨境投资，扩大对外开放。”

扩大消费要“标本兼治”

《21世纪》：根据政府工作报告，今年国内生产总值增长目标是5%左右。你如何看待今年的经济发展目标？

余淼杰：我认为今年GDP增长5%左右的目标是定得比较稳健的，今年如果没有对宏观经济造成重大冲击的“灰犀牛”“黑天鹅”事件，那么实现这个目标基本上是板上钉钉的事情。这是因为，现在全球对中国经济都普遍看好，连一向以稳健著称的国际货币基金组织（IMF）对中国经济增长的预测都达到5.2%。那么，今年政府工作报告把经济目标定在5%就是更加强调，要以高质量增长为目标。也就是说，经济保持一定增速固然重要，但实现经济的高质量发展才更是当前经济工作重中之重。

《21世纪》：政府工作报告提出，“把恢复和扩大消费摆在优先位置”。你怎么理解？从国内国际来看，目前影响恢复和扩大消费的挑战有哪些？

余淼杰：之所以要把恢复和扩大消费摆在优先位置，是因为在全球新冠疫情暴发之前，消费已经成为我国经济增长的主要动力。所以，当现在经济整体面临需求不足，甚至是需求有所收缩的冲击之时，推动需求的尽快恢复，也就成为当前工作的重中之重。

目前我们确实也出现了一些影响和扩大消费的挑战。比如，从国内情况来看，我们发展不平衡不充分的主要矛盾还存在；从国际环境来讲，我们现在面临风高浪急的国际环境，而且国际环境的不确定性预期在增大。同时，我们也可以看到，世界经济的增速在放缓、世界贸易增长的动能在减弱，外部对中国部分产业发展的挑战和遏制在上升。可以说，我国的需求不足仍然是经济发展过程中的一个突出矛盾，因此扩大内需作为国内经济增长的基础，必须再得到进一步的稳固。

《21世纪》：对于恢复和扩大消费，你有哪些建议？

余淼杰：结合政府工作报告的建议，今年以及接下来一段时期恢复和扩大消费，我建议从几个方面来展开。第一点，我们要"标本兼治"，从根本上来解决需求不足这个问题，就是要切实提升老百姓的可持续性收入，进一步减税降费。我们可以看到，在过去的五年中，我国的减税降费已经达到很好的水平，减税降费公平普惠、高效直达，五年累计减税5.4万亿元、降费2.8万亿元。过去五年减税降费的规模不管是从绝对值，还是从与GDP或者财政收入的比值来看，都是巨大的。具体来看，去年财政收入增加到20.4万亿元，我们可以据此估算，五年累计将近百万亿元，累计的减税降费加起来达到8.2万亿元，占财政收入比约8%，这个效果是非常鲜明的。

第二点，我们要找准拉动消费的主攻方向。根据政府工作报告，过去五年来，支持汽车、家电等大宗消费，汽车保有量突破3亿辆、增长46.7%；去年全年，采取减免车辆购置税等措施促进汽车消费，新能源汽车销量增长93.4%，开展绿色智能家电、绿色建材下乡。今年还是要继续“稳定大宗消费，推动生活服务消费恢复”，其中新能源汽车和大型家电的下乡需予以重点关注。

对于促进和推动生活服务消费而言，城乡之间是有差距、有不同的。对于城市来说，要着力扩大和强化城市各主要城区便民消费的基础设施，发展城市社区便民商业；对农村而言，则是要实现农村快递物流的畅通，打通快递进村的“最后一公里”，完善农村快递物流配送体系。

第三点，除了拉动大宗消费和提供更高质量的生活服务产品，还要充分借助接下来疫情防控常态化之后，民众外出旅游意愿增强的契机，要进一步加速旅游业的高质量发展，继续发挥帮扶旅游业发展的各项措施的效用，从而促进恢复和扩大内需。

提高利用外资质量和水平

《21世纪》：围绕“更大力度吸引和利用外资”，政府工作报告提出今年工作重点，扩大市场准入，加大现代服务业领域开放力度。你如何看待当前我国服务业开放水平和特点？

余淼杰：首先，目前我国服务业的开放水平与我国现在的经济发展水平是大体相当的，服务业增加值占国内生产总值比例达到55%左右。其次，服务贸易也是稳步向上，特别是银行、保险以及证券，再加上咨询、法律这些方面的服务，这些领域的开放水平是稳步提升的。

《21世纪》：当前中国引资规模再创历史新高。在2021年两位数增长的基础上，2022年吸收外资继续保持稳定增长，实际使用外资以人民币计首次突破1.2万亿元。你认为应怎样持续地提高利用外资的质量和水平？如何更好地推动外资标志性项目落地建设？

余淼杰：一方面要采用更加宽松的营商环境的准入规定，放松准入要求，另一方面要努力缩减负面清单的数量和种类。从两个角度来缩短各项行政审批流程、减少负面清单。根据政府工作报告提供的数据，五年来出台外商投资法实施条例，不断优化外商投资环境，持续放宽外资市场准入，全国和自由贸易试验区负面清单条数分别压减51%、72%。所以能看到，负面清单的“瘦身”工作也特别有效。目前我国通过加快建设全国统一大市场，建设高标准市场体系，营造市场化法治化国际化营商环境，并进一步简政放权，放宽市场准入，全面实施市场准入负面清单制度，清单管理措施较制度建立之初压减64%，将行政许可事项全部纳入清单管理。

另外，应该积极通过自由贸易试验区、海南自由贸易港等开放的前沿地带，创新开放的方式，加强外资促进服务，加大招商引资和项目对接力度。项目对接的目标往往就是引进标志性的大项目，在此方面要做好外资企业服务工作，直到质量和数量都再上一个新台阶。

来源：《21世纪经济报道》　21财经APP　2023年3月5日

记者　洪晓文

实现5%经济增速是有信心的，外资撤离中国是伪命题

“尽管我们研究经济，天天接触数据，但现场听到这些数据还是很振奋。”谈及对今天（3月5日）政府工作报告的最大感受，全国人大代表、辽宁大学校长余淼杰多次对南都记者提到数据。比如说去年实现GDP121万亿元；外贸的进出口总额42万亿元，外汇储备3万亿美元，这两项都是全球第一。此外，基础设施的进步也令人震撼：高速公路达到17.7万公里，高铁达到4.2万公里，这在全球都是最高的。

取得明显进展的还有减税降费。“过去5年，减税5.4万亿元，降费2.8万亿元，两者合在一起将近8万亿元。过去5年的财政收入加起来的话应该是100万亿左右，那么这8万亿元相当于是已经降了8%。”余淼杰表示，过去5年我们面临日趋复杂，或者更为准确来讲是惊涛骇浪的国际环境之下，国内又面临着日益艰巨繁重的社会发展改革任务，这样的背景之下还取得了这样的成就，是非常的不容易的。

“实现5%的GDP增长目标，基本上是板上钉钉的”

今年政府工作报告提出，今年发展主要预期目标是：国内生

产总值增长5%左右。如何看待这个目标的实现？余淼杰表示乐观。他认为，聚焦高质量发展，更加强调质的增长，而不只是看量的增长。这个目标应该说科学客观切实可行。“经过我们各方面的改革，我觉得如果没有“黑天鹅”“灰犀牛”的话，今年实现5%是板上钉钉的事情。”

他分析指出，去年3%的经济增速是在遭遇了多重超预期因素的冲击下的数据，即需求的疲软、供给的冲击、预期的减弱，以及疫情的肆虐。但是当前这些因素都有所好转。

需求方面，特别是去年美国和欧盟经济相对疲软，通货膨胀、经济的增长缓慢，出现滞涨的情况。这导致对我国产品的需求减弱；供给方面，国际上游产品，特别像原油、铁、铜等大宗商品的原材料的价格上涨，对我们下游的产业、世界工厂的中国造成了巨大的冲击；预期方面，我们现在面临百年未有的大变局，俄乌冲突、地区的冲突、地缘政治的加剧，也导致国民经济发展面临着严峻的挑战，预期减弱。此外，就是突如其来的疫情影响。

“今年相对比而言的话，疫情已比较平稳，我们已取得抗疫的伟大胜利，这是第一点。”余淼杰说，外需方面，尽管世界经济回稳还不是很稳定，但现在来看世界经济增速已经保持在一定的水平。“换言之，外需疲软正在回暖，供给冲击也有所改善，特别是如果我们能够通过高质量的供给来创造有效的需求的话，这个目标是有信心的。”

余淼杰也指出，在实现这个目标的同时，我们要更加注意实现经济的高质量增长，实现产业的转型升级，实现我国的产品向附加值的中高端爬升。

如何更好吸引外资？缩短负面清单是重点

在对今年政府工作的建议部分，报告提到，要更大力度吸引和利用外资。“吸引外资一向都是很重要的一件事情，也是‘六稳’工作的重要的内容。”余淼杰指出，引进外资是一项系统性的工作，最重要的是要缩短负面清单，对负面清单进行瘦身。“目前全国的负面清单比之前下降了51%以上，从21个自贸试验区来看，甚至下降了72%左右。所以我们现在所做的事情，首先是通过进一步的改革，进一步的开放，有效缩减负面清单的数量和种类。积极地引进一批标志性的外资项目，促进我国引外资的高质量发展。

其次，是要建立起亲清的政商关系，努力改善营商环境。此外，要更好地做好“放管服”的工作，减少办事的程序以及时间长度。“比如报告里面提到，现在新办企业的平均时间已经下降到4天左右，这是一个令人振奋的进步。”

“外资撤离中国”是个伪命题

近年来，每隔一段时间社会上就会出现“外资撤离中国”的声音或者说担忧。对此，余淼杰对南都记者说，“我觉得外资撤离中国，其实是一个伪命题。不是说不存在这种现象，而是说这种现象是一叶障目或者以偏概全”。

他指出，如果从更长的时间维度看，10年也好，20年也好，外国来华投资的数量以及合同的数目是在不断上升的，中国现在已毫无疑问成为全球第二大引进外资的国家，引进外资的金额也达到1500亿美元左右，这在全球中也是非常高的一个数字，在发展中国家是第一位的。

“所以说外资的逃离是以偏概全的，是看到有一些这样的现象，但这并不是一个趋势。”余淼杰指出，如果要看趋势，随着大家看好中国经济稳定，对中国投资应该是越来越多的，而这从数据中来看也是很清楚的。

来源：南方都市报APP· 察时局　2023年3月5日

记者　陈秋圆

外资怎么引？外贸怎么稳？

——从三个报告看推进高水平开放

“更大力度吸引和利用外资”“支持加力稳定外贸”“推进高水平对外开放，增强国内国际两个市场两种资源联动效应”……提请审议的政府工作报告和提请审查的计划报告、预算报告，对稳住外资外贸基本盘、推进高水平开放释放出明确信号。

外资外贸连接国内国际两个市场、两种资源，是衡量对外开放水平的重要指标。政府工作报告将“更大力度吸引和利用外资”列为今年政府工作八项重点建议之一，将“进出口促稳提质，国际收支基本平衡”作为今年发展主要预期目标。对此，计划报告认为，今年世界经济贸易增速放缓，国际贸易和利用外资的竞争将更趋激烈，保持国际收支基本平衡、稳定外贸外资是经济增长的重要支撑，需要在外贸稳规模优结构、更大力度吸引和利用外资上下更大力气。

2023年首月，我国实际使用外资金额1276.9亿元，同比增长14.5%，我国持续成为外商投资兴业的热土。随着疫情防控政策不断优化调整，经济运行有望整体好转，如何让更多外资企业愿意来、留得住、发展得好？对此，政府工作报告提出“扩大市场准入”“落实好外资企业国民待遇”“推动外资标志性项目落地建设”等系列举措。

全国人大代表、辽宁大学校长余淼杰说，我国有14亿多人口，其中有超4亿中等收入群体，超大规模的市场一直为世界经济提供稳定需求。此外，外资准入门槛进一步降低、政策红利持续释放、营商环境日益改善等积极因素，都将吸引更多外资企业扎根中国谋发展。

当前，全球经济衰退风险上升、外需增长持续放缓已成为外贸稳增长面临的最大压力，部分行业需求疲弱、订单不足。代表委员认为，要更有力、更坚决地扩大开放。预算报告提出的“深入实施《区域全面经济伙伴关系协定》等自贸协定”“完善关税、进口环节税收和出口退税政策”“扩大先进技术、重要设备、能源资源等产品进口”为进一步做好今年外贸工作指明了方向。

“推进高水平开放，要保畅通、稳规模、优结构。”全国人大代表、海关总署广东分署主任李魁文表示，在对外开放一系列重大举措带动下，区域经贸合作持续深化、国际“朋友圈”扩围升级、跨境电商蓬勃发展等都为推动外贸稳步增长发挥了重要作用。

李魁文说，下一步，要根据报告作出的部署要求，持续推进稳外贸促外资工作的落地落实落细，帮助企业抓订单、拓市场、解难题，进一步压缩货物口岸通关时间，充分释放原产地、减免税、“经认证的经营者”（AEO）等政策红利，推动与各国贸易取得新的更大进展。

“引进来”和“走出去”靠的不仅是资金多寡、设备好坏，更要看制度是否有效、服务是否便利等整体环境。计划报告和预算报告提出要“稳步扩大规则、规制、管理、标准等制度型开放”“稳步推进资本市场制度型双向开放”“对接国际高标准经贸规则，支持自由贸易试验区改革创新”……

全国政协委员、清华大学经济管理学院院长白重恩认为，对接国际高标准推进制度型开放，全面提高对外开放水平，不仅有利于提升我国综合国力，也有助于形成国际合作和竞争新优势，以高水平开放吸引高质量外资，加快推进贸易强国建设。

“总体来说，中国的开放已经从原来的要素开放、市场开放转向制度型的开放。”全国人大代表、上海社会科学院党委书记权衡表示，自贸试验区、海南自贸港、跨境电子商务综合试验区、市场采购贸易方式试点等“试验田”大胆探索、勇于突破，已经为我国构建更高水平开放型经济新体制和实现高质量发展奠定了良好基础。

世界好，中国才能好；中国好，世界才更好。中国已成为140多个国家和地区的主要贸易伙伴，吸引外资和对外投资稳居世界前列。权衡代表表示，随着高水平对外开放迈向更大范围、更宽领域、更深层次，韧性强、潜力大、活力足的中国经济必将继续为世界经济增长作出积极而重要的贡献。

来源：新华社　2023年3月7日

记者　邹多为　李　铮　周　蕊

保障人民幸福安康

习近平总书记5日参加十四届全国人大一次会议江苏代表团审议时强调，人民幸福安康是推动高质量发展的最终目的。

全国人大代表、辽宁大学校长余淼杰对此深表赞同。“人民对美好生活的向往，就是我们的奋斗目标。解决人民群众急难愁盼问题，是惠民生、暖民心的重要举措。”余淼杰代表说。

余淼杰代表表示，新发展阶段必须完整、准确、全面贯彻新发展理念，要以创新、协调、绿色、开放、共享的内在统一来切实保障人民幸福安康。

创新方面，要创新基层治理，完善网格化管理、精细化服务、信息化支撑的基层治理平台，通过打造“网格化+信息化”移动端平台，畅通民意渠道，及时反映社情民意，及早预防和化解影响社会和谐稳定的因素，提升群众的满意度。

协调方面，要优化城乡的协调、区域的协调、行业的协调，缩小城乡收入差距。

绿色方面，要坚持绿水青山就是金山银山，绿水青山就是幸福靠山，推动实现碳达峰碳中和，为百姓提供优美的绿色环境。

开放方面，通过“一带一路”倡议，积极推进对外开放，推动构建人类命运共同体，践行为民谋福理念。

共享方面，通过党建引领社区治理，资源共享为民服务，健全基本公共服务体系，着力做好重点群体就业帮扶、收入分配调节，实行对口帮扶促进城乡医疗均衡发展，持续加强公共卫生、疾病防控体系建设，增强人民群众的获得感、安全感。

来源：《经济日报》 2023年3月7日

记者　温济聪　仇莉娜

中国式现代化，当前怎么干？

——《强国说》第三期 冯俊@全国人大代表余淼杰

强国路上的对话，为推动高质量发展贡献智慧。2023年全国两会，人民网推出“强国说”特别策划，邀请代表委员、专家学者分别就教育发展、科技创新、中国式现代化等主题进行访谈。

全国两会正在召开，“中国式现代化”成为各界热议的话题。如何起步提速、开局争先，更好推进中国式现代化？

近日，人民网《强国说》栏目邀请全国人大代表、辽宁大学校长余淼杰，中央党史和文献研究院原院务委员冯俊，围绕相关话题进行交流。

思路：加快构建新发展格局　培育更多增长动力源

当前中国经济已经进入新发展阶段，构建新发展格局是把握发展主动权的先手棋。

冯俊认为，新发展格局是根据我国发展阶段、环境、条件变化提出来的，是重塑我国国际合作和竞争新优势的战略抉择，对当前推进中国式现代化具有十分重要的意义。

怎样构建新发展格局？在余淼杰代表看来，关键在于畅通“双循环”。

“一方面要依托国内大市场优势，充分挖掘内需潜力。”余淼杰代表表示，首先，以“公开、公正、公平”的原则推进市场化改革，既做强做优做大国有企业和国有经济，也要更好地鼓励、引导和发展民营经济；其次，增强相关举措的前瞻性、精准性、有效性，提升经济发展信心，进而拉动内需；最后，通过稳增长、稳就业、稳物价，让老百姓能消费、敢消费、愿消费。

“另一方面，要推动国内国际市场相互依存、相互促进，增强利用国内国际两个市场两种资源的能力。”余淼杰代表以服务贸易为例提出建议。首先，要扩总量，特别要运用好区域全面经济伙伴关系协定（RCEP）和“一带一路”倡议带来的机遇；其次，要调结构，如在运输、旅游、教育、医疗四大产业集中发力，提升国际竞争力；最后，要树特色，打造有比较优势的产业，服务贸易数字化是个趋势。

重点：牢牢把握高质量发展这个首要任务

从党的二十大，到去年的中央经济工作会议，再到今年全国两会，高质量发展是我们始终锚定的方向。坚定不移推动高质量发展，对稳步实现中国式现代化至关重要。

余淼杰代表认为，坚持高质量发展必须加快建设现代化产业体系，推动战略性新兴产业融合集群发展，让信息技术、人工智能、生物技术、新能源、新材料、高端装备、绿色环保等技术和产业，成为拉动经济增长的新引擎。“这些跟高质量发展密切相关。有了高质量发展，中国式现代化才能走得更稳，道路更宽广。”

冯俊认为，在高质量发展中推进中国式现代化要正确处理好几方面关系。

一是要处理好顶层设计与实践探索的关系，深入探索经济社会发展规律，使制定的规划和政策体系体现时代性、把握规律性、富于创造性。二是要处理好战略与策略的关系，把战略的原则性和策略的灵活性有机结合起来。三是要处理好守正与创新的关系，以科学的态度对待科学，以真理的精神追求真理。四是要处理好效率和公平、活力与秩序的关系。五是要处理好自立自强与对外开放的关系。最后还要处理好机遇和挑战的关系，坚持底线思维，保持战略主动，增强斗争本领。

支撑：加快建设教育强国、科技强国、人才强国

党的二十大报告指出，教育、科技、人才是全面建设社会主义现代化国家的基础性、战略性支撑。

“没有教育强国，就不会有科技强国、人才强国。”冯俊表示，教育系统不仅是科技和人才的集聚地，还是科技创新和人才培养的基础工程。要以教育、科技、人才相结合的系统思维发展教育，探索高质量中国教育现代化之路。

加强基础研究，是实现高水平科技自立自强的迫切要求，是建设世界科技强国的必由之路。

近年来，党中央多次强调要做实基础研究，加强原创性、引领性科技攻关。如开展科研项目经费“包干制”试点工作，旨在赋予科研单位、科研人员更大的科研经费自主支配权，进一步提升财政资金的使用效果，增强科研人才创新活力和服务经济社会发展能力。

“既要充分尊重科研规律，提供更宽松的环境，让科研人员

能真正以需求为导向，把经费用在需要的地方；也要将科研人员从繁杂琐碎的行政事务中解放出来，将更多的精力用于突破科技难关。”余淼杰代表认为，面向国家创新驱动发展战略，高校应积极促进产学研用一体化发展，做到研究真问题，真研究问题。

“高等院校作为基础研究的主力军和重大科技突破的策源地，应巩固和发扬基础研究优势，开拓和发展应用基础研究，在国家科技自立自强和高质量发展中担当作为，作出更大贡献。”冯俊建议。

来源：人民网-强国论坛　2023年3月10日

记者　周　晶

余淼杰做客2023全国两会特别节目《强国说》

全国两会召开，“中国式现代化”成为各界热议的话题。人民网《强国说》栏目邀请全国人大代表、辽宁人大常委、辽宁大学校长余淼杰，中央党史和文献研究院原院务委员冯俊，围绕相关话题进行交流。本文为文字实录。

主持人：各位网友大家好，欢迎收看人民网2023全国两会特别节目《强国说》，我是本期节目主持人冯俊。党的二十大报告明确提出，从现在起，中国共产党的中心任务就是团结带领全国各族人民全面建成社会主义现代化强国、实现第二个百年奋斗目标，以中国式现代化全面推进中华民族伟大复兴。当前，中国式现代化与构建新发展格局，推动高质量发展的逻辑关联是什么呢？推进中国式现代化需要处理好哪些重大关系？中国式现代化可以为世界提供哪些机遇？本期《强国说》邀请到全国人大代表、辽宁人大常委、辽宁大学校长余淼杰与各位网友分享交流，欢迎余淼杰代表。

余淼杰：谢谢冯老师。网上的朋友们好！

主持人：余代表，各位网友可能关心这样一个问题，习近平总书记指出，概括提出并深入阐述中国式现代化理论，是党的二十大的一个重大理论创新，是科学社会主义的最新重大成果。我想问一问，我们应该如何理解习近平总书记这一重要论断？

余淼杰：好的，谢谢冯老师。正如冯老师刚才所讲到的，党的二十大报告提出了中国式现代化，习近平总书记也讲到了，建设和发展中国式现代化是一个重大的理论创新。正如党的二十大报告所指出的，中国式现代化是中华民族实现伟大复兴的必由之路。为什么这样讲呢？因为中国式现代化有两方面的特征：一方面中国式现代化既有各国现代化的共同特征，另一方面中国式现代化更有基于自己国情的中国特色。中国式现代化至少包含五个方面的内涵。

第一，中国式现代化是人口规模巨大的现代化。讲到人口规模巨大的话，不只是讲人口，其实还有经济的规模，换言之，中国作为全球第二大经济体，中国实现现代化的途径和小型的经济体的实现途径是有所不同的，比如，新加坡、我国香港地区等。这些国家和地区实现现代化，可以通过简单地融入全球一体化当中去，然后通过简单的外溢作用就能实现。而对于一个大型经济体来讲，对外开放是一个必要条件，但不是一个充分条件。换言之，只有对外开放是不够的。对于中国而言，更为重要的是发挥我们超大规模的市场优势，充分挖掘我国超大规模的市场优势和内需潜力，构建我们的中国式现代化。

第二，中国式现代化是全体人民共同富裕的现代化。中国共产党始终坚持立党为公、执政为民，我们党的宗旨是全心全意为人民服务。换言之，让全体人民实现共同富裕是我们追求的终极目标。我们鼓励勤劳致富，反对不劳而获。同时，我们强调的是机会的公平，在公平与效率这两方面，我们现在还是强调效率优先，兼顾公平，公平和效率都很重要，都要发展。因此，我们要积极提升共同富裕的水平，真正做到提高低收入群体的收入水平，扩大中等收入群体的水平，以及调节高收入群体的水平。从目前来说，“提低”和“扩中”应该是最重要的，这就是我们所讲的共同富裕的现代化。

第三，中国式现代化还有一个内涵，它是物质文明和精神文明相协调的现代化。一方面是物质文明，另一方面是精神文明。正如党的二十大报告所指出的，我们现在最主要要做的是把马列主义的普遍原理和中国的建设和实践更好地结合起来，推进马克思主义中国化时代化。应该说，在当代中国推进马克思主义的时代化，这是党的二十大报告中一个非常鲜明的亮点，也就是把马克思主义的普遍真理和我们中国的实践结合起来，同时也跟中华民族的优秀传统文化结合起来，实现物质文明和精神文明的高度统一。

另外，还有非常重要的一点，就是现阶段我国社会主要矛盾，也就是人民日益增长的美好生活需要和不平衡不充分的发展之间的矛盾。对此，我们必须要有清醒的认识并着力解决这个主要矛盾。

第四，中国式现代化是人与自然和谐共生的现代化。中国共产党作为世界第一大政党，我们有9600多万党员，也是第一个把“绿水青山就是金山银山”这样一种理念写入党章的一个大党，这也是彰显了我们对环境保护重要性的认识。所以，这也是非常重要的一点。

第五，中国式现代化是走和平发展道路的现代化，一花独放不是春，我们追求的是世界各民族、各国家共同富裕。为了实现构建人类命运共同体这一目标，和平与发展是根本保障，这是中国式现代化的五个内涵之一。正是因为有了这些丰富的内涵，所以它成为实现中华民族伟大复兴的一条必由之路，这也是我们在理论上的重大创新和重大突破，它打破现代化等于西方化的迷思，展现了现代化的另一幅图景。现代化可以有不同的途径，中国式现代化是最具中国特色社会主义发展的一个方式和途径。

主持人：中国式现代化是我们党领导全国各族人民在长期探索和实践中历经千辛万苦、付出巨大代价取得的重大成果。党的十八大以来，我们党在已有基础上继续前进，在认识战略实践上不断深化、完善和丰富，使中国式现代化更加清晰、更加科学、更加可感可行。习近平总书记关于中国式现代化的重要论述讲到了中国式现代化的本质特征，中国式现代化是中国共产党领导的社会主义现代化；讲到了中国式现代化基于中国国情特色和五个特点，就是您刚才详细论述的这五个方面；还讲到了中国式现代化的目标和任务，就是以中国式现代化全面推进中华民族伟大复兴。习近平总书记还提出了中国式现代化的九条本质要求、五个重大原则和实现现代化的科学方法论，已经形成了一个完整的理论体系。中国式现代化蕴含的独特世界观、价值观、历史观、文明观、民主观、生态观等及其伟大实践，是对世界现代化理论和实践的重大创新。习近平总书记的中国式现代化理论反映了新时代的时代精神，是理论创新的最新成果，丰富和发展了习近平新时代中国特色社会主义思想，开辟了马克思主义中国化时代化的新境界，这也是我想谈的感想和体会。

余代表，我还有一个问题要请教，党的二十大报告对构建新发展格局、推动高质量发展提出了一系列新的思路、战略和举措。您认为应该如何准确理解和把握实现中国式现代化与构建新发展格局、推动高质量发展之间的逻辑关联？

余淼杰：谢谢冯老师。我对这个问题是这样看的。在党的十九大以及十九届历次会议中，我们一直在强调，我们已经进入新的发展阶段，我们要立足于新发展阶段，完整准确全面贯彻新发展理念，然后来构建新发展格局，实现经济的高质量发展。“三新一高”和中国式现代化的逻辑关系，我个人认为，它也是实现中国式现代化的实现方式和途径。所以，从这个角度上来讲，我们也可以分别具体地来看，比如说，我们刚才讲到，中国式现代化的一个特征，即物质文明和精神文明相协调的现代化。从物质文明来讲，解决的主要矛盾是人民日益增长的美好生活需要和不平衡不充分的发展之间的矛盾。这里有两个关键词：不平衡，不充分。这就是五大新发展理念所要回答的问题。为什么这样讲？因为五大新发展理念提到创新、协调、绿色、开放、共享，提到创新是第一动力，协调是内生特点，绿色是普遍形态，开放是必由之路，共享是最终目标。这五大新发展理念的五个关键词，联系起来看，和不平衡、不充分这两个关键词有异曲同工之处，是一枚硬币的两面。为什么这样讲？创新在于解决不充分的问题。人与自然之间的关系存在一个从无到有、从0到1，强调人与自然充分和谐发展的关系，这是创新。再比如说绿色，其实也是强调人与自然充分和谐的关系。还有就是协调，协调是一种普遍的形态，因为协调包括三个方面的协调：区域的协调、城乡的协调、行业的协调。这也是强调要解决不充分的问题。开放和共享，可以说一个是目标，一个是手段。五大新发展理念和中国式现代化是相辅相成的。换言之，我们说“三新一高”，我们的目标是通过实现经济的高质量发展、社会民生的高质量发展，从而来逐步实现中国式现代化。因此，我把它理解为是实现中国式现代化的一条必经之路。

主持人：您刚才从国内主要矛盾，人民对美好生活的需要与不平衡不充分发展之间的矛盾，揭示了五大新发展理念和中国式现代化之间的内在逻辑联系，我觉得讲得非常好。

党的十八大以来，我们对经济社会发展提出了许多重大理论和理念，其中新发展理念是最重要的，或者是最主要的。完整准确全面贯彻新发展理念，加快构建新发展格局，着力推进高质量发展，新时代、新征程上我们还将续写更大的奇迹。

余校长，党的二十大报告第一次将教育、科技、人才放在一起来讲，这是很有新意的。请问余校长，您如何理解教育、科技、人才是全面建设社会主义现代化国家的基础性、战略性支撑这一论断的?

余淼杰：我对这个问题的看法是这样的。在党的二十大报告中讲到教育、科技、人才，其实这三个方面是三位一体的。换言之，科技是第一生产力，创新是第一动力，在我们的新发展理念中也做了详细的论述。我个人认为，我们的创新主要有两个方面的创新，一个是狭义方面的创新，一个是广义方面的创新。狭义方面的创新就是我们平时所讲的科技创新、技术进步。而科技创新和技术进步其实是两个不同的概念。科技创新是从无到有、从0到1的原创性的贡献；技术进步则是一个渐进的变化，比如原来做这件产品需要五道工序，现在改进技术只需要三道工序，这就是渐进的变化。科技创新与技术进步对国民经济的发展来说都很重要，但是实现的途径和主体是不一样的。比如技术进步，可以实现万众创新；再比如科技创新，主要还是要靠大型的科研机构、高等院校集体的攻坚克难来实现。

我们要想实现这个目标，就要努力加大创新的投入。我们看今年的政府工作报告，其中提到一个非常喜人的数字，我们的研发费用占国内生产总值的比例，已经达到2.55%的水平，这体现了我们研发的强度。2.55%是什么概念呢？欧盟的平均水平是2.6%。换言之，我们国家的研发水平已经基本上接近了发达国家特别是欧盟的平均水平，这是一个可喜可贺的进步。

我们同时也看到，它有一个广义方面的创新，即不只是科学技术的创新，更多的是社会的一些规则、规制、标准、管理方面的创新，比如对外开放、对内改革的深化，我们举几个例子来看，比如各地的自由贸易试验区，以及海南的自由贸易港等制度的创新都是很好的例子。因此，它将来会成为真正推动经济社会发展的原动力、第一动力。那么，怎么样来实现技术进步和科技创新呢？必须要通过教育来实现，教育的投入是非常重要的。我们可以看到，今年的政府工作报告中也特别强调了教育，有关教育方面有几个指标特别值得我们高度重视。

第一点，我们看到过去五年，每一年我们的教育占国内生产总值的比例稳定在4%以上，4%是一个非常重要的临界点指标，因为世界上发展较好的国家基本上都是在4%左右。所以，我们的这个指标已经达到4%左右，这一点是非常难能可贵的。

第二点，我们同时看到，现在的义务教育率已经达到95.5%以上，再看我们的高等教育，到底有多少年轻人进入大学读书呢？答案是接近60%。这些数据都是非常可喜的，展示了我们这些年对教育的重视、对教育投入的重视。

第三点，在人才培养方面，我们要想获得源源不断的人才，对教育的大力投入，这是一个必要的条件，我们已经具备了这样的基础。因此，人才的集聚效应目前越来越明显。

怎么样来使三者合为一体呢？就像习近平总书记所讲的，我们关键要做到聚天下英才而用之，为教育创造更好的平台，使得我们的年轻人成为国家的栋梁之才，促进科技的创新发展。

主持人：的确如此。全面建设社会主义现代化国家，教育是基础，科技是关键，人才是根本。要加快建设教育强国、科技强国、人才强国，将为全面建成社会主义现代化强国凝聚强大的动力，提供强大的支撑。

余代表，我知道您的专业是搞经济学，特别是研究国际贸易的，您认为一个不断走向现代化的中国，可以为世界提供哪些机遇呢?

余淼杰：我们可以看到，中国现在是世界第二大经济体。假以时日，中国在21世纪的中后期将会成为世界最大的经济体。当中国成为世界最大的经济体的时候，它能给全球带来什么呢?我认为至少可以从两个方面来理解：一方面，中国会成为全球最大的市场。而中国成为全球最大的经济体的时候，自然而然也就会成为全球最大的市场，可以为其他国家的产品、服务出口提供广阔的市场。换言之，中国这个最大的市场能有力拉动其他国家的就业，促进其他国家经济的增长，实现百花齐放春满园的美好愿景。另一方面，中国经济不断扩大，我们也是全球最大的工业生产国，我们现在已经被看作是世界工厂，假以时日，等中国成为全球最大的经济体的时候，我们不仅是全球的制造工厂，同时随着数字经济的发展，我们也会成为全球的智造工厂。所以，从这个角度来讲，我们要通过高质量的供给来创造有效的需求，也就是说我们在未来发展过程中，要实现产业链不断升级，实现产品附加值不断攀升，实现产品质量不断提升，实现全球生产率不断提升。换言之，中国经济做大做强不仅有利于中国自己本身，也会惠及全世界。

主持人：余校长是搞经济学的，所以讲得很具体、很生动。我的专业是哲学，我讲得抽象一点。我认为中国式现代化的一个重要启示，就是世界上既不存在定于一尊的现代化模式，又不存在放之四海而皆准的现代化标准。一个国家走上现代化道路，要遵循现代化的一般规律，更要符合本国实际情况，具有本国特色。通向现代化的道路不止一条，可以说条条道路通罗马，各国都可以探索出自己的现代化道路。现代化道路并没有固定模式，适合自己的才是最好的。每一个国家都应该坚持走自主探索符合本国国情的现代化的道路。因此，我们说中国式现代化具有世界意义。中国式现代化为广大发展中国家独立自主迈向现代化树立了典范，拓展了发展中国家走向现代化的路径，同时为人类社会进步和全球经济发展提供中国方案。

我记得2021年7月1日，在庆祝中国共产党成立100周年大会上，习近平总书记首次讲到，我们坚持和发展中国特色社会主义，五大文明协同发展，创造了中国式现代化新道路，创造了人类文明新形态。在这里他是把中国特色社会主义与中国式现代化新道路、人类文明新形态联系在一起的，揭示了三者之间的内在联系。2023年2月7日，在新进中央委员会的委员、候补委员和省部级主要领导干部学习贯彻新时代中国特色社会主义思想和党的二十大精神研讨班上，习近平总书记在讲话当中论述了中国式现代化深深植根于中华优秀传统文化，体现科学社会主义的先进本质，借鉴吸收一切人类优秀文明成果，代表人类文明进步的发展方向，展现了不同于西方现代化模式的新图景，是一种全新的人类文明形态。这实际上是说中国式现代化本身就是人类文明的新形态，中国的发展受益于世界，也用自身的发展回馈世界、造福世界。一个不断走向现代化的中国，必将为世界提供更多的机遇，为国际合作注入更强劲的动力，为世界稳定繁荣作出更大的贡献。

余代表，我们知道推进中国式现代化是一个系统工程，需要统筹兼顾、系统谋划、整体推进。您认为这其中需要处理好哪些重大关系呢？

余淼杰： 对，冯老师，我认为实现中国式现代化正如党的二十大报告中所讲到的五个内涵里面所指出的，我们要协调和处理好五个方面的关系。

一是人口规模巨大的现代化，我们要处理好市场的规模及人口结构之间不平衡的矛盾。换言之，我们现在面临人口老龄化的这种国际普遍存在的现实情况，除了人口规模的不断扩大之外，人口结构也在不断地老化。怎么样来处理和解决这样的矛盾呢？怎样做到协调和统一呢？我觉得一个办法就是提高劳动者的素质，要更充分地发挥人力资源作用。另外，我们还要不断提升劳动者的素质，通过在岗培训，通过不断的学习，真正做到常言所说的活到老、学到老。通过这种方式来解决市场规模与人口结构之间不平衡的矛盾。

二是物质文明和精神文明之间的协调和统一。在我们的物质文明不断进步的同时，我们也一定要抓好精神文明建设。中华民族的优秀传统文化是博大精深的，党的二十大报告就用了多个成语来总结中华优秀传统文化。我举一个例子，我们一般讲到经济学或者西方经济学的时候，都会讲到亚当·斯密的《国富论》中“看不见的手”的理论，它主要讲的是市场的有效性。同时，我们还要讲到他的另一本书《道德情操论》，其中讲了企业不能只想到利润最大化，个人不能只想到效用最大化，必须要从社会角度讲做贡献，这是西方的一个认识。其实，中国在亚当·斯密之前的春秋战国时期，早就有这方面的认识。比如，孔子就提到要“义主利从”，义为主，利为从，所以重义轻利，从这个意义上说，我们早有“义主利从”的认识。因此，社会主义精神文明建设是非常重要的，我们对中华优秀传统文化要更充分地挖掘并把它发扬光大。

三是人与自然的和谐共生。在国际环境保护中，我们特别强调各国要共同承担、分别负担来保护生态环境。这里面通过两个要求来形成统一协调。首先，我们强调的是一个可累积、可计算的概念。比如，我们看到今天的碳排放这么严重，今天的环境污染这么严重，我们不能光看今年某一个国家的碳排放的量，应该从工业革命以来工业文明的长度来理解，因为冰冻三尺非一日之寒。首先，从1871年德国统一之后工业革命开始到现在，美国承担29%的碳排放，中国承担9%的碳排放，我们根据不同的排放标准来付费，这是比较合理的。其次，还有一个按照人均承担的概念，1000万人口的小国和14亿人口的大国，当然碳排放的量是不一样的，因而也应按照人均的标准来计算。事实上，这两个标准也已经成为全球多个国家所接受并达成共识的理念加以推广。我想，这就是统筹与协调之间的关系。

四是共同富裕。我们所说的共同富裕，其实也是分成几个阶段，并不是一蹴而就的。首先，中国经过70多年的经济发展，已经成为世界第二大经济体，而且中国的脱贫攻坚取得了令世人瞩目的伟大成就，请注意我们用了“成就”这个词，其实，832个贫困县全部摘帽、9899万农村贫困人口全部脱贫，这些数字都有力地说明了我们脱贫攻坚所取得的伟大成就。第一步是脱贫攻坚。第二步是乡村振兴，即通过帮扶推动产业发展来助力乡村的振兴。第三步是实现共同富裕。共同富裕，不只强调的是一个结果的接近，我们更加强调的是一个机会的均等。因此，这是我们对协调统一的理解和论证。

五是在和平环境中发展。尽管我们现在处在风高浪急的国际环境中，甚至有的时候会遇到惊涛骇浪，但是不管怎么讲，我们有中国共产党的坚强领导，我们有定海神针，我们就可以处变不惊。因为我们处变不惊，我们可以说现在这个时代的主流依然是和平与发展。也正因为在和平与发展的国际环境中，我们始终坚持经济全球化，才能推动经济平稳发展。

主持人：您从中国式现代化的五大基本特征讲到要处理好这几个关系，我觉得思路很新颖。我也有一点认识，习近平总书记强调推进中国式现代化是一个系统工程，需要统筹兼顾、系统谋划、整体推进，正确处理好顶层设计与实践探索、战略与策略、守正与创新、效率与公平、活力与秩序、自立自强与对外开放等一系列重大关系。因此，我认为至少有这么几个关系。

第一，要正确处理好顶层设计与实践探索的关系，深入探索经济社会发展规律，使制定的规划和政策体系体现时代性、把握规律性、富于创新性，做到远近结合、上下贯通、内容协调。

第二，要处理好战略与策略的关系，增强战略的前瞻性、全局性、稳定性，要把战略的原则性和策略的灵活性有机地结合起来。

第三，要处理好守正与创新的关系。在党的二十大报告中习近平总书记强调，“守正才能不迷失方向、不犯颠覆性错误，创新才能把握时代、引领时代”。

第四，要处理好效率与公平、活力与秩序的关系。我们既要讲效率，又要讲公平，同时也不能一放就乱，一管就死。

第五，要处理好自立自强与对外开放的关系。要统筹发展和安全，要坚持独立自主、自立自强，要不断扩大高水平的对外开放。

第六，我们还要处理好机遇和挑战的关系。推进中国式现代化必然会遇到各种可以预料和难以预料的风险挑战、艰难险阻，甚至是惊涛骇浪。必须增强忧患意识，坚持底线思维，居安思危、未雨绸缪、敢于斗争、善于斗争，要保持战略清醒，对各种风险挑战做到心中有数，保持战略自信，要增强斗争的底气，保持战略主动，增强斗争的本领。

余校长，今天上午李克强总理代表国务院作《政府工作报告》总结过去五年工作的时候讲到，支持基础研究和应用基础研究，全国基础研究的经费五年增长了一倍，改革科研项目和经费管理制度赋予科研单位和科研人员更大自主权，努力将广大科技人员从繁杂的行政事务中解放出来。作为一位大学校长，您对政府工作报告中的这段话有什么体会呢？

余淼杰：正如您所讲的，李克强总理讲到这段话的时候，我们作为教育工作者内心是非常激动也是非常振奋的。在大学里，我以前一直都是在一线做教学工作的，因而从这个角度上讲我也感触颇深。如果充分地把科研工作者从日常的繁复的行政事务、填表的琐碎的日常事务中解放出来，对科技工作者来说是一大福音。从工作的性质上讲，很多科技工作者、很多老师都需要一个非常安静的、独立思考的空间，这样他们才能够在科研领域中不断探索，不断挖掘，最后很多研究可能都是“二句三年得，一吟双泪流”才做出来的。在这个过程中，如果我们的行政人员能够帮我们的科技工作者、我们的老师从一些繁杂的行政事务中解放出来的话，对我们的科技工作者、对我们的老师来讲将是非常大的减负，这是我最直接的一点体会和认识。

还有一点更为重要，我们的科技工作者，我们的老师，在做科研、在做学术研究的时候，不管是文科也好，理科也好，一定是要服务中国的经济社会发展的，一定是要服务“国之大者”“省之要者”的。换言之，当然所有的科学研究工作都有意义，但是如果您的研究能够帮助国家解决“卡脖子”的问题，能够解决一些国计民生中关键的问题，那意义就更为重大，这是对理工科老师而言的。对文科老师来说也是一样，如果您的研究能够结合国家的发展方向，对国民经济发展的重要的方向提出一些有益的政策建议，并且如果可能的话，能够引导国家的政策方向，那您对社会的贡献会更加直接。因此，这也是我自己对习近平总书记要求我们把论文写在祖国大地上的一点浅显的理解和认识。

主持人：确实如此。加强基础研究和应用基础研究是科技自立自强、推进中国式现代化的关键。中国式现代化是我们党领导全国各族人民在长期探索和实践中历尽千辛万苦、付出巨大代价取得的重大成果。我们必须倍加珍惜、始终坚持，不断拓展和深化。我们要更加紧密地团结在以习近平同志为核心的党中央周围，高举中国特色社会主义伟大旗帜，以习近平新时代中国特色社会主义思想为指导，全面贯彻党的二十大精神，砥砺前行，为全面建设社会主义现代化国家、全面推进中华民族伟大复兴而团结奋斗。再次感谢余淼杰代表的精彩分享。

感谢各位网友的收看，再见！

问：您是如何看待政府工作报告提出的主要预期目标的？尤其是几个比较有代表性的数字5%、1200万、3%以及增长和收入基本相同。

答：今年的政府工作报告提到了我们的2023年经济增速达到

5%左右，新增就业人数1200万，以及CPI涨幅预期3%，我觉得这几个数字反映了中共中央、国务院对今年经济工作的一个判断，一个客观、真实的理念。客观地讲，我认为这些数字都是比较稳健的数字。国际货币基金组织将中国经济增长预测上调至5.2%，这是从去年底的4.4%提升到今年的5.2%，我们实事求是地将今年的经济增长目标定在5%左右，这表明我们不以单纯追求经济的增速为指标。另外，我们今年的工作更加注重经济的高质量发展，至少质的提升和量的增长同样重要，所以我们将目标定在5%左右的水平。我认为，今年只要不出现很大的“黑天鹅”“灰犀牛”事件的话，我们完成目标是没有问题的。

问：我想请教您如何看待今年政府工作报告里面提到的主要预期目标？

答：今年政府工作报告中提到了我们的经济增速保持在5%左右，新增的城市就业人口1200万，城镇失业率控制在5.5%以下，CPI涨幅预期在3%左右。怎么看待这些指标呢？我个人认为，这说明了我们更加注重经济的高质量发展，对GDP的增速具体的量来讲，只是把它作为衡量的一个方面，相反，我们更加注重经济的高质量发展。另外，中国能否实现5%左右的经济增速呢？在我看来，除非出现非常大的“灰犀牛”“黑天鹅”事件，那么中国经济实现5%左右的经济增长基本上是板上钉钉的事情。

为什么作出这个判断呢？国际货币基金组织在今年1月发布了对今年中国经济增速的预测，由去年的4.4%调整到今年的5.2%，换言之提升了0.8个增长点，我们的政府工作报告明确了国内生产总值增长5%左右，比国际货币基金组织预测的5.2%还要稳健。

一般来讲，国际货币基金组织对中国经济增速的预测是高还是低呢？应该说，他们作出的预测相对来说还是比较准确的，但也都略低于我们的实际增速。比如2020年，他们对我们的经济增速预测8.1%，但是我们实现了经济增速8.4%，往年也有类似的情况。我个人认为，我国经济的实际增速应该在5%以上，有可能达到5.5%，或者至少达到5.5%，我们为什么不定那么高呢？这说明我们更加强调经济的高质量发展。

问：现在GDP的增长预期定到了5%左右，您觉得这个目标的设定综合考虑了哪些因素呢？

答：刚才我已经回答了。

问：我们肯定能实现这样的目标，您觉得我们今年经济增长的动力主要来自哪些方面？

答：我们的挑战主要来自三重压力，即需求的疲软、供给的冲击及预期的减弱。事实上除了这三个方面，2022年增速之所以有所下降，最主要原因是受到疫情的冲击。所以，在这四重压力之下，我们去年的经济增速比较低。今年，我们打赢了疫情攻坚战，取得了伟大的胜利，我认为这是今年经济增长动力的第一个方面。

第二个方面，我们看供给的冲击。国际原材料价格长期处于高位的状态，所以，传达到我们很多下游的产业，造成产品的价格比较高，成本也比较高。但是，现在我们看到，随着国际通胀压力的缓解，我们的供给冲击压力也有所缓解。

第三个方面，我们看需求的疲软。从去年底到现在，欧美经济也相对缓和，疫情冲击、需求疲软态势逐步减弱。在这样的态势下，怎么样保证我们的经济实现高质量发展呢？事实上，今年的政府工作报告作出了很多具体的部署。比如，在宏观政策方面，通过积极的财政政策和稳健的货币政策协同发力；在科技创新方面，我们采用更有力度的科技政策，保证我们的科技自立自强，推动我们的科技进步。在多种政策合力之下，我们今年的经济增速是有保障的。这就是为什么我们说今年实现5%左右的经济增速其实是没有问题的。去年由于受到疫情的冲击，我国经济实现了3%的增长。今年，我国的经济增速会有较大回升，我国的经济释放出来的潜力将会更大，我个人认为我们今年实现5%左右的经济增速基本上是板上钉钉的事情。

中国不愿脱钩，但已做好应对！

近日，在接受中国日报专访时，全国人大代表、辽宁大学校长、中国世界经济学会副会长余淼杰表示，开春以来，中国经济已经出现非常明显的利好态势，尤其是酒店、餐饮、旅游、交通这四大消费性产业，将成为拉动经济增长的最热门环节。下半年，机械、电子等出口产业发力会更为明显。

在谈到中美关系时，余淼杰认为，中国不愿意看到中美脱钩出现，但也做好了应对准备，因为中国具备全产业链的优势，如果出现脱钩或断货的情况，即便中国无法将某个东西生产到最好，但仍然能生产出来。因此，虽然脱钩对中国的产业链短期内会产生一定的冲击，但对中国的负面影响是有限的，时间越长，中国应对能力就越强。

来源：《中国日报》　2023年3月11日

推动营商环境一体化发展

“近年来，我国市场监管持续发力，市场环境公正有序，经营主体的满意度不断提高。”辽宁大学党委副书记、校长余淼杰代表说，当前，区域间营商环境水平仍有一定差异，要加快推动营商环境一体化发展，缩小区域差异，为建设全国统一大市场创造有利条件。

余淼杰代表建议，通过加强数字化手段推动营商环境一体化发展，大力推动数字要素、数字技术和数字人才的体系建设，实现更多领域、环节办事流程数字化，越来越多事项“马上办、网上办、一次办”。同时统筹推进阳光政务和阳光商务建设，提升管理透明度和可预期性，持续打造市场化、法治化、国际化的营商环境。

来源：《人民日报》　2023年3月12日　记者　徐驭尧

今年外贸形势并不会悲观，要扩大出口目的地范围

今年政府工作报告明确外贸的预期目标是“进出口促稳提质”，并将“更大力度吸引和利用外资”列为今年工作重点之一，强调继续发挥进出口对经济的支撑作用。近日，海关总署发布的数据显示，今年前2个月外贸实现平稳开局。

不过，也要看到，一段时间以来，外需放缓、外贸承压，在这种背景下，如何实现今年外贸发展的目标？需要突破哪些难点？这些都是需要解答的问题。

全国两会期间，全国人大代表，辽宁大学党委副书记、校长余淼杰在接受澎湃新闻专访时表示，要更好发挥进出口对经济的支撑作用，一方面，要扩大出口目的地范围并做好出口产品的差异化，不过于集中在欧美成熟市场，更需向一些新兴工业国家出口，“聚少成多、积小为大”；另一方面，要扩大进口，特别是扩大对日本、韩国的进口。

在谈到对今年外贸形势的预判时，余淼杰称“并不会悲观”，“进出口总额预计能达到48万亿元（人民币，下同）到50万亿元之间，外贸顺差我认为能够达到6万亿元左右。”

如何发挥好进出口对经济的支撑作用?

来自商务部的数据显示，2022年我国货物进出口总值达到42.1万亿元，连续6年保持货物贸易第一大国地位。货物与服务净出口对GDP的增长贡献率达到17.1%，拉动GDP增长0.5个百分点。

今年政府工作报告对外需、外贸面临的困难提出警示：外部环境不确定性加大，全球通胀仍处于高位，世界经济和贸易增长动能减弱，外部打压遏制不断上升。

对于如何更大力度吸引和利用外资，政府工作报告提出了具体要求，包括，扩大市场准入，加大现代服务业领域开放力度。落实好外资企业国民待遇。积极推动加入《全面与进步跨太平洋伙伴关系协定》(CPTPP) 等高标准经贸协议，主动对照相关规则、规制、管理、标准，稳步扩大制度型开放。继续发挥进出口对经济的支撑作用。做好外资企业服务工作，推动外资标志性项目落地建设。

余淼杰认为，应更好发挥进出口对经济的支撑作用，一方面，要扩大出口目的地范围并做好出口产品的差异化，不能太过于集中在欧美成熟市场，应该向东南亚国家或者其他经济比较好的新兴工业国家多出口，“尽管这些市场一开始比较小，但聚少成多、积小为大，假以时日，发展会越来越好。”另外，出口的产品种类也要参考不同目的地的收入水平，通过产品的出口差异化来更好提升出口的数额。另一方面，要扩大进口，特别是扩大对日本、韩国的进口，“因为相对其他国家，日韩的中间品、核心零部件等质量较高。”同时，扩大对RCEP国家的原材料进口也很重要，充分发挥好RCEP的区域“抱团取暖”的功能。

今年前2个月的海关数据显示，前2个月，东盟为我国第一大贸易伙伴，与东盟贸易总值增长9.6%，对东盟出口增长17.9%，自东盟进口下降0.9%，对东盟贸易顺差扩大91.6%。

今年外贸形势“并不会悲观”

海关数据显示，今年前2个月我国外贸开局平稳，进出口总值6.18万亿元人民币，同比（下同）微降0.8%。其中，出口3.5万亿元，增长0.9%；进口2.68万亿元，下降2.9%；贸易顺差8103.2亿元，扩大16.2%。在全球价格涨跌互现等因素的影响下，出口相对好于预期。

余淼杰认为，相对于去年底，当前世界经济在复苏，美欧经济“站稳”，近期IMF也略微上调了2023年全球增长前景预测，这意味着今年的外需形势好于去年。

“当然我们最近也看到，国外银行发生挤兑现象，现在还没有足够的证据来判断这种挤兑现象会不会更进一步地蔓延或扩散，如果能够比较有效地控制住，金融方面可能的危机，不见得一定会很快传递到贸易界。”余淼杰说，“所以我觉得总体的外部形势已止跌企稳，三大经济体甚至有可能会实现小幅的温和增长。”另外也要看到，与“一带一路”国家的贸易是今年外贸的增长亮点。

在谈到对今年外贸形势的研判时，余淼杰称“并不会悲观”，“进出口总额预计能达到48万亿元到50万亿元之间，如果发展比较好，今年外部世界不发生大规模经济危机的话，我国出口大概在28万亿元，进口22万亿元，贸易顺差应该在6万亿元左右。但如果因为外需的疲软，出口可能会下降，进口也相应会下降，进出口总额可能会有所变动，但我认为外贸顺差还是能达到6万亿元左右的，我非常有信心。”

“5%的增速非常稳健”

今年政府工作报告将国内生产总值增长设定在5%左右，余淼杰认为这是一个“非常实事求是、特别稳健的目标”，“如果外界没有发生大的经济危机，我认为今年实现5%的经济增速应该是‘板上钉钉’的事情。之所以设定相对稳健的增速，一个原因是我们强调经济高质量发展，而不是一定强调量的增加，质的有效提升比量的增长显得更为重要。”

此前，国家发展改革委副主任赵辰昕在“权威部门话开局”系列主题新闻发布会上谈到5%左右的增长目标时表示，首先，中国仍是发展中国家，需要在提高发展质量效益基础上长期保持合理经济增长；同时，统筹推进扩大就业、改善民生、防范化解风险等工作，也需要保持一定的经济增速。其次，5%左右的预期目标符合经济运行走势，符合经济发展规律，也有利于引导各方面更加注重提高经济发展质量和效益，加快构建新发展格局，推动高质量发展。最后，各地区发展信心和劲头很足，各地人民代表大会都确定了今年本地区经济增长预期目标，31个省区市中有27个省份预期目标高于全国，其中有23个省份为5.5%或以上，各地的发展信心、采取的务实举措，为全国目标实现创造了条件、打下了基础。

来源：澎湃新闻　2023年3月12日　记者　滕　晗

消费将是上半年拉动经济增长的“火车头”

中国网财经3月13日讯（记者 畅帅帅） 政府工作报告提出，今年外部环境不确定性加大，全球通胀仍处于高位，世界经济和贸易增长动能减弱。在这样的背景之下，我国经济复苏如何推进？对外贸易如何调整？

全国两会期间，全国人大代表，辽宁省人大常委、辽宁大学校长在接受中国网财经记者专访时表示，消费将是上半年拉动经济增长的“火车头”，而出口会在下半年成为拉动经济增长的主要动力。

中国网财经：政府工作报告提出，今年要大力提振市场信心，把实施扩大内需战略同深化供给侧结构性改革有机结合起来，突出做好稳增长、稳就业、稳物价工作，有效防范化解重大风险，推动经济运行整体好转。

提振信心、经济复苏是今年的主旋律，您觉得应该从哪些方面入手提振信心？

余淼杰：今年的政府工作报告指出，扩大内需必须与深化供给侧结构性改革结合在一起，这个跟中央经济工作会议的精神如出一辙。中央经济工作会议特别强调，我们要通过有效的供给、高质量的供给来创造有效的需求。

提振信心、经济复苏是今年的主旋律，我认为应该从“六稳”来着手，首先是稳预期，要做好形势判断。

在国际环境方面，当前我们处在一个百年未有的大变局中，国际环境“风高浪急”，甚至有时候是“惊涛骇浪”。当前的国际经济形势是外需相对疲软，各国经济下行压力比较大，因此部分国家可能也会出台以邻为壑、各自为政的经济措施。

另一方面，我们要认识到，我们其实是全球经济发展较好的国家之一，换言之，我们是拉动世界经济增长的一个“火车头”。

基于以上判断，我认为提振信心的具体举措要从三个方面同时发力，即消费、投资和出口。在这三者之中，投资主要是由政府主导，这两年我们积累了大量的经验，应该说是驾轻就熟的，所以最重要的方面还是在提振消费和出口方面。

对于提振消费，首先我们要切实提升老百姓的可持久收入，主要是通过减税降费来实施，并可以考虑逐步提升居民可支配收入，逐步提升个人所得税的起征点，比如说由目前的5000元小幅上涨5%左右，相当于间接提升了老百姓的可支配收入，有利于从根本上解决持久收入上升的需求。

第二是要坚定地认识到，要有序地、坚定不移地推进国内统一大市场的构建。统一大市场构建起来了，消费自然也就起来了。在具体举措方面，比如促进新能源汽车以及大型家电消费，在城市中创造更多的消费场景，提升消费便利化。在农村的话，通过打通“最后一公里”，提升农村老百姓的物流速度，促进农村消费。

中国网财经：您认为经济复苏的关键点有哪些？复苏速度会受到什么因素的影响？

余淼杰：经济复苏的关键点也在于投资、消费和出口。

从数据来看，去年四季度，疫情反弹再次对消费市场造成一定冲击，社会消费品零售总额同比下降2.7%。去年疫情放开之后，我们的消费在反弹性恢复，我认为今年第一季度的消费比2022年第四季度环比上升10%是没有问题的。

所以我判断，消费将是上半年拉动经济增长的“火车头”，出口会在下半年成为拉动经济增长的主要动力。

从复苏的速度来看，我认为最重要的是会受到国内统一大市场构建的速度影响。换言之，就是在要素市场，我们是否能够在资金、能源、土地、人才方面形成流动性强的国内统一大市场。

我认为统一的精髓不在于计划，而在于要素自由流动。而实现自由流动的第一步是各种要素按照最优的价格配置；第二步是要形成一个有效降低物流成本的循环，降低贸易成本、降低交易成本；第三是要保证好内外贸产品的“三同”，即同等质量，同个标准，同个生产线。

中国网财经：政府工作报告提出，今年外部环境不确定性加大，全球通胀仍处于高位，世界经济和贸易增长动能减弱，外部打压遏制不断上升。您怎么看待目前我国外贸面临的现状？应如何应对？

余淼杰：我们应对的策略首先是进一步推进“六稳”，也就是说在稳预期的基础上，通过稳外资、稳外贸、稳投资、稳金融来实现最终的稳就业。

具体的应对我认为分几个方面：一是扩大出口的目的地，同时出口不同国家的产品要做好差异化管理。

二是要扩大进口，特别是扩大从日韩进口核心零部件，提升我们的技术，同时加快推进中日韩自贸区的建设，打造国际合作的新格局。

三是要积极推进服务贸易的建设，特别是在旅游、运输、教育、医疗等方面进一步发力。

四是要鼓励中国企业走出去、走进去、走上去，不断发力。

海关数据显示，今年前2个月我国外贸开局平稳，进出口总值6.18万亿元人民币，同比（下同）微降0.8%。其中，出口3.5万亿元，增长0.9%；进口2.68万亿元，下降2.9%；贸易顺差8103.2亿元，扩大16.2%。

我认为到今年底，外贸成绩单将会很“好看”，进出口总额预计能达到48万亿元到50万亿元之间，实现六万亿元人民币的贸易顺差是没有问题的，我非常有信心。

来源：中国网财经　2023年3月13日　记者　畅帅帅

切实提升产业链供应链韧性和安全水平

必须坚定不移深化改革开放、深入转变发展方式，以效率变革、动力变革促进质量变革，加快形成可持续的高质量发展体制机制。

习近平总书记在参加十四届全国人大一次会议江苏代表团审议时强调，必须坚定不移深化改革开放、深入转变发展方式，以效率变革、动力变革促进质量变革，加快形成可持续的高质量发展体制机制。

党的十八大以来，以习近平同志为核心的党中央科学把握我国发展大势，引领我国经济迈上更高质量、更有效率、更加公平、更可持续、更为安全的发展之路。

谈体会、话落实、谋发展，“高质量发展”成为两会代表委员热议的话题。大家纷纷表示，要把思想和行动统一到习近平总书记重要讲话精神和党中央决策部署上来，不断在迈向高质量发展中赢得优势、赢得主动、赢得未来。

改革开放是决定当代中国命运的关键一招

改革不停顿，开放不止步。

习近平总书记指出，“改革开放是决定当代中国命运的关键一招，也是决定实现‘两个一百年’奋斗目标、实现中华民族伟大复兴的关键一招。”

代表委员们表示，贯彻新发展理念、推动高质量发展、构建新发展格局，要坚定不移深化改革开放，不断增强社会主义现代化建设的动力和活力。

——深入推进改革创新，释放发展强劲动能。

改革开放走过的道路，就是一条在不断克服困难中前进的改革创新之路，就是一段“发展出题目，改革做文章”的历程。“企业负担越来越轻、发展步伐越来越快、信心越来越足，得益于各级各地落实落细改革举措、持续优化营商环境。”江西赣锋锂业集团股份有限公司董事长李良彬代表说，期待推出更多战略性、创造性、引领性改革举措，以改革创新更好激发企业发展动能。

——坚定不移扩大开放，增强国内外大循环的活力。

“面对风高浪急的国际环境，我们要用更高水平的开放去把握机遇、应对挑战。”海尔集团董事局主席、首席执行官周云杰代表表示，近年来，海尔不断加快走出去步伐，已在海外建立了10个研发中心。未来将更好利用共建“一带一路”、上合示范区等开放平台，进一步寻求高水平对外开放，用好国内国际两个市场、两种资源。

"坚定不移扩大开放，推动由商品和要素流动型开放向规则等制度型开放转变，已成为我国扩大高水平对外开放的重要趋势。"山东康桥律师事务所首席合伙人张巧良代表说，构建新发展格局，要积极搭建高水平对外开放平台，深度参与全球产业分工和合作，在扩大开放中塑造国际竞争新优势。

——改革开放相互促进，协同发力推动高质量发展。

从一个边陲小镇，成长为现代化国际都市，深化改革开放是深圳实现跨越式发展的密码。"改革需要跳出舒适区、勇蹚深水区、敢闯无人区。"深圳市委副书记、市长覃伟中代表表示，深圳将坚定不移深化改革开放、推进创新发展，将制度优势转化为治理效能，加快推进中国特色社会主义先行示范区建设，加快打造更具全球影响力的经济中心城市和现代化国际大都市。

转变发展方式、优化经济结构、转换增长动力

习近平总书记指出，"我国经济已由高速增长阶段转向高质量发展阶段，正处在转变发展方式、优化经济结构、转换增长动力的攻关期"。

代表委员们表示，深入转变发展方式，定能形成共同推动高质量发展的强大合力。

"近年来，我们坚持将新发展理念贯穿于经济社会发展全过程、各领域，优化经济结构，发展质量和效益明显提升。"四川省宜宾市委副书记、市长廖文彬代表说，宜宾通过加快转变发展方式，推动工业经济由白酒、煤炭行业转向数字经济、绿色新能

源，产业发展质效明显提升。下一步宜宾将促进数字经济和实体经济深度融合，力争今年数字经济产业再上新台阶。

“转变发展方式、推动高质量发展，创新是第一动力，必须把核心技术牢牢掌握在自己手里。”湖北武汉依迅北斗时空技术股份有限公司董事长付诚委员说，多年来，在多方参与下，我国北斗卫星导航系统攻克了许多关键核心技术，助力我们在市场竞争中拥有更多主动权。新征程上我们将抢抓数字化、智能化带来的新机遇，持续开拓新领域、打开新市场。

中国中铁装备集团有限公司首席专家王杜娟代表说，近年来，我国盾构机行业从自力更生、创新研发，到走出国门、走向世界，成为一张亮眼的中国名片，靠的就是自主创新。“下一步我们将加大研发投入，围绕国家重大战略、行业重大工程、产业发展前沿，集聚力量进行原创性引领性科技攻关，打造更多凝聚中国创造、体现中国质量、代表中国品牌的大国重器。”王杜娟代表说。

“农牧业科技正加速改变高原传统种养方式，西藏农牧业现代化程度不断提高。推进农业现代化是实现高质量发展的必然要求，我们要贯彻好新发展理念，通过农业现代化提升西藏农牧产品有效供给，不断拓宽增收致富渠道。”西藏藏缘青稞科技有限公司车间主任拉琼代表说。

“转变发展方式，要让绿色成为高质量发展的鲜明底色。”云南省楚雄彝族自治州委副书记、州长张文旺代表表示，近年来，楚雄州把深入转变发展方式的着力点放在绿色产业上，打造了绿色硅光伏、绿色钛等产业集群，下一步将深挖潜力，加快推进绿色产业发展。

推动经济发展质量变革、效率变革、动力变革

习近平总书记指出，“必须坚持质量第一、效益优先，以供给侧结构性改革为主线，推动经济发展质量变革、效率变革、动力变革，提高全要素生产率”。

代表委员们表示，推动经济高质量发展，要不断增强竞争力、创新力、抗风险能力。

——以效率变革、动力变革促进质量变革，是立足我国经济发展阶段转换和发展实际的必然选择。

“改革开放以来，我国经济一直保持高速增长，但粗放式发展也导致了环境污染、要素制约等问题。”湖北省总商会副会长、湖北枫树线业有限公司董事长陈晓林委员说，新的发展阶段要求我们必须转变发展理念、转换增长动能，不断提升生产质量和效率。

——以效率变革、动力变革促进质量变革，是贯彻新发展理念、迈向高质量发展的必然要求。

“推动质量变革、效率变革、动力变革，要提高全要素生产率。质量的高低决定了效率和动力的提升潜力。”华工科技产业股份有限公司党委书记、董事长马新强代表表示，从制造迈向智造，进一步提高效率、提升质量已是大势所趋，未来将在新基建、工业数智化等方面持续发力。

中车株洲电力机车研究所有限公司党委书记、董事长李东林代表提出，立足新发展阶段，高端装备制造业创新发展迫切需要以效率变革、动力变革促进质量变革。要进一步加大政策支持力度，强化产业基础能力，加强产学研用协同创新，持续提升发展效能。

“加快形成可持续的高质量发展体制机制的重要一环是深化科技体制改革。企业必须牢牢牵住创新这一‘牛鼻子’，才能在日益激烈的市场竞争中取得先机。”国网福建省电力有限公司董事长阮前途委员表示，将聚焦高质量发展，推动高端化、智能化、绿色化发展，以效率变革、动力变革促进质量变革，聚力打造东南能源大枢纽，加快源网荷储协同控制科技示范，加快电网数字化转型。“力争在海上风电试验、储能等领域，尽快输出一批原创性成果。”阮前途委员说。

更加注重改革的系统性、整体性、协同性

习近平总书记指出，“不失时机、蹄疾步稳深化重要领域和关键环节改革，更加注重改革的系统性、整体性、协同性，提高改革综合效能。”

代表委员们表示，提高改革综合效能，形成可持续的高质量发展体制机制，必须统筹扩大内需和深化供给侧结构性改革，向改革要活力，向开放要潜力，向创新要动力，在更高水平供需动态平衡中推进高质量发展。

——进一步深化供给侧结构性改革，不断提升供给体系的水平和质量。

“深化供给侧结构性改革，是贯穿经济工作全过程的主线。”中国社会科学院世界经济与政治研究所副所长张斌委员认为，面对总需求不足的突出矛盾，要通过营造更有利的体制机制环境，进一步深化供给侧结构性改革，通过高质量供给创造有效需求，推动经济迈向高质量发展。

——坚定不移深化改革开放，不断在重要领域和关键环节取得新突破。

“当前，我国已进入高质量发展阶段，发展具有多方面优势和条件，同时发展不平衡不充分问题仍然突出，必须通过深化改革、扩大开放不断破解深层次矛盾和问题。”中国出口信用保险公司党委书记、董事长宋曙光委员认为，要坚持问题导向、目标导向，统筹发展和安全，系统谋划、整体协同，精准补短板、强弱项，不断提升对外开放水平，推动改革举措落地见效。

“新征程上，我们将以自由贸易试验区建设为抓手，不断提升制度创新水平。”湖南省政协副主席赖明勇委员建议，加快推进自贸试验区提升战略，深化“放管服”改革，全面减少行政审批手续，持续激发制度创新内生动力，加快释放改革发展红利。

——持续推动科技创新、制度创新，突破供给约束堵点、卡点、脆弱点，增强产业链供应链的竞争力和安全性。

“必须更加注重自主创新，有力有序推进创新攻关的‘揭榜挂帅’体制机制，加强创新链和产业链对接。”辽宁大学校长余淼杰代表表示，要加大对创新人才的培养力度，做好产学研结合，让人才培养更好服务于国家战略，通过着力突破制约产业发展的“卡脖子”技术，切实提升产业链供应链韧性和安全水平。

新的春天，新的征程，新的出发。代表委员们信心更加坚定，方向更加明确——要更加紧密地团结在以习近平同志为核心的党中央周围，自信自强、守正创新，锐意进取、顽强拼搏，牢牢把握高质量发展这个首要任务，以新作为新贡献谱写全面建设社会主义现代化国家新篇章。

来源：《人民日报》　2023年3月13日
原标题：代表委员热议“四个必须”
必须坚定不移深化改革开放、深入转变发展方式
记者　韩　鑫　吴　丹　齐志明　刘温馨

有信心　有抓手　开新局

主持人：今年以来我国经济形势就呈现出明显的企稳向好态势，政府工作报告也释放出要全力推动经济运行整体好转的强烈信号，您是否有同感？

余淼杰：我们中国经济韧性强、潜力大、活力足，长期向好的基本面依然不变，而且中国经济一直都是在克服困难中发展进步，具有迎难而上、爬坡过坎的能力，也具有在应对挑战中超越自我的能力。

主持人：如何推动实现开新局开好局？

基层代表：要让经济迅速复苏，并保持长期稳定增长，我们的抓手在哪里？作为科技型企业，我们该如何寻找到创新发力点？

余淼杰：要让投资、消费、出口，拉动经济增长的这“三驾马车”动力十足地跑起来。其中内需是中国经济发展的基本动力，我们有14亿多人口，超4亿中等收入群体，毫无疑问是全球最具潜力的大市场。另外，要切实落实“两个毫不动摇”，要让国有企业顶梁压舱、民营企业敢干敢闯。

主持人：爬坡过坎关键是提振市场预期和信心，我们的信心来自哪里？

余淼杰：我们今年要实现经济增速赶上全国平均水平，我们必须要有一种只争朝夕、时不我待地干事创业的精神状态，加快把老字号原字号新字号“三篇大文章”做好，把我们的产业优势、区位优势、科教优势真正变成我们发展的比较优势。

来源：北斗融媒　2023年3月6日

国内生产总值增长5%左右

余淼杰指出，除非出现非常大的灰犀牛黑天鹅的事件，中国经济实现5%的经济增速基本上是板上钉钉的事情。国际货币基金组织在一月份发布了对今年中国经济增速预测的一个判断，从去年十一月份的4.4%调整到今年的5.2%，换言之，提升了0.8%个增长点，我们现在所定出的5%的水平比5.2%还要稳健。今年看来，我们已经打赢了疫情攻坚战的战役，取得了伟大的胜利，这是第一点。

第二点，我们来看对供给的冲击。之前主要的冲击是因为上游产品的国际原材料的价格处于高位的一个状态，所以传导到我们很多下游产业，致使产品的价格比较高。但是我们现在也看到，事实上，国际通胀的压力有所缓解，换言之，我们的供给受冲击的压力也有所缓解。

第三点，我们讲到需求的疲软。事实上，今年的政府工作报告也做出了很多具体的布置。比如说，通过积极的宏观政策，具体来讲就是积极的财政政策和稳健的货币政策协同发力。在科技创新方面，我们采用更加有力的科技政策来保证我们科技的自立自强、保证我们科技的进步，所以在多种政策合力之下我们今年的经济增速是有保障的。

来源：人民网　2023年3月12日

原标题：《今年工作怎么干？AI带你看！》

金融监管改革势在必行

总的看，这次党和国家机构改革突出重点行业和领域，针对性比较强，力度比较大，涉及面比较广，触及的利益比较深，着力解决一些事关重大、社会关注的难点问题，对经济社会发展将产生重要影响。

——习近平

国务院机构改革方案是今年全国两会上备受关注的话题。作为党和国家机构改革的一项重要任务，国务院机构改革的重点是加强科学技术、金融监管、数据管理、乡村振兴、知识产权、老龄工作等重点领域的机构职责优化和调整，转变政府职能，加快建设法治政府。

代表委员们纷纷表示，要坚定改革信心和决心，加强组织领导，不折不扣把机构改革任务落到实处。

助力高水平科技自立自强

重新组建科学技术部，是这次国务院机构改革的一项内容。此次改革将加强党中央对科技工作的集中统一领导，组建中央科技委员会，重新组建科学技术部，强化科学技术部的战略规划、体制改革、资源统筹、综合协调、政策法规、督促检查等宏观管理职责，划转科学技术部具体管理职责等。

“这次重组科学技术部，力度很大，改革很到位。”全国政协委员、民盟湖南省委员会主任委员何寄华表示，改革既是对科技部的“瘦身”，也是进一步强化科学技术部的宏观管理职责，解决以往“既当运动员又当裁判员”和既抓宏观也抓微观的问题，更好地理顺新型举国体制，可以使科技部腾出精力集中抓国家科技发展的重大战略、科技发展重大政策研究和制约科技发展的法律问题研究论证等，更好促进科技创新发展。

在全国政协委员、辽宁省科技厅厅长蔡睿看来，重组科学技术部将进一步理顺相关体制机制，助力中国加快实现高水平科技自立自强。“我国正在深入实施创新驱动发展战略，各行各业都需要科技创新，将农业、工业、生态、医药健康等领域的项目划入不同的相关行业部门后，科技部职能将更为集中，能够更好地抓战略、抓改革、抓规划、抓服务。”蔡睿表示，组建中央科技委员会意义重大，将强化中共中央对科技工作的领导，推动健全新型举国体制、优化科技创新全链条管理、促进科技成果转化、促进科技和经济社会发展相结合，也能够更好地统一国家实验室、科研院所、学校和企业等科技创新主体，共同攻坚克难，为中国科技创新注入新动能。

全国人大代表、中国科学院院士底青云说：“国务院机构改革适应推进中国式现代化的需要，目标明确，重点突出。特别是重新组建科技部，对于发挥社会主义制度优越性推进科技自立自强非常重要、很有必要。建议重组后的科技部强化与行业部门衔接，使国家重大专项成果尽快转化为生产力。”

维护金融市场平稳健康发展

党的二十大作出明确部署，要依法将各类金融活动全部纳入监管。在金融监管领域，此次国务院机构改革提出一系列举措，包括组建国家金融监督管理总局、深化地方金融监管体制改革、中国证券监督管理委员会调整为国务院直属机构、统筹推进中国人民银行分支机构改革、完善国有金融资本管理体制、加强金融管理部门工作人员统一规范管理等。

“这次机构改革科学合理，着力解决很多较为紧迫的问题，比如加强金融监管、维护金融安全稳定。”全国人大代表、宁夏回族自治区发展和改革委员会主任李郁华表示，国家金融监督管理总局的成立是金融监管改革的重大举措。我国将建立以中央金融管理部门地方派出机构为主的地方金融监管体制，有利于防范地方金融风险。

“金融监管改革势在必行。”全国人大代表、辽宁大学校长余淼杰表示，前些年中国金融行业发展迅速，但也产生了一些风险。“金融行业专业性强、管理复杂，需要相对专业的管理机构进行专业化监管。这次金融系统监管改革重新梳理了机构设置，规整了机构职能，针对新问题、新矛盾作出了回应，力求让金融监管机构的设置与社会发展现实相适应，能够促进我国金融监管更加现代化、科学化、系统化，是务实之策。”余淼杰说。

全国政协委员、中信资本控股有限公司董事长兼首席执行官张懿宸认为，此次金融监管体制改革顺应了市场变化，有利于解决金融领域长期存在的突出矛盾和问题，凸显了对资本市场的重视。“这次改革使金融监管体制更加符合现代化金融服务要求，符合风险控制要求，使金融服务更能跟上时代需要，为经济发展提供更高质量、更高水平服务。”张懿宸说。

“改革方案体现了党的二十大精神，符合推进国家治理体系和治理能力现代化的需要。”全国人大代表、招商局资本投资有限责任公司董事李引泉表示，金融监管体制改革离不开党对金融工作的领导。“中国金融对40多年经济持续高速增长起到了非常大的支撑作用。与此同时，也存在政出多门、职责不清等问题，一些金融产品、金融模式、金融活动未能及时纳入监管，影响金融体系健康运转。”李引泉说，改革后纵向以中央为主，横向上有了新的机构，符合技术和社会变化需求，这也是体制机制随着实践不断优化的体现。

服务高质量发展战略目标

国务院机构改革方案还提出组建国家数据局、优化农业农村部职责、完善老龄工作体制、完善知识产权管理体制、国家信访局调整为国务院直属机构、精减中央国家机关人员编制等重要内容。

“这些改革服务于高质量发展战略目标，符合实际工作需要。”何寄华表示，组建国家数据局能更好地打通“数据壁垒”，实现对数据的集中、统一、高效管理，有利于国内数据的管理、开发和利用，更好地让数字赋能经济社会发展，造福民生。调整国家知识产权局的改革举措，有利于提升知识产权保护和管理水平，使知识产权更好服务高质量发展、建设创新型国家，调动全社会创新创造的内在动力。

全国人大代表、中国社会保障学会会长郑功成表示，改革直面人口老龄化现状，将加快推动形成积极应对人口老龄化的合力，更好发展养老事业和养老产业，发动更多社会力量参与我国老龄事业发展。

“此次改革把国家乡村振兴局职责、科技部的部分涉农职责一并划入农业农村部，进一步优化了农业农村部职责，强化了工作职能。”全国人大代表、广西壮族自治区百色市市长葛国科认为，这些举措将有效解决部门间职能交叉重叠的问题，使资源整合更充分，机构设置更科学，更有利于理顺职责、形成合力，避免工作交叉重复，更好地汇聚各方力量统筹推进“三农”工作，对全面推进乡村振兴、加快建设农业强国具有重要意义。

来源：《人民日报海外版》　2023年3月11日

原标题：国务院机构改革：不折不扣把机构改革任务落到实处

记者　申孟哲　李　贞　徐驭尧　张　文　张云河

中国式现代化纵谈——一位全国人大代表的思考

东北地区全面振兴

新春伊始，各地拼经济、抢开局，广东、浙江、江苏、辽宁等省份鼓励支持企业出国抢订单，发力稳外贸。在广东，规模庞大的『新春第一会』召开，聚焦高质量发展，致力于『再造一个新广东』；辽宁提出要大干三年、奋斗三年，以超常规举措打好打赢新时代东北振兴、辽宁振兴的『辽沈战役』。

东北正在变化，投资可过山海关，做生意不喝酒也能成

新春伊始，各地拼经济、抢开局，广东、浙江、江苏、辽宁等省份鼓励支持企业出国抢订单，发力稳外贸。在广东，规模庞大的“新春第一会”召开，聚焦高质量发展，致力于“再造一个新广东”；辽宁提出要大干三年、奋斗三年，以超常规举措打好打赢新时代东北振兴、辽宁振兴的“辽沈战役”。

“这体现了党的二十大后大家撸起袖子加油干的干劲，也反映了一种时不我待的紧迫感。”全国人大代表、辽宁大学校长余淼杰评价。余淼杰成长于广东，在北京大学工作多年后，于去年8月来到辽宁大学。这期间，从南到北，从北京到辽宁，他观察到了哪些地区发展的变化？2023年全国两会前夕，南方都市报记者专访了余淼杰，请他谈谈有关今年外贸形势、广东高质量发展、东北振兴的相关话题。

规模经济、全产业链优势明显
全球价值链出现“断链化”，中国有能力吸收更大市场份额

从去年集装箱“一箱难求”到近期有港口堆满空的集装箱，不少人担心当前全球贸易降温、外需疲软对中国外贸的影响。对

此，余淼杰认为，上述现象是受季节性因素和短期外贸走势影响，但是看整体趋势，他对今年外贸形势表示乐观，并预测进出口总额有望达到50万亿元人民币，至少48万亿元人民币是有保证的。外贸顺差方面，他认为将温和增长，6万亿元人民币会是一个比较合理的估计。

他从需求和供给两个角度进行了分析。他认为，当前并没有出现去年下半年所研判的全球经济危机的前兆，尽管面临一些挑战，但需求还是比较坚挺的。“更为关键的是，给定外需没有出现充分的疲软，谁可以保障强有力的供给？”余淼杰说，目前除了中国，没有哪个国家可以替代，中国的规模经济和全产业链优势是非常明显的。“如果能把握高质量供给，实现产品转型升级，我觉得中国外贸还是能够不断发展的。”

提到产业升级，不得不提到当前国际经贸领域，特别是美国等国在关键领域针对中国产业链供应链的“脱钩断链”趋势。对此，余淼杰坦言，的确现在已逐步形成“三足鼎立”的全球经贸格局，即以中国为中心节点的亚太经贸区，美国为中心节点的北美经济区，德国为中心节点的欧盟自贸区，原来的全球价值链出现了“断链化”的现象。例如，一个产品原来由3个国家来生产，现在有可能变成15个国家，因此有的国家的市场份额会减少，但这并不是一个平均的过程，而中国是有能力在实现工业化过程中吸收更大市场份额的。

余淼杰认为，在区域“断链化”的大背景之下要做好思想准备，但也要以最积极的态度去争取继续合作。在这个过程中，最重要的是练好“内功”，加强自主研发，在光刻机等高科技核心领域实现突破，当然这需要一定的时间。

外贸大省广东要再进一步
继续深挖制度规章等的突破
缩短外商投资准入负面清单种类和数量

“广东人口数量多、资源约束紧，提高发展平衡性和协调性的任务又很重，不可能继续拼土地、拼价格、拼劳动力，对这个问题，全省都要有清醒的认识。从外部看，我们现在又面临你追我赶的激烈竞争，这个时候，躺平不可取、躺赢不可能、奋斗正当时。”1月28日，新春的首个工作日，广东召开全省高质量发展大会，这也是近年来规模最大的会议，广东省委书记黄坤明在讲话中表示，改革开放是广东最鲜明特征，高质量发展是广东最光明前途。

“作为第一经济大省和外贸大省，广东提出高质量发展，这点特别重要。”余淼杰认为，高质量发展的核心和关键点，是围绕五大新发展理念（创新、协调、绿色、开放、共享），并进行对标对表，列出重要的工作进行突破。例如，创新方面，要有效提升研发强度，特别是支持科研机构和高等院校做基础性研发。此外还有广义的创新，他认为要继续深挖制度、规章、管理标准等方面的突破，做好广东自贸区和前海、横琴合作区等工作。

在开放方面，余淼杰认为广东要在RCEP基础上进一步积极地参与到国际经贸合作中去，尽快提出或参与制定有利于粤港澳大湾区发展的经贸规则。他也提到，当前广东对外开放和利用外资要再进一步，应尽快地、尽可能缩短外商投资准入负面清单的种类以及数量，以更好地稳外贸稳外资。

“如果说百尺竿头更进一步，我觉得广东高质量发展最需要补短板的是协调相关的工作。”余淼杰指出，粤北、粤东、粤西的发展距离珠三角还有很大的差距，这也不利于广东进一步的发展，为此要做好乡村振兴等方面的工作。

东北是个好地方
扭转营商环境，要落实“办事不找关系、用权不图好处”

在判断外贸形势时，余淼杰在多个场合提到，外贸增长的亮点，会在“一带一路”沿线国家，而在成功签署了RCEP后，“一带一路”应该向北、向东发展，推动中日韩自贸区的建设。在这个过程中，东北特别是辽宁可以成为开放的桥头堡，成为东北的深圳，东北也可抓住机遇实现振兴。

今年是“东北振兴”提出20周年，前段时间，余淼杰有关“投资不过山海关”这句话对东北伤害很大的观点引起了热议。有声音认为，这句话更多是一种经验总结，如果东北不能直面以前的历史欠账，解决遗留营商问题，一味喊着重新开始的心态也是无法吸引人的。余淼杰指出，此前的确存在营商环境和办事难的情况，但关键是看现在发生了什么变化。“现在还用‘投资不过山海关’来描述东北，其实是不科学的、不公平的。目前，这个地方正在进行深刻的变化。它也体现在方方面面。”

这次专访中，余淼杰与《南方都市报》记者分享了他到辽宁工作后的近距离观察。“我举一个最简单的例子，可能在大家的印象中，来东北做生意需要喝很多的酒，对吧？现在，你喜欢喝就喝，也可以不喝。做生意不喝酒也能成。”想快速办成事，就要托熟人找关系，这曾是企业和群众诟病已久的老大难问题。余淼杰指出，这些年东北经济发展尽管在数量上跃上新台阶，但相比其他地方速度慢了些，最核心的是因为投资环境比较差，体现在诚信，体现在办事困难方面。而这种情况正在发生变化，政府正致力于通过“三化”来规范和改善营商环境，即市场化、法治化、国际化。

《南方都市报》记者注意到，近日辽宁省通过了《辽宁全面振兴新突破三年行动方案（2023—2025年）》，提出要大干三年、奋斗三年，以超常规举措打好打赢新时代东北振兴、辽宁振兴的“辽沈战役”。总体目标中，就包括改革开放取得重大进展，营商环境实现根本好转。

“我现在去找政府办事，在政务大厅里我看到了两句话，非常鲜明地体现了这种变化，即‘办事不找关系’和‘用权不图好处’。”余淼杰说，如果这里的每一个城市、每一个行业、每一个系统都能把这两句话落地，可以期待这里的营商环境将会出现“弯道超车”的情况。

日前，瞄准打造市场化、法治化、国际化一流营商环境，辽宁省纪委监委部署营商环境问题“万件清理”监督行动，提出坚持以高质量监督服务保障高质量发展，让“办事不找关系、用权不图好处”成为常态，为优化营商环境扫清路障。

“现在这里一种大干特干的精气神是非常实在的，如果说以前大家对东北的印象是‘投资不过山海关’的话，我觉得现在应该用这句话来总结东北——‘东北是个好地方’。”余淼杰认为，所谓“百闻不如一见”，现在东北经济发展的一个瓶颈，特别是外面的人对东北还停留在以前的固有印象中，要改变这种印象。

东北再出发需要“掘金”
民营经济健康发展要做到保障要素获得的均等权利

对于地方发展来说，吸引外资、“第一桶金”非常重要。余淼杰以广东发展为例，“政策的红利”“改革的前沿”至关重要。广东正是抓住了历史和时代的发展机遇，通过开放来倒逼改革，从而实现了快速发展。如今，广东也借助RCEP的签署在改革和开放上再上一个台阶。那么，对于有着丰富的自然资源和人力资本，拥有深厚工业基础的东北来说，它现在某种程度上是“躺在金矿上没挖矿”。

东北要怎么“挖矿”？余淼杰指出，要从原因出发对症下药，即体制机制的短板、思想观念的短板、经济结构的短板、开放合作的短板。“给东北一些特殊政策很重要，对于东北来说，要用好接好政策，不能发生没有充分挖掘政策红利的现象。”

余淼杰也特别提到，东北在继续发挥国有经济不可替代作用的同时，要更好更充分地发挥市场经济的作用，这包括“两个健康”，即民营经济的健康发展和企业家的健康发展。具体来说，就是要做到，保障要素获得的均等权利。“比如说银行借贷款，贷给国企3%的利率，能不能也贷给民企3%的利率？”此外，对民营经济的鼓励也非常重要，要引进东北以外的资金，为此要推进贸易和投资的便利化。

“如果能做到这些，我们不妨看10年后、20年后，我有强烈的预感，东北的振兴是指日可待的。”余淼杰乐观地说。

今年两会关注啥?
做好对外改革和对内开放，废除地区小循环、闭循环

改革、开放，是余淼杰关注的两大方向，在2023年的全国两会上，他关注的重点是，怎样做好对外改革和对内开放。

他对《南方都市报》记者解释说，对外改革的意思是说怎样在对外开放中做好改革的工作。我们目标是一致的，就是要形成更大范围、更宽领域、更深层次对外开放格局，为了达到这个目标，我们需要对外改革。这其中，就包括积极地推进中日韩自贸区的建设。

对内开放，余淼杰说，就是要更快形成一个国内统一大市场，废除地区的小循环、闭循环，促进各种生产要素的有效流动，这就是对内开放的重点。“推进国内统一大市场的构建，这也是我关注的另外一个重点。”他说。

来源：南方都市报APP·察时局　2023年3月3日

记者　陈秋圆

东北如何留住年轻人

——给年轻人提供能干敢干的创业平台

央广网北京3月3日消息（记者 杨柳青） 2023年全国两会召开前夕，全国人大代表、辽宁大学校长余淼杰在接受央广网记者采访时表示，要从制约东北经济发展的四大因素入手推进高质量发展，东北经济大有可为。

余淼杰谈到，目前，制约东北经济发展的主要有四大因素：一是体制机制、二是思想观念、三是产业比较单一、四是国际交流合作不足，发展东北经济必须从这四方面着手。

第一是完善体制机制。对东北来讲，最重要的就是通过法治化、市场化来构建一个好的营商环境，吸引更多国内外资本来东北投资。比如辽宁，自然资源、产业布局等各个方面底蕴非常好，经济领域大有潜力可挖。

第二是转变思想观念。东北地区是最早进入计划经济、最晚退出计划经济的地区，为国家建设做出了巨大贡献，但同时有些思想观念还比较滞后。转变观念有两个方面，一是反对“躺平”，要有斗争精神，干部要担当、要负责，要敢闯；二是在创业方面，应该有一个负面清单的意识，法无禁止即可为，发挥每个人的主观能动性和创造性，把潜能发挥出来。

第三是改变产业结构比较单一的状况。要协调好“老字号”

“原字号”和“新字号”的关系，要继续发展壮大“老字号”，提升“原字号”即原材料的增加值，还要用数字经济来培育“新字号”，在产业越来越全面的同时，使核心产业能够有较快发展，改变产业结构比较单一的状态。

第四是积极推进国际化。推进行业之间、跟其他国家之间的经贸合作，这一点目前正不断取得进展。余淼杰称，“东北是个好地方，从这四个方面着手，东北经济大有可为。”

对于东北如何留住年轻人的话题，余淼杰表示，“人口流出与经济发展相辅相成，经济发展增速较慢、就业机会较少，年轻人才会离开。”他认为，解决的核心是把经济发展起来，创造一个良好的环境，不但能够留住人，而且还能够吸引其他地区的人。

如何创造这样的环境？在余淼杰看来，第一是改善营商环境；第二是必须有自己主导的产业，主导的产业发展起来之后，自然而然就能吸引人才；第三是必须有比较独特的或者比较前卫的引才育才政策，比如在消费税、所得税政策上有所倾斜；第四是必须提供一个让年轻人能干敢干的创业平台，这样才能吸引年轻人来创业。

来源：央广网客户端　2023年3月3日　记者　杨柳青

东北是个好地方！

全国人大代表、辽宁大学校长余淼杰曾任教于香港大学，之后出任北京大学国家发展研究院党委书记，2022年8月来到沈阳，担任辽宁大学校长。身为北京大学博雅特聘教授、教育部长江学者、国家杰出青年科学基金获得者、吴玉章人文社会科学奖获得者，又是首位获得英国皇家经济学会奖的华人经济学家……来到东北，余淼杰自带流量。履新不到半年，他关于东北振兴的观点和见解便频繁见诸媒体。2023年全国两会之际，余淼杰接受了人民网的专访。

“东北是个好地方！”

打开余淼杰的简历，这位广东潮汕人可谓一路向北。从香港到北京再到沈阳，“这也拓宽了我的学术视野，中国各地的差异有多大，发展的潜力就有多大。广阔的国内大市场是中国经济发展的重要优势。”余淼杰快人快语，三句话不离本行。

“东北是个好地方！”余淼杰说自己跟东北是一见钟情。中央提出东北振兴战略刚好20年，余淼杰言谈之中带着些许紧迫感。“这里的优势是罕见的！产业结构非常完整，41个大类666个小类，东北都有；工业基础非常扎实，公路铁路等基础设施在全国首屈一指；人文底蕴深厚，单单辽宁省就有将近40所高校；自然资源禀赋非常丰厚，森林、海洋、矿产都十分丰富。只要过了瓶颈期，东北的发展一定会很好。”

“评价营商环境好不好，要看对谁而言”

那么瓶颈在哪里？很多人都会提到营商环境。每每提起东北营商环境曾经的问题和带来的损失，余淼杰总是遗憾得直拍大腿。

“其实已经转变了很多很多，我感触最深的是辽宁真的已经很不错了！”谈到营商环境的进一步改善提升，余淼杰反复提到“阳光化”。余淼杰概括好的营商环境就是“做事不用求人、用权不图好处”。“权力说到底也是一种信息资源，所有的信息都在阳光透明的情况下运行，才能让市场主体产生稳定的预期，因为有了稳定的预期，大家才敢去投资，这是最好的营商环境。”

“要落实‘两个毫不动摇’。”在余淼杰看来，东北地区央企国企较多，充分发挥龙头带动作用，做强做优产业链，是东北的重要优势。但另一方面，改善营商环境的重要目标之一，就是让东北地区的民营经济能够蓬勃发展。“民营经济对就业、税收的贡献很大，我们要促进消费、增强城市活力，民营经济的短板要补齐。”余淼杰认为，谈营商环境要有针对性，评价营商环境好不好，要看对谁而言。对于大型央企国企来说，营商环境是有一定保障的，而对于民营企业来说营商环境建设需要持续用力。“落实‘两个毫不动摇’要看能否保证各种所有制经济依法平等使用生产要素、公平参与市场竞争、同等受到法律保护。”余淼杰说。

东北地区的自贸区要有不可复制的比较优势

作为长期研究对外经贸领域的著名学者，余淼杰主张，高水平对外开放要找到自身的比较优势和独特定位。“辽宁的自由贸易试验区发展势头很好，产生了很多可复制可推广的好经验。但是全国21个自由贸易试验区里，辽宁要找到其他地区不可复制的比较优势。”

“比如不产一滴油的浙江舟山”，余淼杰举例说，舟山利用浙江自贸区舟山片区的政策优势，围绕油气全产业链推进投资便利化、贸易自由化，已取得10项“全国之最”的重大标志性成果，成为全国油气企业最集中的地区。无中生“油”的差异化、特色化发展道路值得学习。

东北的高水平对外开放要更多面向日韩。日本、韩国都是我国主要贸易伙伴，东北地区与这两大经济体地缘相近，产业互补性强。如果中日韩自由贸易区能够落地，东北地区的对外贸易，特别是辽宁自贸区应该超前部署，超前准备。

“闷声发大财”是不可能的!

习近平总书记在东北三省考察并主持召开深入推进东北振兴座谈会时，明确指出了影响和制约东北地区发展的体制机制、经济结构、对外开放、思想观念四个短板。余淼杰认为，思想观念是很重要的一环。

据相关统计显示，国内经济总量排名前十位的城市中，北方只有北京一市入围。“在南方一些地区，崇商的氛围比较浓厚，有一种观念就是“法无禁止即可为”，负面清单的模式深入人心。政府部门提供平台、制定规则，有求必应、无事不找！但是在另一些地区，一定要有明确规定才去做，没有明确规定的不做、上级没明确要求的不做，这是思想观念的问题。不只是政府职能部门，企业也要有敢闯敢干的劲。”余淼杰说。

余淼杰说，东北人实在，但是有一种需要改变的思想观念就是“闷声发大财”。市场经济的规律是“酒香也怕巷子深！”，“闷声发大财”是不可能的。“比如本溪的啤酒非常好，绝不比很多名牌啤酒差，但是国内大多数地区的朋友根本不知道本溪有这么好的啤酒。”余淼杰说，要能够通过各种平台把自己推广出去，无论是一种产品或是一座城市、一个省，都要想方设法推销自己的“人设”。“比如广交会，办了100多届，面向世界塑造了广东是中国改革开放窗口的良好形象。辽宁要有代表性的论坛会展活动，每一次都是在给辽宁振兴积累声势！辽宁要有比肩广东的信心！”

余淼杰认为，当人口、资源的红利渐消，未来中国经济发展的重要优势就是拥有一个广阔的国内大市场。东北地区要积极融入和建设统一高效的国内大市场，促进人流、物流、信息流更加自由地流通运转，东北要练好内功，做优营商环境，让经济活跃起来。

来源：人民网–辽宁频道　2023年3月6日

记者　那其灼　邱宇哲

用公平公正营商环境吸引青年人才

“年轻人不一定选择北上广深，二线城市或准一线城市也是很好的选择，关键看这座城市是否有适合自己发展的行业。”全国人大代表、辽宁大学校长余淼杰在接受中青报·中青网记者专访时表示，要创造公平公正的营商环境，才能创造更多的就业岗位。

就业是民生之本。3月5日，国务院总理李克强在政府工作报告中指出，落实落细就业优先政策，把促进青年特别是高校毕业生就业工作摆在更加突出的位置，切实保障好基本民生。

在余淼杰看来，地方政府的当务之急是要创造良好的营商环境，吸引更多企业扎根，“只有吸引住经营主体，才能为年轻人才提供多元职业选择，进而吸引年轻人才落户发展，这是相辅相成的”。

春招如火如荼，面对不同城市发出的邀约，年轻人该如何选择？余淼杰提醒说，目前全国各地都在发展城市群，如长三角城市群、长江中游城市群、山东半岛城市群和辽中南城市群等，“即便是二、三线城市，也存在大量机会，要看这里是否有适合你干事创业的平台和空间”。

城市发展与青年息息相关，每座城市都可以找到自己的优势产业和发展机会，进而提高城市对年轻人的承载力和吸引力。到辽宁省工作半年多，余淼杰感受最深的是“东北地区潜力无限”。

对于社会上“投资不过山海关”的说法，余淼杰觉得，“这句话对整个东北经济的伤害是不可估量的”。他认为，东北的营商环境亟待改善，“发力点是要加强法治化、市场化和国际化。特别是法治化，要创造风清气正的营商环境，才能吸引企业来到这里投资，重点目标就是要做到信息透明”。

当选新一届全国人大代表后，余淼杰格外关注东北民营经济的健康发展。他认为，东北三省的产业发展要做好三篇大文章，即“老字号、原字号和新字号”。

他说，新时代科学技术飞速发展，“老字号”产业要发展，需要转型升级，“比如传统的钢铁产业怎样转型升级？那就需要进行数字化转型，需要年轻人才”。

东北拥有大量的原材料产业，即“原字号”，“它并不是一个短板，但产业链过短，产品的附加值过低，这样的‘原字号’就要对其进行深度挖潜，拉长产业链，这样也能创造更多就业岗位”。余淼杰还认为，对于东北的新兴产业，可以从当下火爆的新能源汽车、人工智能等领域着手。

“当下正在集中力量发展的辽中南城市群，两个核心城市是沈阳和大连。”余淼杰说，以沈阳市为例，其正致力于打造东北亚国际化中心城市，“这将吸引更多企业前来落户，为年轻人创造大量多元产业方向的就业岗位”。

来源：《中国青年报》　2023年3月7日　记者　孟佩佩